Jörg Stephan Stock

Der Kannibale von Heidenau

Wahre Kriminalgeschichten
aus der Sächsischen Schweiz und dem Osterzgebirge

Jörg Stephan Stock

Der Kannibale von Heidenau

Wahre Kriminalgeschichten
aus der Sächsischen Schweiz und dem Osterzgebirge

2. Auflage, ergänzt und erweitert

Impressum

Dresdner Straße 72 | 01705 Freital | Telefon 0351 640095210
Geschäftsführer: Jörg Seidel, Domokos Szabó, Claudia Neumann

 2. Auflage Oktober 2014

Titelfoto: Daniel Förster **Layout:** Sylvia Tietze

Druck: addprint AG | Am Spitzberg 8a | 01728 Bannewitz/Possendorf

ISBN: 978-3-936642-16-2

Inhalt

Der „Kannibale von Heidenau" ist zurück

Vorwort zur 2. Auflage

Meine Reporterkollegen machten ihre Witze: Ob da etwas arrangiert worden sei, fragten sie mich. Kaum war das Buch „Der Kannibale von Heidenau" über Verbrechen in der Sächsischen Schweiz und dem Osterzgebirge in die Läden gekommen, da platzte eine unerhörte Nachricht in die Redaktion der Sächsischen Zeitung: Ein Mitarbeiter des Landeskriminalamts sollte im Gimmlitztal bei Reichenau einen Gast seiner Pension ermordet, zersägt und die Teile im Garten vergraben haben. Womöglich habe er sogar Stücke der Leiche gegessen, hieß es. Der bizarrste Kriminalfall unserer Gegend seit wer weiß wie langer Zeit schien sich anzubahnen.

Ob das mutmaßliche Extremverbrechen – der Gerichtsprozess war bei Drucklegung dieses Buches noch im Gange – den Absatz des „Kannibalen" gefördert hat oder nicht, sei dahingestellt. Beide Dinge passierten aus purem Zufall zur gleichen Zeit. Das Experiment, ein Buch über die großen Kriminalfälle unserer Heimat herauszugeben, glückte jedenfalls. Seit dem Erscheinen Ende November 2013 vergingen nur wenige Monate, bis die komplette Auflage vergriffen war. Nach allem, was ich erfahren habe, mochten die Leser vor allem das Lokale in den Episoden sowie die authentische und volkstümliche Erzählweise der einstigen Kriminalbeamten.

Weil die Nachfrage ungebrochen ist, hat sich die Redaktions- und Verlagsgesellschaft Freital-Pirna zu einer zweiten Auflage des „Kannibalen von Heidenau" entschlossen. Sie enthält nicht nur wesentliche Ergänzungen einiger Kapitel in Wort und Bild. Mit „Das Verderben des Latexmanns" habe ich ein völlig neues Kapitel über den Alltag der Pirnaer Todesermittler eingefügt, der mit spektakulären Verbrechen meistenteils nichts zu tun hat, sondern der um Unfallopfer, Selbstmörder und sogenannte Kausal-Leichen kreist. Die Untersuchung solcher Todesfälle ist mühsame Fleißarbeit, die in keiner Kriminalstatistik vorkommt, weil sie keine Verbrecher überführt. Jähe Wendungen und skurrile Situationen bieten die Routine-Einsätze des Morddezernats allemal. Seien Sie gespannt.

Ihr Jörg S. Stock

Pirna, im September 2014

Der „Mann gegen die Schlechtigkeiten" wurde Ralf Hubrich einmal in einem Zeitungstext genannt. Mehr als 34 Jahre jagte er Verbrecher im Osterzgebirge und in der Sächsischen Schweiz. Die tragischen Wechselfälle des Lebens, die aus Menschen Täter und Opfer machen, haben ihn bei seiner Arbeit stets am meisten interessiert.

Der Kommissar meldet sich ab

Die Toten reden nicht, heißt es. Ralf Hubrich wäre der Letzte, der das bestreiten würde. Er kennt sich aus mit dem Tod. Er hat mehr leblose Körper gesehen, als die meisten Menschen. Doch einmal wurde er ganz direkt von einem Mann angesprochen, der sich eben aufgehängt hatte. „An die Bullen!", stand in seinem Abschiedsbrief. „Ich gehe freiwillig aus meinem Leben und möchte nicht, dass meine Freundin deswegen belästigt wird!"

Der Erste Kriminalhauptkommissar a.D. Ralf Hubrich grient ein wenig. Das macht er häufig, wenn er von seinem Beruf spricht. Sein breites Gesicht, die starke Nasenpartie, die Krähenfüße in den Augenwinkeln sind wie dafür gemacht. Man darf das nicht missverstehen. Ralf Hubrich achtet die Toten. Aber er ist kein Kind von Traurigkeit. Was ihn amüsiert, ist der Aberwitz, die tragische Komik des Lebens. Davon hat er viel erlebt. Mehr als 34 Jahre war er bei der Kripo. Fast zu lange für ein einziges Leben, findet er. „Das reicht für mehrere."

Eines trüben Dezembermorgens 2012 stapfe ich dem Polizeirevier von Pirna zu. Schnee stiebt über die Dächer der Altstadt. Ein langer Winter kündigt sich an. Ich will ein Interview mit Ralf Hubrich führen, dem Leiter des Kriminaldienstes. Ich weiß, dass er in Rente geht, und hoffe auf ein paar Räuberpistolen für meinen Notizblock. Das Büro, in dem mich der Polizist empfängt, ist eine Enttäuschung: nüchtern eingerichtet und auffallend schmucklos. Keine Sammlung von Verbrechervisagen an der Wand, dafür die Replik einer alten Seekarte von Borneo. Obwohl Ralf Hubrich aus dem erzgebirgischen Schmiedeberg stammt, hat er nicht mal ein klitzekleines Räuchermännel aufgestellt. Das muss an der Aufbruchsstimmung liegen, so entschuldigt er sich. Wenn zu Silvester die Sektkorken knallen, beginnt sein Ruhestand.

Ralf Hubrich ist ein großer, stattlicher Mann. Er spricht bedächtig, mit tiefem, gemütlichem Bass. Seiner Körpersprache fehlt alles Hastige. Er scheint ein Genussmensch zu sein. Und das stimmt auch. Er mag guten Wein und gute Bücher, er interessiert sich für Malerei, er kocht leidenschaftlich gern, er hat eine Schwäche für Süßigkeiten. Verträgt sich Gemütlichkeit mit Verbrecherjagd? Hubrich grient wieder. „Ich bin halt so", sagt er.

Mit Ruhe kommt man weiter, das ist sein Credo. Was nützt es, einen Verdächtigen anzubrüllen? Dann macht der dicht, und man hat nichts gekonnt.

Obwohl heute einer der letzten Tage in Hauptkommissar Hubrichs Polizeikarriere ist, hat er keine Zeit, um Däumchen zu drehen. Ermittlungsakten in roten Umschlägen und andere Papiere bedecken seine Arbeitsplatte. Mitten darauf lastet die dicke, graue Postmappe. Ralf Hubrich blättert demonstrationsweise ein wenig darin herum: Anzeigen, Anfragen von Rechtsanwälten, Nachermittlungsaufträge von der Staatsanwaltschaft, Rechnungen. Zweimal am Tag kommt dieser Wälzer bei ihm an. Mindestens. Er muss den Inhalt sichten, bearbeiten, verteilen. Während er die Schriftstücke überfliegt, schaut ihm ein Skelett grinsend über die Schulter. Das Plakat mit dem Knochenmann hilft dem Kommissar manchmal, die Mitteilungen von Gerichtsmedizinern zu verstehen. Wer weiß schon aus dem Hut, was zum Beispiel eine Fibula ist und wo sich dieses auf Deutsch Wadenbeinknochen genannte Skelettteil befindet?

Foto: Marko Förster

Aktenstudium mit Knochenmann: Ralf Hubrich an seinem Schreibtisch im Pirnaer Polizeirevier. Das Plakat mit dem Skelett brauchte er manchmal, um Berichte aus der Rechtsmedizin besser zu verstehen.

Obwohl Ralf Hubrich den Tod oft genug in echt gesehen hat, so traf er ihn doch weit seltener an, als das die Ermittler im „Tatort" tun. Während Hubrich einen richtigen Mord etwa einmal im Jahr aufzuklären hatte, enthält jeder Fernsehkrimi zwei bis drei Tote auf einmal. Und die Kommissare sind immer so herrlich smart. Sie tauchen am Ort des Verbrechens auf, entdecken im Gewusel prompt die wichtigste Spur und stopfen sie bedeutsam in ein Plastetütchen. Darauf ein Hubrich-Grinsen: „Ich finde das immer ganz süß."

Der Tod in Hubrichs Welt war nie so ansehnlich, wie auf dem Bildschirm. Der Polizist öffnet eine Fotomappe. Sie enthält eine Galerie des Grauens: ein verkohlter Kinderleib, eine erschlagene Oma, ein spindeldürrer Alter im eigenen Dreck, ein verhungerter Säugling, eine aufgedunsene Wasserleiche, die aussieht, als zwinkerte sie mir zu, ein wachsiger Körper in einer gelblichen Umhüllung - Maden! Nicht jeder kann so etwas mit ansehen. Hubrich kann es. Man muss das rein objektiv betrachten, sagt er. „Das Schlimme daran ist der Geruch."

Besprechung beim Chef: Hubrich sitzt im Büro von Kurt Gietzelt, in den 1980er-Jahren Leiter der Kriminalpolizei von Dippoldiswalde. Die Diensträume befinden sich im Dippoldiswalder Schloss, damals Kreis-, heute Amtsgericht.

Foto: privat

Als der Unterleutnant Ralf Hubrich 1978 bei der Kriminalpolizei in Dippoldiswalde anfing, war er ein Quereinsteiger. Eigentlich wollte er zur See fahren, wollte Vollmatrose auf einem Handelsschiff sein. Aber das erlaubten damals seine Eltern nicht. So lernte er Elektromonteur beim „Ferdinand", beim VEB Gießerei- und Maschinenbau „Ferdinand Kunert" in Schmiedeberg. Anschließend studierte er Starkstromtechnik und arbeitete zwei Jahre als Projektant. Projektiert hat er in dieser Zeit wenig, stattdessen permanent um Material für den Betrieb gekämpft. Das ist nicht die Erfüllung, merkte er schnell. Als er eines Tages hörte, dass die Kripo Leute sucht, dachte er bei sich: Warum nicht? Interessiert hatte ihn das Metier schon immer. Allerdings war der Dienst bei der Kriminalpolizei in der DDR nicht eben attraktiv: viele Überstunden, wenig Geld, Westkontakte unerwünscht, Systemnähe unvermeidlich. In der Nachbarschaft erkundigten sich auch gleich die Genossen von der Staatssicherheit diskret, wer denn der Bewerber Ralf Hubrich sei. Offenbar wurde über

Foto: privat

Schnappschuss aus den 1980er-Jahren: Ein sichtlich ratloser Ralf Hubrich sitzt vor einem ruinösen Haus in Fürstenau. Hier hat jemand allen Ernstes einen Einbruch angezeigt. Die Spurensuche ist aussichtslos.

seine entfernte Tante, die in Bielefeld wohnte, gerade noch hinweggesehen. Es dauerte trotzdem ein ganzes Jahr, bis Hubrichs Bewerbung akzeptiert war.

Die Abteilung K des Dippoldiswalder Volkspolizeikreisamtes war eine kleine Dienststelle mit höchstens einem Dutzend Leute. Man hatte sie im Amtsgericht von Dippoldiswalde einquartiert, kurioserweise in den einstigen Gefängniszellen. Der Bau stand exponiert am Hang. Bei starkem Wind konnte es passieren, dass auf dem Plumpsklo das bereits benutzte Toilettenpapier wieder heraufschwebte. Gelegentlich lief kein Wasser aus dem Hahn des einzigen Waschbeckens. Hatte man in so einem Moment gerade jemandem die Fingerabdrücke abgenommen, stand dieser Jemand ziemlich ratlos da mit seinen schwarzgeschmierten Händen.

Das Dippoldiswalder Land war nicht eben ein Hort der Kriminalität. Etwa vierhundert Anzeigen, schätzt Ralf Hubrich, kamen im Jahr auf die Schreibtische. Mehr als die Hälfte davon waren Eigentumsdelikte. An die Tatorte fuhren die Polizisten im Dienst-Trabi oder mit dem Dienstmoped „Schwalbe", das zwar nicht beliebt war, aber, weil es nun einmal zur Ausstattung gehörte, auch bewegt werden musste. Die Schreibmaschine für das Protokoll klemmte man dabei auf den Gepäckträger, stets fürchtend, sie könnte herunterfallen, was auch vorkam. Für gewöhnlich arbeiteten die volkseigenen Ermittler allein. Sie sicherten die Spuren, befragten die Zeugen, machten die Fotos, entwickelten die Filme, fertigten die Abzüge an. Sie bauten sich ihren „Vorgang" von Anfang bis Ende selbst zusammen. Das war die ideale Schule, sagt Ralf Hubrich, eine Schule, die es heute nicht mehr gibt.

Sein erster „eigener" Toter war ein Altenberger Fuhrunternehmer. Er war angeblich vom Pferd ertreten worden. Als Hubrich eintraf – es war Freitagnachmittag und nicht einmal der ABV ließ sich blicken –, ruhte der Mann bereits aufgebahrt in der Küche. Viel zu ermitteln gab es da nicht mehr. Einziger Zeuge des Unglücks war das Pferd. „Das wollte mir aber nichts erzählen", sagt Hubrich. Der Staatsanwalt hat die Akte auch so akzeptiert.

Mit dem Untergang der DDR brach für die Kripo eine unsichere Zeit an, eine wilde Zeit, so sagen manche von Hubrichs Kollegen dazu. Viele Polizisten, Richter und Staatsanwälte verschwanden mit dem Staat, dem sie gedient hatten. Sie wurden entfernt, frühverrentet oder gingen von selbst, manche wegen Stasi-Verstrickungen, manche aus Prinzip. Auch Ralf Hubrich war SED-Mitglied, und das nicht aus Opportunismus. Er hatte bewusst Ja gesagt zu diesem Land, hatte seinen Traum, die weite Welt auf einem Schiff zu entdecken, begraben. Mit 22 Jahren war er verheiratet und zum ersten Mal Vater geworden. Die Würfel im Leben waren gefallen, so dachte er.

Ralf Hubrich blieb Polizist, auch in der wilden Zeit. Er wurde vom Oberleutnant zum Oberkommissar und kurz vor der Wiedervereinigung Leiter der Dippser Kripo. Als man diese auflöste, kam er 1991 nach Pirna und führte seither, unbeschadet von allen Etikettenwechseln im sächsischen Polizeiapparat, die Diensteinheit Nummer Eins, zuständig für Verbrechen gegen Leib und Leben. 2009 wurde er Chef aller Pirnaer Kriminalpolizisten und blieb das bis zum Schluss. Seine Untergebenen schätzten an Ralf Hubrich seine Besonnenheit und Übersicht,

Nach der Wende: Die Halunken rüsten auf. Ralf Hubrich zeigt eine beschlagnahmte Repetierschrotflinte.

Foto: Egbert Kamprath

Foto: Daniel Förster

Ralf Hubrich im Juli 2007 bei Ermittlungen im Heidenauer Albert-Schwarz-Bad. Ein siebenjähriges Mädchen war hier während eines Schwimmfests ertrunken.

vor allem in der heißen Phase eines großen Delikts, wenn alle wild darauf waren, an die Arbeit zu gehen. Wenn dann ein Hektiker am Ruder ist, so sagt eine Kommissarin, läuft nichts zusammen. Da wird die Spur kalt, bevor sie gefunden und gesichert ist. Ralf Hubrich hält sich zugute, stets nur das von seinen Leuten verlangt zu haben, was er auch selbst zu tun bereit war. Er hat auch nie den Oberlehrer gegeben, sondern hat „Leine gelassen", wie er sagt. Ein Kriminalist ist – trotz aller Unterstützung von den Kollegen – immer Einzelkämpfer. Er hat sein Verfahren, das muss er durchziehen.

Weil Ralf Hubrich so viele Verfahren durchgezogen hat, drängt sich die Frage auf, ob ihm jemals ein Ganove mit Vergeltung drohte. Spürte er irgendwann Angst vor einem Racheakt? Er grinst mal wieder. Folgende Geschichte fällt ihm dazu ein: Eines Tages saß er im Zug, in der Müglitztalbahn, Richtung Altenberg. Da stiegen zwei Tippelbrüder zu, Taschen voller Bier im Schlepp. Den einen kannte der Kommissar von diversen Kleindelikten. Und jener erinnerte sich auch an ihn. „Den kenne ich!", schallte es prompt durch das ganze Abteil. „Der hat mich mal eingesperrt!" Doch anstelle eines Angriffs folge eine Einladung. „Du kriegst jetzt ein Bier von mir!" Der Kommissar nahm die Flasche, man unterhielt sich ein bisschen und die Sache ging in Ordnung. Es war nicht das einzige Mal, dass Ralf Hubrich jemanden, den er einstmals verhaftet hatte, in Freiheit wiedertraf. Probleme gab es dabei nie. Warum auch, fragt er. „Ich habe die Leute ja nicht verknackt." Er kann sich gut vorstellen, dass Richter zu Hassobjekten werden, wenn den Verurteilten das Strafmaß nicht passt. Oder dass sich Täter nach der Haft an Spießgesellen rächen, denen sie Verrat vorwerfen. Aber dass die Polizei Straftäter verfolgt und sie nach Möglichkeit einsperrt, ist logisch. Kein Ganove wird deshalb ernstlich die beleidigte Leberwurst spielen, denkt der Kommissar.

Foto: Marko Förster

Die Sicherheitswächter Ralf Hubrich (l.) und Gunter Liebe laufen Streife in Pirnas Altstadt. Erst als Rentner trägt der langjährige Polizist Hubrich eine Uniform.

Dass dem Rentner Ralf Hubrich nun, da er niemanden mehr verhaften kann, langweilig wird, steht nicht zu befürchten. Er ist ein Mensch, der gern Dinge ausprobiert. Er hat seinen Bootsführerschein gemacht. Er hat bei der Sächsischen Sicherheitswacht angefangen und trägt für ein paar Stunden im Monat nun eine Uniform, zum ersten Mal übrigens in seiner langen Karriere als Ordnungshüter. Er lernt zeichnen an der Volkshochschule. Er treibt Experimente in seiner Küche mit neuen Rezepten. Und er will Gästeführer werden. Er freut sich darauf, anderen Menschen Pirna zu zeigen, die Stadt, die beruflich und privat seine Heimat geworden ist. Seit fünf Jahren wohnt der Geschiedene mit seiner neuen Frau am Rande der Altstadt. Pirna ist wunderbar, sagt er. „Man kann hier gut leben."

Etliche Stunden seines Ruhestandes hat Ralf Hubrich dafür verwendet, in alten Fällen zu kramen. Die wichtigsten hat er mir in den Block diktiert. Ergänzt werden seine Berichte durch die Schilderungen ehemaliger Kollegen, durch Erinnerungen von Zeugen, durch Fotos und Pressetexte. Entstanden ist daraus eine bislang einmalige Innenansicht des Kriminalitätsgeschehens in unserer Region während der letzten zwanzig Jahre. Sie macht uns klar, dass Verbrechen meistens nicht Sonntagabend stattfinden, wenn die Nation auf der Couch lümmelt und mit wohligem Gruseln „Tatort" guckt. Sie passieren alltäglich, auch vor unserer Haustür, nicht minder schrecklich als im Fernsehen, doch überraschend banal. Das vorliegende Buch tritt dafür den Beweis an.

Jörg Stephan Stock

Pirna, im Juni 2013

Foto: Steffen Unger

Regennebel über der Eigenheimsiedlung am Mittelweg in Ottendorf bei Sebnitz.
Hier erschoss 1994 ein Familienvater zwei Menschen und dann sich selbst.

Amok in Ottendorf

Im Fernsehen zieht der Schurke derart häufig die Pistole, dass man glauben könnte, die Schusswaffe sei das populärste Mordwerkzeug. Aber das stimmt nicht. In Wirklichkeit werden in Deutschland äußerst selten Menschen erschossen. Kriminalhauptkommissar Ralf Hubrich streift die Brille von der Nase, reibt sich inbrünstig die Schläfen, wie es seine Art ist, wenn er im Gedächtnis kramt. Nach 34 Dienstjahren kommt ihm jedoch kein Fall in den Sinn, wo das Mordopfer durch einen Schuss starb. Abgesehen von diesem einen Fall. Wohl deshalb hat sich der 14. Dezember 1994 in Hubrichs Kopf festgesetzt, als in Ottendorf bei Sebnitz drei Menschen durch Schüsse starben.

Der Abend dieses 14. Dezember ist eisig und bereits weit vorgerückt. Da wird Hauptkommissar Ralf Hubrich, der Chef des Morddezernats bei der Kriminalpolizeiinspektion Pirna, in seiner Wohnung in Schmiedeberg alarmiert: In einem Eigenheim in Ottendorf findet eine Schießerei statt. Zwei Menschen sollen bereits tot sein, und der Schütze ist immer noch im Haus. Ralf Hubrich klopft das Herz. Noch nie zuvor hat er eine derart dramatische Lagemeldung erhalten. Ein Bewaffneter läuft Amok! Das ist der Albtraum jedes Polizisten. Und ausgerechnet für ihn scheint er nun wahr zu werden. Bevor Ralf Hubrich ins Auto steigt, greift er zum Telefon. Er ruft seinen Kollegen und Freund Wolfgang Lehmann an. Die beiden Polizisten kennen sich seit 1980. Sie haben gemeinsam bei der Abteilung K der Dippoldiswalder Volkspolizei gedient. Eigentlich ist Lehmann gar nicht zuständig für Mord. Er führt jetzt das Rauschgiftdezernat in Pirna. Doch Hubrich will bei dieser unkalkulierbaren Sache, die ihm bevorsteht, jemanden dabei haben, auf den er sich verlassen kann. Lehmanns Wohnung in Dippoldiswalde liegt sowieso auf dem Weg. Wolfgang Lehmann am anderen Ende der Leitung überlegt nicht lange und verspricht, sich bereit zu machen. Zehn Minuten später steht Ralf Hubrich vor seiner Tür.

Aus der rasenden Fahrt zum Tatort, die man sich nun vorstellen möchte, wird nichts. Ausgerechnet in dieser Nacht spiegeln die Straßen vor Eis. „Es war sauglatt", erinnert sich Hubrich. Die Fahrt endet im Ottendorfer Mittelweg. Ringsum stehen gepflegte Einfamilienhäuser. Und an den Gartenzäunen und vor den

Hauseingängen stehen Menschen und spähen, von Neugier und Grauen erfasst, auf das eine, das grau verputzte Haus, das nun belagert wird. Die Polizei hat alle Kräfte aufgeboten, die gerade verfügbar sind, sogar die Hundeführer. Im Haus war bisher nur der Notarzt. Todesmutig hatte er das Erdgeschoss betreten und zwei leblose Frauen in der Küche entdeckt. Erschossen. Seither hat sich niemand an das Gebäude herangewagt. Die Sebnitzer Schutzpolizisten, die als Erste hier waren, haben bei ihrer Ankunft noch einen einzelnen Schuss gehört. Seitdem ist alles still. Entkommen sein kann der Schütze nicht. Lebt er noch? War der einzelne Schuss, der in die kalte Nacht hallte, sein Todesschuss? Was war überhaupt passiert?

Der Schütze ist Rainer L., 42, leitender Mitarbeiter einer Firma für Reinigungszubehör, Sportschütze und mehrfacher Waffenbesitzer. Seine Frau Kerstin und Tochter Bianca sind der Schießerei knapp entkommen, die Tochter mit einem kreuzgefährlichen Schuss im Rücken. Aus den Berichten formt sich in Ralf Hubrichs Kopf ein äußerst tragisches Familiendrama. Rainer L. und seine Familie waren nebenan im Haus des Schwiegervaters zu Besuch gewesen. Mit dabei waren auch L.s Schwägerin Waltraud B. und deren Tochter Jenny, Mutter von knapp halbjährigen Zwillingen und gerade aus Bayern zu Besuch. Man feierte ein wenig und Rainer L. trank viel Alkohol. Das tat er oft in letzter Zeit. Seine Firma hatte ihm gekündigt. Schließlich entschieden die L.s, ihren angetrunkenen Familienvater nach Hause zu bringen. Doch es gab Streit. Zu Hause griff sich Rainer L. eine Waffe und feuerte mehrere Schüsse ab. Jedoch, ohne jemanden zu verletzen. Schwägerin Waltraud B. und deren Tochter Jenny hörten die Ballerei. Sie riefen die Polizei an, bevor sie selbst zu L.s Haus eilten um zu helfen. Da jedoch muss Rainer L. völlig ausgerastet sein. Während seine Frau und Tochter Bianca fliehen konnten, trafen Waltraud und Jenny die tödlichen Kugeln.

Vor dem Haus müssen die Polizisten jetzt einen Entschluss fassen: Sollen sie das Gebäude mit dem womöglich noch lebenden und schwer bewaffneten Täter darin stürmen? Davor schrecken sie zurück. „Wir waren für so etwas nicht ausgebildet", sagt Ralf Hubrich. Sofortiges Eingreifen scheint auch unnötig, denn weitere Menschenleben befinden sich vorerst nicht in Gefahr. So fordert man das SEK an, das Sondereinsatzkommando. Die Einheit liegt in Leipzig. Zwei Stunden wird es dauern, heißt es am Telefon, bis das Kommando in Ottendorf ist. Die Polizisten im

Mittelweg überlegen daraufhin erneut: Wahrscheinlich wird das Glatteis den SEK-Anmarsch erheblich verzögern. Und im Hause L. ist es noch immer völlig ruhig. Wahrscheinlich ist der Schütze tot. Da entschließt man sich zu einem Spähtruppunternehmen. Leise arbeiten sich die Kripo-Kommissare Hubrich und Lehmann in das Haus vor. In der Küche finden sie die zwei Opfer der Schießerei, wie vom Notarzt beschrieben. Dann schleichen sie durch den Flur und die Treppe hinauf zum Obergeschoss, wohin sich der Schütze offenbar zurückgezogen hat.

Die Polizisten haben ihre Makarow-Dienstpistolen sowjetischen Ursprungs gezogen. Während Hubrich seinen Kollegen mit der Waffe im Anschlag deckt, robbt dieser auf das obere Treppenpodest. Er klinkt an den Zimmertüren. Alle sind offen, bis auf jene, die der Treppe genau gegenüberliegt. Die ist zugeschlossen. Statt nun mit Gewalt einzudringen, entscheiden sich die Beamten noch einmal fürs Abwarten. Immerhin wissen sie jetzt, in welchem Raum sich Rainer L. befindet. Wieder draußen, kommt den Polizisten die Idee, mit einem Blick durchs Fenster die Lage im Obergeschoss zu sondieren. Eine lange Leiter wird gesucht und auch schnell gefunden. Die stellt man an der Giebelseite des Hauses auf und Wolfgang Lehmann klettert die Sprossen empor. „Eine wahnwitzige Aktion", findet Hubrich heute.

Vom Boden aus sichern Beamte mit Maschinenpistolen den Aufstieg, bereit zu feuern, sollte sich irgendwo etwas regen. Doch es regt sich nichts. Wolfgang Lehmann auf seiner Leiter kann unangefochten ins Innere des Zimmers blicken. Erkennen kann er wenig. Nur ein großer, dunkler Fleck an der Zimmerdecke fällt ihm auf. Es scheint Lehmann, als ob da Blut und Hirnmasse klebten. Die Anzeichen, dass L. sich erschossen hat, verdichten sich. Nun stürmen die Polizisten das Haus. Auch Hubrich und Lehmann sind dabei. Ralf Hubrich wundert sich, wie schwer es ist, eine simple Zimmertür aus Pappwaben einzutreten. Mehrere Anläufe braucht der Kollege, bis der Weg frei ist. Drinnen finden sie Rainer L. mit halb weggeschossenem Gesicht. Wolfgang Lehmann hatte den Fleck an der Decke beim Blick durchs Fenster ganz richtig gedeutet. Jetzt, wo er den großkalibrigen Revolver bei Rainer L. liegen sieht und die langen Patronen, da denkt er an die bescheidene Schutzweste, die er trägt. Ob sie solch mächtigen Projektilen standgehalten hätte, bezweifelt er ernstlich. „Ich hätte das nicht ausprobieren wollen", sagt er.

Amokläufer

Mit der letzten Kugel richtete er sich selbst

Fortsetzung von Seite 1

Mittwoch, 22 Uhr. Der Mittelweg in in Ottendorf bei Sebnitz – idyllische Wohngegend in der Sächsischen Schweiz. Im grauverputzten Einfamilienhaus sitzen Rainer L… (42), Ehefrau Kerstin (39) und Tochter Bianca (21, aus Kerstins 1. Ehe). Eine kleine Familienfeier. L… trinkt viel – Radeberger Pils und Schnaps. Grund: Vor acht Wochen erhielt der Vertreter für Großküchen- und Krankenhausbedarf seine Kündigung zum 31. Dezember.

Dann kommt's zum Streit. L… ist Waffennarr, im Schützenverein. Plötzlich rennt er in den ersten Stock. Dort hat er eine Waffenkammer eingerichtet. Er holt zwei Revolver (Trommeln mit acht und sechs Schuß). Eine Waffe hat Großkaliber 9 Millimeter. Beide gekauft bei Peter S… in Stolpen-Langenwolmsdorf, einem der größten ostdeutschen Waffengeschäfte.

Sebnitz

Wild feuert er in die Küchendecke, Möbel, durchs Fenster. Beide Trommeln, 14 Schuß. Kerstin und Bianca sind starr vor Schreck.

Schwägerin Waltraut B… (43) und ihre Tochter Jenny (22) hören die Schüsse im Nebenhaus. Jenny alarmiert die Polizei: „Mein Onkel schießt um sich!" Dann eilen beide nach nebenan, versuchen, L… zu besänftigen – vergebens.

„Bild"-Bericht über die Bluttat in der Ausgabe vom 16. Dezember 1994.

Nachdem der Tod Rainer L.s gewiss ist, gibt es kaum noch etwas zu ermitteln. Nach ersten Erkenntnissen sei L. mit der Ehefrau über seine Alkoholabhängigkeit in Streit geraten, teilt die Staatsanwaltschaft trocken mit. Unter den Nachbarn mokiert sich mancher. Man habe doch schon immer gewusst, dass die Waffen bei Rainer L. in falschen Händen seien, so hört man. Äußerungen dieser Art sind im Nachgang von Verbrechen typisch, sagt Ralf Hubrich. L.s Alkoholproblem, das seine Zuverlässigkeit als Waffenbesitzer infrage stellte, war nicht unbemerkt geblieben. Die Behörden davon in Kenntnis zu setzen, hielt aber offenbar niemand für nötig.

Das alles ist nun fast zwei Jahrzehnte her. Wie geht es den Angehörigen heute? Rainer L.s damalige Frau Kerstin wohnt noch immer in dem Haus am Mittelweg. Das Haus, sagt sie, hat mit dem Bösen, das darin geschehen ist, nichts zu tun. Ihrer toten Schwester zuliebe will sie den Ort nicht verlassen. Was genau ihren einstigen Mann zu der Bluttat trieb, weiß sie bis heute nicht. Bodenständig sei er gewesen, intelligent, ehrgeizig, überehrgeizig sogar. Vielleicht ist er deshalb in ein so tiefes Loch gefallen, als ihn die Firma, in der er sich hochgearbeitet hatte, vor die Tür setzte. Und dann der Alkohol. Immer, wenn er zu viel trank, hat Rainer Mist gebaut, sagt Kerstin. In den Tagen vor seinem Tod hat sie ihn kaum noch nüchtern erlebt. Mit den Folgen des letzten und furchtbarsten Fehltritts von Rainer L. muss sie nun leben. Sie will sich nicht aufgeben. Tagsüber, wenn sie auf Arbeit ist, geht das besser als in den Nächten. „Die Nächte sind schwer", sagt sie. Ihre Tochter Bianca hat die schlimme Schussverletzung dank mehrerer Operationen überstanden. Inzwischen hat sie zwei Jungs geboren, die ihr neuen Lebensmut geben. Manfred B., der durch L.s Amoklauf Frau und Tochter verloren hat, lebt ebenfalls noch in Ottendorf. Er hat eine neue Frau gefunden, die wieder Glück in sein Leben brachte. Der Kontakt zu den Enkeln, die in der Mordnacht Halbwaisen wurden, ist nach Zwist mit dem Vater abgebrochen. ◆

Düstere Stimmung liegt in diesem Blick von der Pirnaer Stadtbrücke Richtung Bahnhof. In der Gegend wurde im Dezember 1994 ein Kind brutal vergewaltigt. Der Täter ging den Ermittlern erst zehn Jahre später ins Netz, als eine kalte Spur wieder heiß wurde.

Die kalte Spur

Und er dachte, er kommt davon, schrieb die Zeitung in großen, knallroten Buchstaben. Dachte er das wirklich? Vielleicht waren die Augenblicke der furchtbaren Tat ja schon so tief versunken in seinem Gedächtnis, dass es ihm schien, als seien sie nie geschehen. Schließlich war er beinahe noch ein Kind gewesen, damals, als das alles passierte, ein Schuljunge. Nennen wir diesen Jungen Mario. Wie er wirklich heißt, ist unwichtig. Er soll nicht erkannt werden. Er hat seine Strafe verbüßt. Vielleicht lebt er heute noch in der kleinen Stadt. Marios Chancen, niemals überführt zu werden, standen jedenfalls nicht schlecht. Der Kriminalhauptkommissar Ralf Hubrich und seine Ermittler von der Pirnaer Polizei suchten längst nicht mehr nach dem Vergewaltiger vom Bahnhofsviertel. Der Fall war nun über zehn Jahre her und das Delikt so gut wie verjährt. Aber dann kam, wie aus heiterem Himmel, der Treffer, der Einschlag, der alles Gras wegsprengte, das über die Sache gewachsen war. Mario wurde gefasst. Und er gestand alles. War es das Werk des Kommissars Zufall? Nein. Es war das Werk gründlicher Kriminaltechniker, sagt Ralf Hubrich. Die Vorgeschichte dazu geht so:

Am 25. November 1994, gegen neun Uhr abends, nähert sich ein junger Mann einer 22-jährigen Frau auf dem Pirnaer Bahnhof. Er hat ein Messer bei sich. Als er vor der Frau steht, zückt er die Waffe und fordert von ihr, sich die Hose herunterzuziehen. Doch anstatt zu gehorchen, schreit die Angegriffene aus Leibeskräften. Das wirkt. Der Angreifer sucht das Weite. Aber er wird wiederkommen. Dieser Zwischenfall ist der Auftakt zu einer Serie von sexuellen Übergriffen in der Bahnhofsgegend. Der Täter schleicht jungen Frauen nach, zerrt sie in Hauseingänge, Höfe und andere dunkle Ecken und versucht, mit ihnen intim zu werden. Beim Versuch bleibt es stets, weil die Opfer Widerstand leisten oder wegrennen. Der junge Mann agiert nicht sonderlich entschlossen. Er wird als wortkarg und eher gehemmt beschrieben. Doch dann holt er sich eines Tages mit unerbittlicher Gewalt, was er will. Von einem Kind.

Das abscheuliche Verbrechen geschieht am 2. Dezember 1994. Es ist ein Freitag. Freitags sucht der Triebtäter mit Vorliebe nach Opfern. Der Winterabend hat Pirna in feuchte Düsternis gehüllt. Durch diese Düsternis läuft die zwölfjährige Anni. Sie ist auf dem Weg nach Hause. Gerade durchquert sie das Gebiet zwischen dem Bahnhof und der Stadtbrücke. Diese Gegend nahe dem Elbstrom hat damals noch viele Ecken, die als Wildnis zu bezeichnen sind. Da plötzlich taucht der Mann vor Anni auf. Er bedroht sie mit seinem Messer und zerrt sie in eine verlassene Gartenlaube, wo er sie gnadenlos vergewaltigt. Er raucht noch eine Zigarette am Ort seiner Niedertracht, und dann verschwindet er.

Kriminalhauptkommissar Ralf Hubrich ist damals bei der Pirnaer Kripo Leiter des Dezernats I. Diese Diensteinheit ermittelt bei Angriffen auf die „höchstpersönlichen Rechtsgüter", also auch bei Sittendelikten wie sexueller Nötigung und Vergewaltigung. Im Allgemeinen sind Vergewaltigungsanzeigen ein schwieriges Feld für die Kriminalpolizei. Nicht selten kommt es dabei zu Falschaussagen, werden Straftaten vorgetäuscht, aus höchst privaten Gründen, zum Beispiel, wenn ein Seitensprung im Raum steht. Böse Vergewaltigungen hat Kripo-Mann Hubrich in seiner ganzen Dienstzeit wohl nur ein halbes Dutzend Mal untersucht. Der Fall Anni gehört dazu.

Der Sexgangster beschäftigt Hubrichs Truppe enorm. Seine Serie zählt bereits acht Übergriffe. „Wir standen ganz schön unter Druck", erinnert sich der Hauptkommissar. Die Polizisten haben zwar einige Aussagen. Doch an denen ist nicht viel dran. Der Täter soll etwa 1,75 Meter groß sein und sehr jung, 17 oder 18 Jahre alt. Außerdem erinnern sich Zeugen an seine ungewöhnlich tiefsitzenden Augenlider. Die Öffentlichkeit wird einbezo-

Sechs Frauen mit dem Messer bedroht

Pirnaer Kriminalpolizei fahndet nach Serientäter – Weitere Zeugen gesucht

Pirna (SZ/pc). Eine 16jährige wurde am Montag, gegen 19.30 Uhr, von einem jungen Mann mit einem Messer in der [illegible]

Straftaten vom Montag setzen eine Serie fort, die am 25. November 1994 begann. Damals nötigte gegen 21 Uhr ein junger Mann mit einem Messer eine 22jährige Frau auf dem Pirnaer Bahnhof, die Hose herunterzuziehen. Da er abgeschreckt wurde, kam es zu keiner weiteren Straftat.

Jüngstes Opfer war am 2. Dezember ein 13jähriges Mädchen, das in der Nähe der Elbbrücke vergewaltigt wurde, nachdem der Mann es mit dem Messer bedrohte. Am 9. Januar und am 20. Januar belästigte der Täter erneut eine junge Frau bzw. ein junges Mädchen. Ebenfalls in Bahnhofsnähe und auf der Rosa-Lu- [illegible]

großer Mann zwischen 17 und 18 Jahren, der einheimischen, aber nicht ausgeprägt sächsischen Dialekt spricht. Allen fielen seine herunterhängenden Augenlider auf. Er sage relativ wenig, wirke eher gehemmt. Gekleidet sei er mit blauen Jeans, einem dunklen Anorak bzw. einer dunklen Jacke, in einigen Fällen hatte er eine grüne Umhängetasche bzw. einen Rucksack bei sich. Die entstandenen Phantombilder ähneln sich, die Mehrheit der Geschädigten erkannte in dem linken der beiden abgebildeten Zeichnungen den Mann wieder.

Die Polizei geht davon aus, daß der Täter weitere Frauen belästigt hat und [illegible] unter der Telefonnum- [illegible]

Trotz der Zeugenaufrufe, hier in der Sächsischen Zeitung vom 26. Januar 1995, wird der brutale Vergewaltiger nicht gefasst.

gen. Phantombilder erscheinen in der Presse. Daraufhin gibt es einige Hinweise auf Personen. Die Polizisten gehen behutsam vor. Sie prüfen die Tipps diskret. Unbescholtene dürfen nicht in ein falsches Licht geraten. Man braucht „das richtige Feeling", sagt Ralf Hubrich über diese heikle Ermittlungsarbeit. Ein Mann, der infrage kommt, wird schließlich vernommen, sein Alibi wird abgeklopft. Aber Fehlanzeige. Er ist nicht der Gesuchte.

Der wahre Täter hat häufig am Freitagabend zugeschlagen, und immer im Umfeld des Bahnhofs. Dort gibt es die Diskothek „Trabiland" und drum herum etliche einsame Winkel. Es ist eine gute Gegend, um nach Opfern zu suchen. Nun legen sich Hubrichs Kriminalisten dort auf die Lauer in der Hoffnung, den Täter zu fangen. Sie stehen im Schatten, wollen viel sehen, ohne selbst gesehen zu werden. Und sie laufen in Zivil Streife. Hauptkommissarin Birgit Walther zum Beispiel geht stundenlang im Bahnhofsumfeld spazieren. Sie hat ihren Mann dabei, sodass die Tarnung als harmlos flanierendes Ehepaar perfekt ist. Kein Passant ahnt, dass sie ein Funkgerät bei sich trägt, mit dem sie verdächtige Gestalten jederzeit melden kann. Aber sie bekommt keine Gelegenheit, es zu benutzen. „Wir haben nichts gesehen", sagt sie. „Leider."

Da sich der Gesuchte von allein nicht blicken lässt, entschließt man sich zu einer filmreifen Unternehmung. Ein Lockvogel soll ausgeschickt werden, den Triebtäter zu ködern. Für die Aktion wird eine junge Kriminalmeisterin ausgeguckt. Die Beamtin, die heute noch bei der Pirnaer Kripo arbeitet, erinnert sich genau an den verwegenen Vorschlag Ralf Hubrichs, auf den sie freudig einging. „Ich war hellauf begeistert, dass ich den Lockvogel spielen sollte", sagt sie. Ganz verrückt sei sie darauf gewesen, den Täter zu kriegen. Kriminalistin ist der Traumberuf der jungen Frau, die schon in ihren Kindertagen Sherlock-Holmes-Geschichten mochte. Als die Aktion Lockvogel beginnt, ist sie gerade einmal zwei Monate bei der Pirnaer Kriminalpolizei. Kaum jemand in der Stadt weiß, dass sie Polizistin ist – ein günstiger Umstand. Außerdem geht die 27-Jährige gut und gern für 17 durch. Sie passt somit genau in das Beuteschema des Vergewaltigers.

Der Abend, an dem der Lockvogel fliegt, ist kalt. Das weiß die Polizistin noch. Sie trägt eine knappe Garderobe, hat Knackjeans an und Stiefel, und einen etwas längeren Pullover. Eine Waffe

Und er dachte, er kommt davon

Vor über 10 Jahren hat er ein Kind in Pirna vergewaltigt. Erst jetzt muß er in den Knast

So berichtete „Bild" am 19. April 2005 über die späte Strafe.

hat sie nicht bei sich. Nur den Funk. Spürte sie keine Angst? Nein, sagt sie heute. „Ich wusste ja, dass die Kollegen in der Nähe sind, dass sie sofort eingreifen können." Der Lockvogel spaziert vom Bahnhof her in das einsame Umfeld. Wer die Szene zufällig beobachtet, sieht eine Discomieze, die sehnlichst ihren Freund erwartet. Zwei, drei Mal läuft die getarnte Polizistin durch die Gegend. Aber es passiert nichts. Der Verbrecher verschmäht den Köder.

Wahrscheinlich hat er ihn nicht einmal gesehen. Denn die Serie ist abgerissen. Es gibt keine neuen Taten, keine neuen Spuren, keine Fortschritte. Das Verfahren wird schließlich eingestellt. Die Polizisten ärgert das. Sie haben sich manche kalte Nacht am zugigen Bahnhof um die Ohren geschlagen. Aber es hilft nichts. Der Täter, so sieht es aus, wird wohl nie gefunden.

Anfang 2005 passiert das, womit keiner mehr gerechnet hat: Ein lapidarer Auswertungsbericht mit einem DNA-Treffer flattert der Pirnaer Kriminalpolizei ins Haus. Ein Treffer im DNA-Material, das vor über zehn Jahren eingesammelt wurde, 1994, nach der Vergewaltigung der kleinen Anni in der Gartenlaube. Der Täter ist überführt. Es ist der Bauarbeiter Mario, jetzt 26 Jahre alt, der noch immer in Pirna lebt. Im Gerichtssaal leugnet er zwar zunächst, gibt aber alles zu, nachdem sein Verteidiger ihm ins Gewissen geredet hat. Zu Marios Entlastung bringt der Anwalt vor, sein Mandant habe damals unter dem plötzlichen Tod der Mutter gelitten. Er habe angefangen zu trinken und völlig haltlos gelebt. Als Mario die 12-Jährige missbrauchte, war er selbst erst 15 Jahre alt. Vor Gericht erscheint auch Marios damaliges Opfer Anni, inzwischen eine junge Frau von 22 Jahren. Sie tritt erst auf, nachdem man Mario hinausgeführt hat. Anni soll ihrem einstigen Peiniger nicht in die Augen sehen müssen. Sie ist noch immer in psychologischer Behandlung wegen seiner Untat, so heißt es. Am 18. April 2005 verurteilt das Amtsgericht Pirna Mario zu drei Jahren Haft. Es folgt damit weitgehend dem Antrag der Staatsanwaltschaft.

Wie ist es zugegangen, dass die längst erkaltete Spur von Serientäter Mario wieder heiß wurde? Nach der Vergewaltigung in der Gartenlaube hatten die Kriminalisten DNA-Spuren an der bewussten Zigarettenkippe und an den Sachen des Opfers gefunden. Geholfen hatte das damals nicht, sagt Hauptkommissar Ralf Hubrich, weil die Technik noch in den Anfängen steckte. Die Polizei-Datenbanken waren kaum mit DNA-Merkmalen bestückt. Und selbst wenn: Mario wäre darin nicht vermerkt gewesen, weil er bis dahin polizeilich nicht aufgefallen war. Sechs Jahre später aber fiel er auf, wegen Körperverletzung. Zu einer Bewährungsstrafe verurteilt, musste er eine DNA-Probe abgeben. Routinemäßig werden solche genetischen Fingerabdrücke mit Spuren verglichen, die aus ungeklärten Fällen stammen. So ging Mario ins Netz. Jahrelang hatte es auf ihn gewartet. Hineingerannt ist er, ohne es zu ahnen, schließlich von selbst. ◆

In diesem Haus an der Dresdner Straße in Heidenau passierte im Dezember 1995 Unfassbares: Eine junge Mutter sperrte ihre Kinder tagelang ein und ging inzwischen feiern.

Hungertod im Kinderzimmer

Das Haustelefon knackt. Dann meldet sich Herr E., mit leiser Stimme. Ob er sich an den Fall mit dem toten Baby erinnert? Zuerst weiß er nicht, wovon die Rede ist. Dann aber doch. Das ist ja schon lange her, sagt er. Ja, im Nachbarhaus ist das passiert. Dort herrschten schlimme Zustände damals, sagt Herr E. Ofenheizung, Außenklo. Viele Leute waren schon ausgezogen. Die junge Frau mit den zwei kleinen Kindern ist ihm gar nicht aufgefallen. Nur die Fernsehteams später, von RTL und von Sat 1. „Mehr kann ich dazu wirklich nicht sagen." Knack. Das Telefon schweigt.

Als ich im Januar 2013 an der Dresdner Straße in Heidenau bei Herrn E. auf den Klingelknopf drücke, wohnt im Nachbarhaus niemand mehr. Obwohl die Fassade des wuchtigen Eckbaus schön gemalert ist, gähnt jedes Fensterloch nackt und schwarz in den frostigen Morgen. Der Eigentümer soll sich mit der Sanierung übernommen haben, erzählen die Anwohner, während sie frisch gefallenen Schnee von ihren Einfahrten kratzen. Wer die unfassbar traurige Geschichte kennt, die hinter den sonnig getünchten Mauern einst passiert ist, der mag wohl an einen bösen Fluch denken.

Es ist Donnerstag, der 21. Dezember 1995. Lautes Kinderwimmern dringt aus der Wohnung von Ulrike P. Vor vier Wochen ist die junge Frau, 23 Jahre alt, mit ihren Kindern Tatjana, 2 Jahre, und Patrick, 11 Monate alt, in die drei Zimmer unterm Dach gezogen. Die Nachbarn kriegen Frau P. – wenn überhaupt – nur spät am Tage und völlig verschlafen zu Gesicht. Das Kindergeschrei aber hören sie oft. Die Wohnungsverwaltung haben sie schon verständigt, auch das Jugendamt. Mitarbeiter waren bereits zum Hausbesuch da. Doch klingelten sie vergebens an der verschlossenen Tür, an der es nicht einmal ein Namensschild gibt. An diesem 21. Dezember nun – Frau P. war wieder tagelang nicht gesehen worden – wird es Mieterin Z. angst. Gegen 16 Uhr alarmiert sie das Heidenauer Ordnungsamt. Die Polizei kommt, bricht die Tür auf. Die Beamten bahnen sich einen Weg in das mit Möbeln verrammelte Kinderzimmer. Dort finden sie Tatjana, halb verhungert und trotz der winterlichen Temperaturen nur mit einem dünnen Hemdchen bekleidet, und ihren Bruder Patrick, tot. Der Kleine liegt in seinem

Bettcher, das völlig mit Urin durchtränkt ist. Er hat wochenlang keine frischen Windeln bekommen. Patrick starb, so wird es später eine Expertin feststellen, weil er hochgradig unterernährt und unterkühlt war.

Ralf Hubrich und seine Kollegen von der Pirnaer Kriminalpolizei treffen ein. Sie dokumentieren den Tatort, sichern die Spuren. Dem erfahrenen Kripomann Hubrich, der selbst dreifacher Vater ist, geht an die Nieren, was er sieht. Die magere, kleine Leiche auf dem Bett, daneben eine verdreckte Babyflasche. Noch nie ist ihm ein derart krasser Fall von Kindesvernachlässigung untergekommen, und es wird bis zu seiner Pensionierung nichts Vergleichbares geben. Für einen Kriminalisten ist es das Schlimmste, wenn es um tote Kinder geht, sagt Hubrich. Vor allem, wenn sie so klein sind. „Sie können sich doch nicht wehren."

Ulrike P.s Wohnung hat Ralf Hubrich nicht allzu schlimm in Erinnerung. Alles sei zwar etwas lieblos gewesen, sagt er. Aber es war kein Loch. „Man konnte sich dort aufhalten." Aber wo hält sich Ulrike P. jetzt auf? „Wir wussten, dass sie sich vornehmlich in Bars und Discos herumtrieb", sagt Hubrich. Die Frau wird zur Fahndung ausgeschrieben. Bürgerhinweise führen die Polizisten bald zu einer Bar namens „Petticoat", wo P. Stammgast sein soll. Das Tanzlokal befindet sich in der Heidenauer Ernst-Thälmann-Straße im Untergeschoss des heutigen Norma-Komplexes. Noch am selben Abend, gegen 22.15 Uhr, wird Ulrike P. vor dem Lokal verhaftet. In der Bar selbst hatte sie laut Geschäftsführung bereits seit drei Wochen Hausverbot. In der Vernehmung gesteht sie, sich seit dem 18. Dezember nicht mehr um ihre Kinder gekümmert zu ha-

Foto: Marko Förster

Im Souterrain dieses Hauses an der Heidenauer Ernst-Thälmann-Straße befand sich 1995 die „Petticoat-Bar". Vor dem Tanzlokal wurde die pflichtvergessene Mutter Ulrike P. verhaftet.

ben. Um nicht nach Hause zu müssen, nächtigte sie sogar im Auto. Während Ulrike P. in Untersuchungshaft kommt, muss die kleine Tatjana ins Kinderheim am Pirnaer Varkaus-Ring gebracht werden. Ralf Hubrich besucht sie dort. Die Erzieher berichten ihm Befremdliches. Sobald es etwas zu essen gibt, nimmt es die Kleine an sich und flüchtet damit. Sie versucht, es zu verstecken. Offenbar hat sie Angst, wieder hungern zu müssen. „Das sagt ganz viel aus", findet Hubrich, den dieser Bericht bis heute stark bewegt.

Auf Ulrike P. trifft Ralf Hubrich zur Vernehmung im Frauengefängnis Hoheneck in Stollberg im Erzgebirge. In dem monumentalen Zuchthauskomplex, berüchtigt wegen der unmenschlichen Behandlung weiblicher Polit-Häftlinge zur DDR-Zeit, erlebt er eine normal entwickelte junge Frau, die keinesfalls unzurechnungsfähig ist, die offen redet. Sie habe das alles nicht gewollt, sagt sie, habe doch etwas zu trinken hingelegt, habe gedacht, das geht so. Hubrich glaubt, sie war überfordert. „Sie wollte wohl mehr vom Leben, als zu Hause auf zwei kleine Kinder aufzupassen." Kommissarin Birgit Walther, die Hubrich bei dem Termin begleitet, verspürt heute noch Zorn beim Gedanken an diese Szene. Wenn sie nicht mehr klar kam, wieso hat Ulrike P. dann keine Hilfe gesucht? Wieso ist sie nicht zu ihren Eltern gegangen? „Sie wollte nur ihr Vergnügen", sagt die Polizistin aufgebracht. Nach der Mittagspause kommt Ulrike P. nicht zur vereinbarten Zeit zurück. Als sie endlich erscheint, bemerken die Kommissare, dass etwas nicht stimmt mit ihr. Ulrike P.s Gesicht trägt Hämatome. Hubrich und Walther sind sich sicher, dass P. von ihren Mitgefangenen körperlich gezüchtigt wurde wegen ihrer Untat. Angaben dazu oder gar eine Anzeige will Frau P. nicht machen. Stattdessen ist sie bereit, weiter auszusagen.

Im Juni 1996 steht Ulrike P. in Dresden vor dem Schwurgericht. Die ganze Tragik des Vorgangs kommt noch einmal ans Licht. Ulrike P. stammt aus Coburg in Oberfranken und wuchs relativ behütet in einer fünfköpfigen Familie auf. Sie war das Nesthäkchen, wurde umsorgt und verwöhnt und kaum mit Problemen konfrontiert. Sie muss gewusst haben, was familiäre Wärme bedeutet, stellt die Staatsanwaltschaft fest. Nach Heidenau zu ziehen, war die Idee von Ulrike P.s damaligem Freund Jürgen P., des Vaters von Patrick. Im Januar 1995, wenige Tage nach Patricks Geburt, richtete sich die Familie in ei-

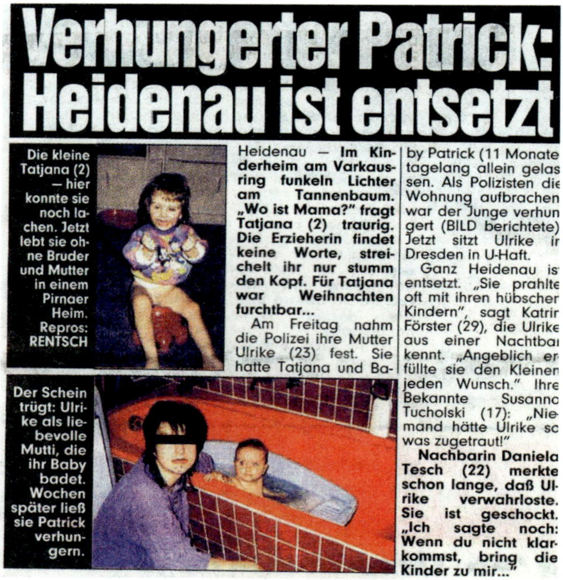

Verhungerter Patrick: Heidenau ist entsetzt

Die kleine Tatjana (2) – hier konnte sie noch lachen. Jetzt lebt sie ohne Bruder und Mutter in einem Pirnaer Heim. Repros: RENTSCH

Heidenau – **Im Kinderheim am Varkausring funkeln Lichter am Tannenbaum. „Wo ist Mama?" fragt Tatjana (2) traurig. Die Erzieherin findet keine Worte, streichelt ihr nur stumm den Kopf. Für Tatjana war Weihnachten furchtbar...**

Am Freitag nahm die Polizei ihre Mutter Ulrike (23) fest. Sie hatte Tatjana und Baby Patrick (11 Monate) tagelang allein gelassen. Als Polizisten die Wohnung aufbrachen, war der Junge verhungert (BILD berichtete). Jetzt sitzt Ulrike in Dresden in U-Haft.

Ganz Heidenau ist entsetzt. „Sie prahlte oft mit ihren hübschen Kindern", sagt Katrin Förster (29), die Ulrike aus einer Nachtbar kennt. „Angeblich erfüllte sie den Kleinen jeden Wunsch." Ihre Bekannte Susanne Tucholski (17): „Niemand hätte Ulrike so was zugetraut!"

Nachbarin Daniela Tesch (22) merkte schon lange, daß Ulrike verwahrloste. Sie ist geschockt. „Ich sagte noch: Wenn du nicht klarkommst, bring die Kinder zu mir..."

Der Schein trügt: Ulrike als liebevolle Mutti, die ihr Baby badet. Wochen später ließ sie Patrick verhungern.

Bericht in „Bild" am 23. Dezember 1995.

ner Heidenauer Neubauwohnung ein. Doch schon im Sommer setzte der Freund Ulrike P. und ihre Kinder vor die Tür. Ulrikes Lebensplan war geplatzt. Zunächst versuchte sie, mit der neuen Lage klarzukommen. Doch das gelang ihr immer weniger. Sie ließ sich gehen, verwahrloste, begann zu trinken und strandete endlich in dem heruntergekommenen Altbau an der Dresdner Straße. Diese katastrophalen Umstände waren der Nährboden für die Straftat, erklärt die Verteidigung. Ihre Kinder sperrte Ulrike P. nun immer öfter ein. Sie empfand sie als Belastung, sagt sie dem Gericht. „Wenn ich früh nach Hause kam, wollte ich meinen Rausch ausschlafen. Nachdem ich die Kinderzimmertür mit schweren Gegenständen von außen verbarrikadiert hatte, verkeilte ich zur Sicherung der Türklinke einen Besenstiel." Dass Patrick abmagerte, dass er immer „weniger" wurde, habe sie, wenn sie nüchtern war, wohl bemerkt, gibt die Angeklagte zu. Das sei ihr aber egal gewesen. Zuletzt wog der fast einjährige Junge nur wenig mehr als 5 000 Gramm, so viel, wie ein etwa drei Monate alter Säugling.

Der Psychiater stellt bei Ulrike P. eine „dissoziale Entwicklung, gepaart mit zu viel Alkoholgenuss" fest. Sie sei ein Mensch, der sehr stark auf ständige Impulse von außen angewiesen ist. Ulrike P.s Alkoholkonsum stuft der Experte nicht als Krankheit ein, sondern als „Konflikttrinken". Damit, so sieht es später auch der Richter, habe sie versucht, in eine andere Welt zu flüchten. In den vielen nüchternen Momenten jedoch habe Ulrike P. durchaus die Möglichkeit gehabt, das Schicksal des kleinen Patrick abzuwenden. Fazit: Die Angeklagte ist strafrechtlich voll verantwortlich.

Der Richter bescheinigt Ulrike P., die größte Schuld als Mutter auf sich geladen zu haben, indem sie ihr hilfloses Kind tötete. Gleichzeitig erkennt er Ulrike P.s Geständigkeit und ein gewisses Maß an Reue an. Er stellt fest, dass bei ihr kein „Vernichtungswille" gegenüber den Kindern erkennbar gewesen sei. Die Situation nach der Trennung von ihrem Freund habe die noch sehr unreife Ulrike P. total überfordert. Dieser Freund hätte als Patricks Vater auch Verantwortung übernehmen müssen.

Am 27. Juni 1996 wird Ulrike P. wegen Totschlags und Verletzung der Fürsorgepflicht zu zehn Jahren und sechs Monaten Haft verurteilt. Das Erziehungsrecht für ihre Tochter Tatjana verliert sie. Ulrikes Eltern wenden sich von ihr ab. Der Richter bietet noch im Gerichtssaal an, einen Brief an die Eltern zu schreiben, um sie umzustimmen. Ulrike P. sitzt zwei Drittel ihrer Strafe ab. Anfang 2003 kommt sie auf Bewährung frei. Sie fällt danach nicht wieder auf. Die Spur der kleinen Tatjana verliert sich. Nach den bundesweiten Medienberichten zu dem Fall sollen sich zahlreiche Menschen gemeldet haben, die das Kind aufnehmen wollten. Das Jugendamt macht aus Datenschutzgründen keine Angaben über sein Schicksal. ◆

Foto: privat/Repro: Egbert Kamprath

Ein ganz normaler Junge: Nicky Kobach posiert gut gelaunt mit seinem Snowboard am Ski-Hang von Altenberg. Wenige Tage später geht der 17-jährige Gymnasiast einen Freund besuchen und kehrt nicht wieder heim. Bis heute weiß niemand, wo er steckt.

Der Junge, den die Erde schluckte

In Heidemarie und Peter Kobachs Stube gibt es sieben Uhren. Es ist eine kleine Sammlung, darunter auch der ebenholzfarbene Regulator Tante Friedas von achtzehnhundertund. Sieben Uhren, und doch scheint die Zeit hier drinnen still zu stehen. Die Kobachs warten. Sie warten auf Nicky, ihren Sohn. Schon am Abend, als er fortging, wartete Frau Kobach, wartete die ganze Nacht, im Sessel sitzend. Aus einer Nacht sind siebzehn Jahre geworden. Und auch heute ist Nicky nicht nach Hause gekommen.

Das Verschwinden Nicky Kobachs zählt zu den seltsamsten Vermisstenfällen in Sachsen. Es passiert am 28. März 1996. Es ist ein Donnerstag, ein Tag wie jeder andere im Leben der Familie Kobach. Die Kobachs wohnen am Stadtrand Altenbergs, in einer Häuserzeile von „Chicago". Warum das Wohngebiet diesen merkwürdigen Namen trägt, weiß keiner so genau, vielleicht, weil die spitzhütigen Plattenbauten neben den geduckten Gebirgshäusern wie Wolkenkratzer wirken. Nicky Kobach ist 17 Jahre alt und Elftklässler am Bergstadtgymnasium von Altenberg. An diesem Nachmittag paukt er für eine Deutsch-Klausur. Gegen halb sieben Uhr abends verlässt er die Wohnung. Nur auf einen Sprung zu seinem Kumpel Sascha will er gehen und dort eine geborgte Lederjacke abgeben. Sascha wohnt gleich nebenan. Alles scheint ganz normal. Doch von diesem Sprung kehrt Nicky nicht zurück. Er ist weg, und zwar so gründlich, als hätte ihn der Erdboden verschluckt.

Wenn Heidemarie Kobach von ihrem Sohn erzählt, dann kämpft sie mit den Tränen. Wie seltsam ist das doch, sagt sie. Da hat man siebzehn Jahre lang ein Kind. Und auf einmal ist Schluss. Zack! „Als wenn ich das geträumt hätte." Die Ungewissheit ist das Schlimmste. Wenn Nicky tot wäre, das wäre eine andere Geschichte, sagt Frau Kobach. Dann könnte sie auf den Friedhof gehen mit ihrer Trauer. Aber so weiß sie nicht, was sie denken soll. Dass Nicky tot ist, kann sie sich nicht vorstellen. „Du?", fragt sie, und schaut ihren Mann an, der still am anderen Ende des Stubentisches sitzt. Peter Kobach schüttelt den Kopf.

Vermisst. Für Kriminalhauptkommissar Ralf Hubrich war das Routine. 100 bis 150 Fälle, so schätzt er, hatte die Pirnaer Kripo während seiner Dienstzeit jedes Jahr auf dem Tisch. Wenn es

Foto: Egbert Kamprath

Die Altenberger Neubausiedlung, im Volksmund „Chicago" genannt, ist noch immer das Zuhause der Kobachs. Der Block, in dem sie wohnten, als Nicky verschwand (ganz vorn), wurde inzwischen abgerissen.

um Jugendliche ging, war die Sache zu 99,9 Prozent bald vergessen. Die Vermissten tauchten von alleine wieder auf. Meist waren sie in pubertärer Auflehnung von zu Hause ausgebüxt. Stress mit den Eltern, Liebeskummer, neue Interessen, so was in der Art. Auch im Fall Nicky Kobach deutete zunächst einiges in diese Richtung, sagt Ralf Hubrich. Am Abend seines Verschwindens, so ermittelte man, hatte Nicky mit einer Bekannten telefoniert und sinngemäß erzählt, er wolle abhauen, er müsse mal raus. Weil der Junge Graffiti liebte und gern Farbe an Wände sprühte, schien ein Untertauchen in Sprayerkreisen möglich, vielleicht im Dresdner Szeneviertel Neustadt. Oder hatte Nicky einen der Transitlaster gestoppt, die damals noch in endloser Kolonne durch den Ort dröhnten? In fünf Minuten wäre er weg gewesen, sagt Hubrich. Und kein Lasterfahrer hätte irgendetwas mitbekommen von der Fahndung nach einem 17-jährigen Gymnasiasten in Altenberg.

Zunächst glauben die Kobachs, dass Nicky sich bloß verspätet. Es wäre nicht das erste Mal. Dabei hatte er drei Tage zuvor noch Besserung gelobt: „War wirklich Mist von mir gestern Abend. Kommt nicht wieder vor. Bin abends jetzt immer zu Hause lernen. Kuß Nicky" hatte er auf einen Zettel für seine Eltern geschrieben. Gegen 21 Uhr ruft Heidemarie Kobach bei Nickys Freund Sascha an. Doch da ist Nicky nicht. Sascha hat seinen Kumpel gar nicht zu Gesicht gekriegt. Er hatte geschlafen, und Nicky war an der Wohnungstür umgekehrt, ohne ihn wecken zu lassen. Was danach passiert ist, weiß keiner. Es ist der Moment, in dem der große Blackout einsetzt.

Als Nicky auch am nächsten Tag nicht auftaucht und die Schule schwänzt, beginnen die Kobachs mit der Suche. Zunächst auf eigene Faust. Überall wird herumgefragt. Vater Kobach steuert mit Nickys Mitschülern im Auto die einschlägigen Treffpunkte an. Erfolglos. Die Kobachs sind unsicher. Sollen sie bei der Polizei Alarm schlagen? Was, wenn Nicky plötzlich in der Tür steht? Schließlich, gegen Mittag, fragen sie beim örtlichen Polizeiposten, was sie tun sollen. Wenig später läuft die Fahndung an. Ein Hubschrauber kreist über der Bergstadt, späht nach Nicky. Auch in dem riesigen Einsturzkrater der Altenberger Pinge wird gesucht. Überall kleben Zettel mit Nickys Bild. Für die Eltern ist das eine Folter. Am liebsten hätte er die Dinger abgerissen, sagt Peter Kobach.

Warum ist Nicky abgehauen? Das ist die große Frage. Streit in der Familie? Kaum, sagt Ralf Hubrich. Da habe nichts im Raum gestanden, das den Jungen hätte wegtreiben können. Die Eltern sehen das genauso. „Er hatte doch alles, was er wollte", sagt Vater Peter. Die Sprüherei seines Sohnes sah er zwar nicht gern. Andererseits gab Mutter Heidi ihm manchmal Geld für die Farbdosen. Nicky durfte sogar die Wände seines Kinderzimmers komplett besprühen. In seinem Bekanntenkreis war er beliebt, hatte Schlag bei den Mädels. In der Schule musste er zwar etwas mehr büffeln als die Jahre zuvor. Aber er wollte unbedingt an der Penne bleiben. Er galt als begabter, aufgeweckter Bursche, spielte Keyboard, interessierte sich für Fußball, ging zur Disco. Frau Kobach zieht ein Foto hervor, das Nicky wenige Tage vor seinem Verschwinden am Altenberger Ski-Hang zeigt, auf einem Snowboard balancierend und breit grinsend. Er war so cool drauf, sagt die Mutter, und lächelt verzweifelt. Sie kann einfach keinen Grund finden für die Flucht ihres Sohnes. Nicky wäre wenige Monate später sowieso achtzehn geworden, sagt sie. „Dann hätte er doch machen können, was er wollte!"

Keiner kann sich vorstellen, was in Nicky gefahren sein soll, dass er deshalb ohne Spur abtaucht. Auch nicht Rudi Krebs, sein Klassenlehrer. Herr Krebs kennt die Familie Kobach gut. Er hat schon Nickys Vater unterrichtet. Man steht auf Du und Du. Dass Nicky zu Hause Stress hatte, hält er für ausgeschlossen. Eltern und Großeltern seien unheimlich stolz auf ihn gewesen, weil er der Erste aus der Familie war, der ein Gymnasium besuchte. In der Schule lief es nicht schlecht für Nicky. Er stand zwischen zwei minus und drei plus. Er war intelligent. Er hätte mehr erreichen können, sagt sein Lehrer. Doch Nicky war nicht übermäßig ehrgeizig. Das vordere Mittelfeld genügte ihm. Mit der Lehrerschaft kam Nicky gut aus. Nie fiel er durch Frechheiten oder Provokationen auf. In der Klasse mochten ihn alle. Da gab es keinen, den er zum Feind gehabt hätte, sagt Herr Krebs. Als Nickys Stuhl plötzlich leer blieb, war das für alle furchtbar. Einige Schüler weinten. Alle gemeinsam spekulierten sie, wo Nicky abgeblieben sein könnte. Rudi Krebs ist überzeugt: Wenn Nicky einen Fluchtplan gehegt hätte, dann wäre das durchgesickert. Das Altenberger Gymnasium ist eine vergleichsweise kleine Schule mit familiärem Anstrich, begründet durch die Vergangenheit als Kinder- und Jugendsportschule. Da kannte jeder jeden, sagt er.

Nicky Kobach nahm keine persönlichen Dinge mit, als er ging. Auch kein Geld, keine Ausweise, auch nicht seine Brille. Bei minus zehn Grad und Schnee trug er Jeans, Kapuzenshirt und Halbschuhe. Bestimmt hatte er nicht einmal ein Taschentuch einstecken, sagt seine Mutter. Auch das spricht gegen ein geplantes Durchbrennen. Wurde der Junge Opfer eines Verbrechens? Denkbar ist das schon, sagt Kriminalist Ralf Hubrich. Dann wäre es aber sehr wahrscheinlich ein Zufallsverbrechen gewesen. Oder ein Unfall. Und in dieser Situation einen Menschen so perfekt beiseite zu schaffen, dass er nie wieder auftaucht, bezeichnet der Kommissar als „irre schwer". Die Kobachs haben manchmal Angst, dass ihr Junge etwas Schlimmes angestellt hat, irgendein Verbechen, Rauschgift oder so, und dass er deshalb plötzlich untertauchen musste. Am Tag seines Verschwindens war Nicky schon nachmittags für eine Dreiviertelstunde weg gewesen. In dieser Zeit muss irgendetwas passiert sein, sagt Frau Kobach. Nicky wurde an der Altenberger Tankstelle gesehen. Was wollte er da? Hat er jemanden getroffen? Wollte er bei jemandem mitfahren? Als Nicky wieder nach Hause kam, wirkte er seltsam bedrückt. Auch die Spaghetti, die er immer so gut kochen konnte, schmeckten diesmal nicht.

Die Fahndung nach Nicky Kobach, die Befragungen, die Plakate – nichts davon bringt etwas ein. Hin und wieder kommen Gerüchte auf. Nicky soll als Hütchenspieler auf Teneriffa gewesen sein, oder beim Zirkus. Im Juni 1996 ist Ralf Hubrich mit der Sache im MDR-Fernsehen bei „Kripo live". Die Fernsehleute haben in Altenberg einen kleinen Film gedreht. Frau Kobach spielt darin

Foto: Egbert Kamprath

Heidemarie und Peter Kobach wollen die Hoffnung nicht aufgeben, dass ihr Sohn noch lebt und eines Tages vor der Tür steht.

mit, und auch Lehrer Krebs wird vor der Kamera befragt. Hubrich sagt im Studio einige Sätze dazu, mit etwas Lampenfieber. Fernsehauftritte gehören nicht gerade zu seinen Hobbys, stellt er fest. Die Hinweise sind dürr. „Ich hab' da mal so einen im Zug gesehen" – so oder so ähnlich melden sich die Anrufer. Nichts Konkretes, nichts Überprüfbares ist dabei. Auch die Kobachs gehen ins Fernsehen. Sie treten in verschiedenen Vermisstensuchshows auf, bei „Bitte melde dich!" auf Sat 1, bei „Arabella sucht!" auf Pro 7, bei „Schreinemakers TV" auf RTL. Alles vergebens. Einmal meldet sich Volodymyr, ein ukrainischer Wahrsager aus Berlin, bei Familie Kobach. „Ich fühle mit Ihnen den schweren Verlust", schreibt er, und bietet seine detektivischen Leistungen an. Für 1 400 Euro Monatsgage will er den Aufenthaltsort von Nicky ermitteln. Dazu braucht er nur ein Foto von ihm und eine Skizze seines Lebensumfeldes. Kobachs fühlen sich von diesem Angebot verhöhnt. Sie glauben, dass der Wahrsager ihr Leid ausnutzen will. „Eine Unverschämtheit!"

2002 muss die Familie umziehen. Das Haus, in dem sie seit 1993 gelebt hat, wird abgerissen. Nun müssen die Kobachs das Kinderzimmer von Nicky räumen, das sie bisher nicht angetastet haben. All die Erinnerungen, mit denen Nicky die bunten Wände bepflastert hat, nehmen sie behutsam ab: Kinderfotos, Briefe, Zeichnungen, Sport-Urkunden. Nickys ganzes Leben klebte dort, sagt seine Mutter. Sie hat alles aufgehoben. Auch Nickys T-Shirts, die Jacke, die er zur Jugendweihe anhatte, seinen Teddy. Statt den Ort ihres Kummers zu verlassen, bleiben die Kobachs in „Chicago". Sie ziehen nur wenige Meter weiter, in einen an-

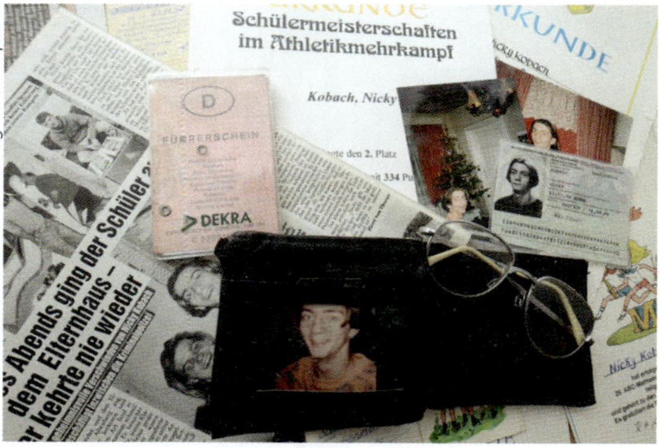

Foto: Egbert Kamprath

Nicky hat weder Geld noch Ausweise mitgenommen, nicht einmal seine Brille. Das spricht gegen eine geplante Flucht.

deren Block. Sie wollen da sein, sollte ihr Sohn eines Tages doch zurückkehren. Auch die alte Telefonnummer haben sie behalten. Und stets, wenn der Apparat klingelt, kommt die leise Hoffnung auf, es möge Nicky sein.

Der Fall Nicky Kobach: Noch immer liegt er bei Pirnas Kriminalpolizei auf dem Tisch. Für Hauptkommissar Ralf Hubrich gibt es nur zwei Möglichkeiten. Entweder ist Nicky tot, oder aber er lebt und hat seine alte Identität abgegeben. „Das müsste aber eine Entscheidung von fünf Minuten gewesen sein", sagt Hubrich. Und dafür fehlt aus seiner Sicht jegliches Motiv. „Er hatte keine Probleme mit der Welt", sagt er. Die Fahndung läuft unterdessen weiter. Auch wenn niemand so genau weiß, wie die Person, nach der man sucht, heute aussieht. Nickys Zahnstatus und DNA-Proben liegen bereit, um Vergleiche mit unbekannten Toten anstellen zu können. Nickys Vater Peter vermutet, dass sein Sohn entweder ganz tief gefallen oder ganz hoch aufgestiegen ist, eher Letzteres, denn dumm sei der Junge nicht gewesen.

Rudi Krebs, Nickys Klassenlehrer, ist inzwischen 73 Jahre alt und längst pensioniert. Und noch immer fragt er sich, wieder und wieder: Was mag an jenem Tag mit Nicky bloß passiert sein? Etwas Schreckliches, etwas, das Nicky nicht wollte. Nur so kann er sich erklären, dass ihm ein Schüler ohne die geringste Spur abhanden kam. In vierzig Dienstjahren ist ihm das kein zweites Mal passiert.

Für Heidi und Peter Kobach sind nun ihre Enkel die größte Freude. Bei Tochter Manja, die in München lebt, steht ein Bild von Onkel Nicky. Oma und Opa wünschen sich nichts mehr, als dass Manjas zwei kleine Mädchen ihren Onkel eines Tages kennenlernen. ◆

Unbegreifliche Bluttat: Ein Bundespolizist schaut auf die Stelle des S-Bahn-Wagens, wo Frank S. starb. Fünfzehn Messerstiche haben den allseits beliebten Einwohner von Bielatal getroffen. Für den Mord fehlt jedes Motiv.

Der rätselhafte S-Bahn-Mord

In Bielatal gibt es ein Grab, das nicht auf dem Friedhof liegt. Es ist kein richtiges Grab. Familie Tändler nennt es trotzdem so. Es ist ein Bottich aus Sandstein, in dem ein kleines Holzkreuz steckt. Im Sommer wachsen dort Primeln oder Chrysanthemen. Und im Winter, wenn die Zeit heran ist, steht eine brennende Kerze darauf. Man braucht einen Ort für die Trauer und die Erinnerung, sagt Familienvater Jörg Tändler. „Es ist unsere Art, einen lieben Menschen nicht zu vergessen." Dieser Mensch hieß Frank und war Tändlers Nachbar. Bis zu jener Nacht, als er von der Spätschicht nicht mehr heimkam.

Es ist Dienstag, der 9. Januar 2001, da erschüttert eine furchtbare Nachricht den Ort Bielatal, das Kletter-Mekka in der linkselbischen Sächsischen Schweiz: Einwohner Frank S., 37 Jahre alt, ledig, Klettersportler und Mitglied der örtlichen Freiwilligen Feuerwehr, ist ermordet worden. Um Mitternacht hat eine Zugbegleiterin seinen blutenden Körper im Oberdeck der S-Bahn 97097 nach Bad Schandau entdeckt. Der Mörder war äußerst brutal. Etwa fünfzehn Messerstiche zählt die Gerichtsmedizin später. Auch das Herz von Frank S. ist getroffen. Er stirbt, bevor er Königstein, seinen Zielbahnhof, erreicht. Der Bundesgrenzschutz kontrolliert sofort den Zug. Er ist leer. Zeugen? Gibt es nicht. Die Haltepunkte entlang der Bahnstrecke werden mit Spürhunden abgesucht. Keine Hinweise. Die Mordkommission des Polizeipräsidiums Dresden zieht den Fall

Zum Andenken an ihren ermordeten Nachbarn Frank S. pflegt Silke Tändler einen Gedenkort in Bielatal. Vor Franks damaligem Wohnhaus am Wiesenweg steht dieser Sandsteinbottich mit Kreuz, Chrysanthemen, Bartnelken und Sonnenhut.

Foto: Daniel Spittel

an sich. Der Zug wird zur Spurensicherung in die Landeshauptstadt überführt. Zeugenaufrufe erscheinen. Wer fuhr mit Frank S. in dieser S-Bahn? Wer hat eine Person mit blutiger Kleidung bemerkt? Etwa zwanzig Leute melden sich, doch niemand kann den Ermittlern weiterhelfen. Daran ändern auch die 10 000 Mark Belohnung nichts, die das Landeskriminalamt für den entscheidenden Tipp bietet.

Warum musste Frank S. sterben? Ein Raubmord scheidet offensichtlich aus, denn der Tote hatte seine Geldtasche, seine Ausweise und die Kreditkarte noch bei sich. War es eine Beziehungstat? Ein Racheakt? Ein Auftragsmord? Die Polizisten ziehen Erkundigungen ein, auch in Bielatal, auch bei den Tändlers. Die Familie kann es nicht glauben, dass ihr Nachbar tot ist. Ob er Feinde hatte? Unvorstellbar, sagt Jörg Tändler. Gegen einen so tadellosen Menschen könne niemand etwas gehabt haben. Hilfsbereit ohne Ende sei er gewesen und auch sehr kinderlieb. „Wir hatten ein gutnachbarschaftliches, freundschaftliches Verhältnis", sagt er. So oder so ähnlich redet jeder, der Frank S. kannte. Dieter Süßemilch, 63, war damals Feuerwehrchef in Bielatal. Er hat sich sehr gefreut, als S. bei der Truppe Mitglied werden wollte. Dass ein Erwachsener, ein Zuzügler obendrein, mir nichts dir nichts zur Feuerwehr kommt, das passiert nicht alle Tage. Ein guter Kamerad sei er gewesen, sagt Herr Süßemilch, ein offener, zugänglicher Typ, der mit den Leuten in Kontakt kommen wollte, und der mit allen gut auskam. „Sein Tod war für uns ein großer Schock. Keiner konnte das begreifen." Frank S. stammte aus dem Dresdner Norden. Erst seit etwa drei Jahren wohnte er in Bielatal. Die Mietwohnung in einem alten Bauernhaus am Wiesenweg hatten ihm einheimische Bekannte aus der Kletterszene vermittelt. Frank S. liebte die Natur und das Klettern. Deshalb zog es ihn wohl in die Sächsische Schweiz. Den langen Weg zur Arbeit nahm er dafür in Kauf. Frank S. war Instandhalter in der Halbleiterfabrik ZMD in Dresden-Klotzsche. In der Mordnacht befand er sich auf dem Heimweg von der zweiten Schicht.

Weil sich kein Motiv für den Mord finden lässt – sogar Spionage soll geprüft worden sein –, denkt man auch an die Tat eines Betrunkenen. Oder war es vielleicht ein Verrückter? Mit einem Menschen, der ein wenig verrückt scheint, kann die Kriminalpolizei in Pirna – bisher praktisch außen vor in diesem Fall – dienen. Und das kam so: Am 6. Januar, dem Sonnabend vor der Bluttat in der S-Bahn, sitzt Kriminalhauptkommissar Ralf Hubrich an seinem Pirnaer Schreibtisch. Damals waren die Sonnabende noch reguläre Arbeitstage für Pirnas Kriminalisten, wenn sie Dienst hatten. Erst später wurden diese Dienste von Rufbereitschaften übernommen. Für diesen Sonnabend nun hat sich Hubrich wie gewöhnlich einige Aktenstücke vorgenommen, Dinge, die wochentags liegen geblieben sind. Er stellt kleinere Ermittlungen an, erledigt Formalitäten. Da schleppt die Streife plötzlich eine merkwürdige Gestalt herbei. Der Mann heißt Jörg F., ist 38 Jahre alt und hat Pfandflaschen auf einem Betriebsgelände geklaut, was er auch zugibt. Normalerweise ist Leergutklau keine Sache für die Kripo. Darum hätte sich der Ermittlungsdienst der Schutzpolizei gekümmert. Doch eben zu jener Zeit suchen die Pirnaer Kriminalen einen gewieften Serieneinbrecher, der am liebsten Bargeld aus Eigenheimen klaut. Und F. hat ungewöhnlich viel Geld dabei. Deshalb informiert die Streife Ralf Hubrich, und der sieht sich den Fang gemeinsam mit einem ebenfalls Dienst schiebenden Kollegen an. Bald merken die beiden, dass der Flaschendieb „psychisch nicht ganz takko" ist. Zwar wirkt Herr F. nicht wie ein Verrückter, sondern eher intelligent. Doch fühlt er sich von der Stasi verfolgt, die ihm Böses will. Er zeigt den Beamten auch seine Bewaffnung, die er gegen die Häscher einsetzen will: ein Fahrtenmesser mit fester, rund dreizehn Zentimeter langer Klinge. Es baumelt in einer Scheide an F.s Gürtel.

Das Messer hat bei F.s Flaschendiebstahl keine Rolle gespielt. Einen Grund, es ihm abzunehmen, gibt es zu diesem Zeitpunkt nicht. Die Beamten können F. auch nicht festhalten, weder wegen

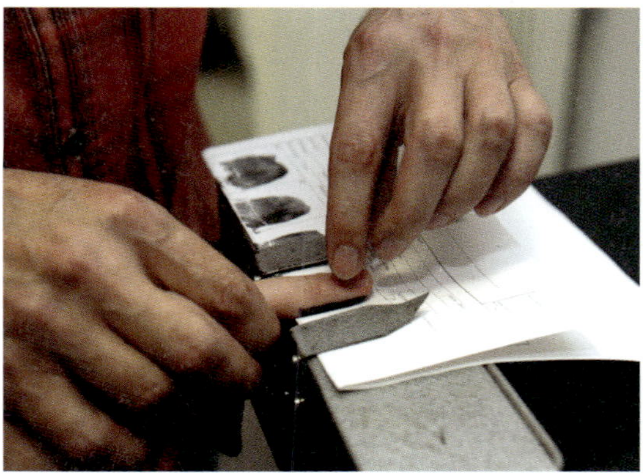

Abnahme von Fingerabdrücken mit der klassischen Lackfilm-Methode. Als Leergutdieb musste Jörg F. bei der Pirnaer Kripo seine Fingerabdrücke hinterlassen. Niemand ahnte, dass er bald zum Mörder werden würde.

Foto: Marko Förster

der geklauten Pullen noch wegen seiner offenkundigen Verrücktheit. Wenigstens unterziehen sie ihn einer sogenannten ED, einer erkennungsdienstlichen Behandlung. Sie fotografieren ihn, nehmen seine Personenbeschreibung auf, seine Fingerabdrücke und die Schuhspuren. Dann lassen sie ihn laufen. Als der S-Bahn-Mord passiert, erinnert sich die Pirnaer Kripo an den Flaschendieb mit dem Fahrtenmesser und dem Verfolgungswahn und übermittelt seine Daten an die Mordkommission. „Wir haben ihnen den Täter serviert", sagt Ralf Hubrich, noch immer mit ein wenig Triumph in seiner Bassstimme.

Nun wird nach Jörg F. gefahndet. Ende Januar kommt der Paukenschlag: F. gesteht. Brieflich. Die beiden handgeschriebenen DIN-A4-Blätter liegen eines Tages im Postkasten der „Bild"-Zeitung und bald darauf auch auf dem Tisch der Dresdner Staatsanwaltschaft. Unter der Überschrift „Tathergang" steht nüchtern: „Der Mann wurde von mir im zweiten Wagen zwischen Wehlen und Rathen erstochen. (...) Das Messer wischte ich auf den Sitzen ab. Dann rannte ich in den ersten Waggon und stieg mit meinem Fahrrad aus der ersten Tür. Der Lokführer sah mich. Es war Nebel..." Nach der Tat, so schreibt Jörg F. in seinem Geständnis, fuhr er elbaufwärts. Als er das Ende der Uferbeleuchtung erreicht hatte, stieg er vom Fahrrad ab, schob es noch ein Stück durch das Unkraut und schmiss es dann ins Gebüsch.

Am 27. Januar 2001 meldet „Bild" den Fund des Fahrrades, mit dem der mutmaßliche Zugmörder Jörg F. vom Tatort geflüchtet war, und bringt ein Foto von ihm. Es war bei einem früheren Prozess gegen F. aufgenommen worden.

Taucher der Bereitschaftspolizei suchen am 29. Januar 2001 in der Elbe bei Kurort Rathen das Messer, mit dem Frank S. erstochen wurde.

Foto: Marko Förster

Das Rad – so gesteht er freimütig – hatte er vor Weihnachten in Königstein geklaut. Das Messer warf er in die Elbe, auch seine Uhr, warum auch immer. Dann durchschwamm er den Fluss und setzte sich nach Tschechien ab.

Die Polizei prüft diese Angaben. In Kurort Rathen warten schon die Reporter von „Bild" an F.s Fahrrad, das im Ufergestrüpp liegt. Vor der Kameralinse sichert ein Kriminaltechniker der Pirnaer Kripo DNA-Spuren an dem lilafarbenen Drahtesel. Er reibt mit einem befeuchteten Wattetupfer die Stellen am Rad ab, die der Fahrer intensiv berührt haben muss. Später wird die Erbsubstanz im Glas vervielfältigt, um den genetischen Fingerabdruck zu gewinnen. Das Fahrrad kommt unter Verschluss in die Spurenkammer. Die Kontamination des Beweismittels soll vermieden werden. Derweil suchen Taucher der Bereitschaftspolizei in der Elbe nach F.s Messer. Vom Ufer aus mit Seilen gesichert, tasten sie den Grund Meter für Meter ab, allerdings erfolglos. Die Angaben im Brief zum Versenkungsort sind ungenau. Vielleicht hat die Strömung die Waffe auch fortgetragen. Kurz nach seinem postalischen Geständnis bei „Bild" stellt sich Jörg F. den tschechischen Behörden in Liberec. Am 20. Juni 2001 wird er nach Deutschland überstellt, wo man ihn verhaftet.

Jörg F. stammt von der Ostsee, wurde in Stralsund geboren. Er ist Akademiker, arbeitet als Chemie-Ingenieur in einem pharmazeutischen Betrieb. Um die Wendezeit herum verliert F. den Bezug zur Realität. Er glaubt, dass ihm Killerkommandos der SED und der Staatssicherheit ans Leben wollen. Er wird arbeitslos, zieht umher, ist ständig auf der Flucht. Wiederholt führen ihn seine Wahnvorstellungen für kürzere Dauer ins Gefängnis. Einmal verteilt er vor dem Regierungspräsidium in Dresden Flugblätter, in denen er die Mitarbeiter des Hauses als Kollaborateure von SED-Verbrechern tituliert. Er klemmt die Pamphlete hinter Autoscheibenwischer, heftet sie an Bäume und sogar ans schwarze Brett vor dem Speisesaal der Behörde. Das bringt ihm einen Strafbefehl wegen übler Nachrede und Verleumdung ein, den er teils absitzt, teils bezahlt. Als Jörg F. an jenem verhängnisvollen Abend des 8. Januar 2001 im Zug Frank S. erblickt, fühlt er sich einmal mehr bedroht. Er glaubt sich in Todesgefahr und sticht auf den harmlosen, womöglich sogar schlafenden Mann ein. Frank S. stirbt wegen einer grausamen Laune des Schicksals: Er ist zur falschen Zeit am falschen Ort.

Am 22. Mai 2002 beginnt vor der Schwurgerichtskammer im Dresdner Landgericht die Hauptverhandlung gegen Jörg F. Sie dauert nur zwei Tage. Während des Verfahrens gesteht F. erneut, die Bluttat begangen zu haben. Die Gutachter stufen ihn als paranoid schizophren ein. Typisch für diese Erkrankung sind Wahnvorstellungen, etwa die unverrückbare Überzeugung, von geheimen Organisationen verfolgt oder überwacht zu werden. Dazu können Halluzinationen auftreten. Die Betroffenen hören zum Beispiel Stimmen, die ihnen Befehle geben oder sie demütigen. Ein Urteil im eigentlichen Sinne erhält Jörg F. nicht. Auch keine Haftstrafe. Er muss jedoch im psychiatrischen Krankenhaus bleiben, wo er bereits seit Juni 2001 sitzt, und wo er praktisch ebenso unter Verschluss ist wie in einer Haftanstalt. Wie lange er dort behandelt wird, ist offen und vom Urteil der Ärzte abhängig. Die Prüfung von F.s Geisteszustand im Mai 2012 hat ergeben, dass er noch bleiben muss. Während dieses Buch entstand, war Jörg F.s Akte erneut auf dem Weg zur Strafvollstreckungskammer in Görlitz, damit dort über seine Zukunft entschieden wird. ◆

Relikt des Kalten Krieges: Diese Blechröhre bauten sowjetische Soldaten als Unterstand in den Heideboden nahe Oelsa ein. Beim Spielen fanden Jugendliche hier 1999 ein totes Baby.

Der Säugling im Sowjetbunker

Der 28. Februar 1999 ist ein ungewöhnlich milder Wintersonntag. Er fühlt sich fast schon an wie Frühling. Der 14-jährige Schüler Christian Walter aus Karsdorf und seine Freunde haben ihre Fahrräder bestiegen. Es zieht sie zu einer geheimnisvollen Blechröhre hin, die im Wald beim Nachbardorf Oelsa eingegraben liegt. Über die von Baumwurzeln geäderten Wege holpern sie durch die Dippoldiswalder Heide. Schließlich stoppen sie an einem unscheinbaren Hügel, grasbewachsen und von Kiefern und Birken beschirmt. Ein blecherner Rohrstummel lugt seitwärts aus dem verwelkten Kraut und bezeugt, dass hier einmal unterirdisch geheizt wurde. Die kreisrunde eiserne Einstiegsluke daneben lässt sich problemlos aufklappen, und die Jungs kriechen hinab in eine muffige, zwei Meter tiefe Düsternis. Sie haben keine Ahnung, dass sie ein Grab betreten.

Den erdgedeckten Unterstand der Sowjetarmee gibt es schon lange an diesem Fleck in der Dippser Heide. Der ganze Wald war Spielwiese und Bereitstellungsraum für Teile der 1. Gardepanzerarmee aus Dresden. Manche sagen, der Bunker sei 1968 gebaut worden, als die Sowjets zur Niederschlagung des Prager Frühlings in der Tschechoslowakei antraten. Genau weiß das aber keiner. Mindestens zehn solche Wellblechzylinder steckten 1990 im Heideboden, sagt Steffen Seyfert, der zuständige Revierförster. Hinzu kamen zahllose Kfz-Stellungen und Panzerkuhlen, oft schwer befestigt mit willkürlich abgehauenen Baumstämmen. Abenteuerlich verlegte Telefondrähte liefen kreuz und quer durchs Gelände. Förster Seyfert stöhnt auf, wenn er an diese Zeiten denkt: „Es war eine Last!" Zwar begann man gleich nach dem Truppenabzug mit dem Schleifen der Militärbauten. Doch das kostete Zeit und Geld. Der Bunker bei Oelsa blieb vorläufig stehen.

Als Christian Walter und seine Freunde in die gut fünf Meter lange Blechröhre vordringen, nehmen sie einen eigentümlichen Geruch wahr. Er scheint von der großen Plastetüte eines Drogeriemarktes zu kommen, die am Boden liegt. Die Jungs halten das Paket für Müll. Da sie den Bunker nun als ihr Reich in Besitz nehmen wollen, beginnen sie mit der Entrümpelung. Sie wollen die Tüte hinausschaffen. Die ist unerwartet schwer, weil offenbar

Foto: René Kollodziski

Der kleine Bunker von außen: Links ist die runde Einstiegsluke zu sehen, rechts die Mündung des Ofenrohrs. Die Aufnahme entstand im Herbst 2001.

mit Kieselsteinen gefüllt. Als Christian und zwei weitere Jungs den Sack packen, reißt er auf, und etwas rollt hervor. Es sieht aus wie ein Kinderkopf. Anstatt panisch zurückzuschrecken, ziehen die Freunde ihren grausigen Fund nun vollends ans Licht. In diesen Augenblicken realisieren sie wahrscheinlich noch gar nicht, dass sie ein totes, menschliches Wesen entdeckt haben. „Wir waren wohl in einer Art Schockzustand", sagt Augenzeuge Walter. Draußen wird es Gewissheit: Ein Kinderkörper steckt in der Tüte. Die Jungs – alle noch ohne Handy – rasen ins Dorf zurück, zur Telefonzelle, und rufen die Polizei.

Säuglingsmord ist ein Verbrechen, das Mitte, Ende der 1990er-Jahre häufiger vorkommt. Das ist jedenfalls der Eindruck von Hauptkommissar Ralf Hubrich. Er kann das nicht mit Zahlen belegen. „Man hörte es aber vermehrt, auch von anderen Dienststellen", sagt er. Als er am bewussten Sonntag in der Dippser Heide am Bunkerdeckel steht, liegt sein letzter derartiger Fall schon viele Jahre zurück. Damals, noch zu DDR-Zeiten, wurde ein Säugling tot in einer Jauchegrube am Konsum von Beerwalde gefunden. Die Sache war schnell aufgeklärt. Eine Frau aus dem Konsum-Umfeld, die erst dick und dann wieder dünn geworden war, wurde verhaftet. Hier, am Bunker in der Heide, ist alles komplizierter. Nicht wegen des Menschenauflaufs aus mehr oder minder Zuständigen, den Hubrich süffisant das „Spurenvernichtungskommando" nennt. Spuren, die vernichtet werden könnten, gibt es nicht mehr. Die Babyleiche liegt offensichtlich schon seit Monaten hier. Inzwischen haben bestimmt viele Neugierige die Röhre durchstöbert, ähnlich arglos, wie die Jungs. Viel Zeug hat sich angesammelt, Zigarettenkippen, leere Flaschen und anderes mehr. Sicher stammt nichts davon vom Täter, denkt Hubrich bei sich. Der wird sein Paket deponiert haben und umgehend verduftet sein. Trotzdem sammelt man alles spurenträchtige Material ein, um es näher zu untersuchen. Es sieht nach viel Arbeit aus. Arbeit, die Hubrichs Leute vom Leib-und-Leben-Dezernat der Kriminalpolizeiinspektion Pirna nicht machen dürfen. Die Mordkommission beim Polizeipräsidium Dresden zieht die Ermittlungen sofort an sich.

An der Uniklinik in Dresden wird das Baby aus dem Sowjetbunker untersucht. Die Gerichtsmediziner stellen fest: Es war ein Mädchen, entbunden wahrscheinlich im Sommer oder Herbst 1998. Mord und Totschlag werden zwar vermutet, doch ergibt die Sektion keine direkten Hinweise darauf. So wendet sich die Polizei Mitte März an die Bevölkerung. Sie weiß, dass die Gerüchteküche in den Dörfern an der Heide brodelt, und will das ausnutzen. „Wir sind daran interessiert, dass sich Bürger über die Sache unterhalten", schreibt die Mordkommission in ihrem ausführlichen Zeugenaufruf, „beim Einkauf, in der Gaststätte, beim Gespräch mit dem Nachbarn, aber auch in der Familie." Schließlich liege der Verdacht einer schweren Straftat vor. Doch müsse man auch diskutieren, wie eine werdende Mutter in eine derart ausweglose Situation geraten konnte, dass sie ihre Schwangerschaft geheim hielt und das Kind einfach wegbrachte. Aus Angst vor den Eltern? Dem Ehemann? Dem Freund? „Wer kann Hinweise zu Frauen geben, die im Jahre 1998 schwanger waren, aber kein Kind haben?", wollen die Ermittler wissen. Zugleich bauen sie der gesuchten Kindsmutter eine Brücke. Sie werde in jedem Fall Gelegenheit erhalten, sich zu erklären, sollte sie sich melden oder ermittelt werden, heißt es. Gefahndet wird überdies im MDR-Fernsehen bei „Kripo live". In dem Film zum Fall spielen Christian Walter und seine Freunde aus Karsdorf ihren eigenen Leichenfund nach. Für die Jungs sind die Dreharbeiten ein aufregendes Erlebnis, aber auch eine Pflicht. So sieht es jedenfalls Christian damals. Man habe natürlich helfen wollen, sagt er.

Nach den Zeugenaufrufen und der offiziellen Ermunterung zum Tratsch gehen bei der Polizei tatsächlich zahlreiche Tipps ein zu angeblich und tatsächlich schwanger gewesenen Frauen. Sie konzentrieren sich zunächst auf die Stadt Rabenau und das Umfeld, in dem Karsdorf und Oelsa liegen. Um herauszufinden,

Foto: Marko Förster

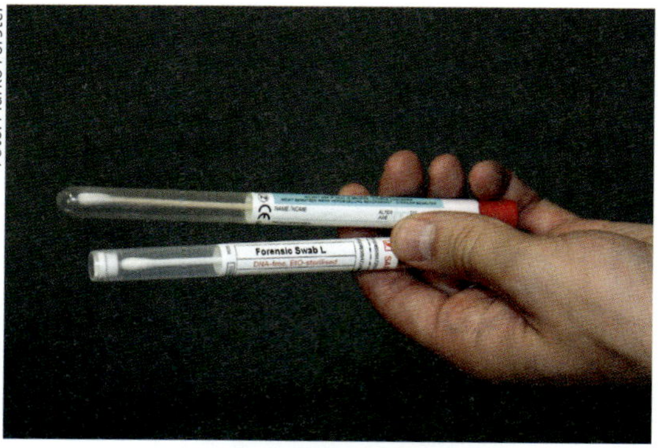

Wattetupfer zur Entnahme eines Mundhöhlenabstrichs. Um die Mutter des Babys aus dem Sowjetbunker zu finden, wurden erstmals im Osterzgebirge in größerem Maßstab DNA-Proben eingesammelt.

ob die mutmaßliche Kindsmörderin unter den Genannten ist, nimmt die Polizei Speichelproben und vergleicht das Material, den genetischen Fingerabdruck, mit dem des toten Babys. Es ist das erste Mal in der Region, dass in großem Stil Gentests zur Aufklärung eines Verbrechens benutzt werden. Doch die Tests laufen ins Leere. Bis Mitte Mai finden die Ermittler keine Spur, die zur Babymutter führt. Je mehr Zeit ins Land geht, umso weniger Hinweise trudeln ein. Die Chancen, den Tod des Säuglings aufzuklären, schwinden.

Dann kommt eines Tages doch der entscheidende Fingerzeig von einem Bürger. Er führt die Polizei nach Freital zu der 28-jährigen Katrin S. Sie ist ledig, scheint geistig zurückgeblieben und lebt mit ihrem 63-jährigen Vater Manfred S. zusammen. Freiwillig gibt sie eine Speichelprobe ab. Und tatsächlich: Der genetische Fingerabdruck passt. Die leibliche Mutter des Bunkerbabys von Oelsa ist gefunden. In der folgenden Vernehmung gibt die Frau an, dass sie das Baby im August 1998 gemeinsam mit ihrem Vater lebend zur Welt gebracht hat. Der Vater half bei der Entbindung. Die Polizei nimmt an, dass der 63-Jährige das Baby „in einer spontanen Handlung" erstickte. Die Tochter ließ er offenbar in dem Glauben, er habe das Kind fortgebracht, damit es an einem anderen Ort aufwachse. Deshalb gab sie wohl auch ganz unbefangen die DNA-Probe ab.

Die Staatsanwaltschaft sieht keine hinreichenden Beweise dafür, dass Kindsmutter Katrin S. an der Tötung des Säuglings beteiligt war. Das Verfahren gegen sie wird eingestellt. Ihr Vater hingegen kommt in Untersuchungshaft, weil er nicht nur der Kindstötung verdächtigt wird, sondern auch des Inzests – als möglicher Erzeuger des kleinen Mädchens. Manfred S. macht Aussagen, soll auch gewisse Dinge zugegeben haben. Laut Staatsanwaltschaft handelte es sich dabei aber nicht um ein glaubhaftes Geständnis. Möglicherweise wollte Manfred S. seine Tochter oder Dritte schützen, indem er selbst die Schuld auf sich nahm.

Wer also brachte das Neugeborene um? Wie gelangte der Leichnam in den Erdbunker bei Oelsa? Die ganze Wahrheit kommt nie ans Licht. Die Schlüsselfigur in diesem Fall, Manfred S., ist krank, wohl eine Folge seines Alkoholkonsums. Er wird in das Haftkrankenhaus von Leipzig eingeliefert. Am 2. September 1999 verlegt man den Patienten in eine zivile Leipziger Klinik. Dafür wird sogar der Haftbefehl gegen ihn außer Vollzug gesetzt. Doch jede Hilfe kommt für Manfred S. zu spät. Einen Tag später stirbt er. Das Verfahren hat sich damit erledigt. Der Bunker in der Heide verschwindet bald darauf. Ein Bagger quetscht die Blechröhre zusammen und füllt das Loch mit Erde. Steffen Seyfert, der Revierförster, ist zufrieden. Heute wachsen dort wieder Bäume, sagt er. „So, wie es sein soll im Wald." ◆

Foto: Marko Förster

Das ehemalige Quartier der Sparkassenfiliale in Bad Gottleuba. Hier fand am 3. Februar 1992 einer der ersten großen Banküberfälle nach dem Einzug der D-Mark statt. Dabei wurde sogar auf offener Straße geschossen.

Wildwest in Bad Gottleuba

Ein Mann steht am Straßenrand in Bad Gottleuba. Er ist maskiert und bewaffnet. Herr F. hat davon keine Ahnung, als er um die Ecke biegt. Herr F. ist bei der Bad Gottleubaer Stadtverwaltung angestellt. Vom Mittagstisch zurückgekehrt, strebt er nun wieder dem Büro zu. Doch da warnen ihn Passanten: Achtung, Banküberfall! Im Rathaus, wo F.s Schreibtisch steht, befindet sich auch die Sparkasse. Herr F. will also lieber den Hintereingang nehmen. Da sieht er etwa dreißig Meter vor sich plötzlich den Maskenmann. Der hebt gleich den Revolver, schießt. Herr F. duckt sich an die Mauer beim Café Schönbach. Augenblicke später rauschen die Räuber vorbei. Es ist wie im Wilden Westen.

Bankräuber. Die DDR kannte sie so gut wie gar nicht. Wo sollten sie auch hin mit den erpressten Alu-Chips in einem eingemauerten Land? Erst mit der D-Mark und der neuen Freiheit kamen sie. Manchmal recht tölpelhaft. Kriminalhauptkommissar Ralf Hubrich denkt an den ersten Kassenraub in seinem Bereich, Anfang der 1990er-Jahre in der Poststelle von Geising: Die Täter fuhren von da direkt zur Tschechen-Grenze. Prompt wurden sie hopsgenommen. „Die waren eben dumm", stellt Hubrich fest. In der Kriminalpolizeiinspektion Pirna hatten vor allem Hubrichs Kollegen vom Eigentumsdezernat, Uwe Baumert und Bernd Köhler, mit den Bankräubern zu tun. Den Überfall auf die Sparkasse in Bad Gottleuba am 3. Februar 1992 nennt Baumert den „ersten Knaller". Es sollte ein Feuerwerk daraus werden.

Die Räuber agieren äußerst forsch. Als sie gegen 11.30 Uhr die Bank in Bad Gottleuba stürmen, haben sie im Flur schon einen Mann als Geisel genommen. Drinnen zwingen sie Geisel und Kunden zu Boden, springen auf die Kassenbarriere und fordern Geld. Mit 77 000 D-Mark flüchten sie. Dabei kommt ihnen Herr F. in die Quere, zufällig, und nicht, wie es damals bisweilen hieß, um die Räuber zu stellen. „Würden Sie jemanden festhalten, der eine Kanone hat?", fragt Herr F. Weil die Täter maskiert waren, helfen Überwachungskamera und Zeugen wenig. Eins fällt allen auf: der Größenunterschied zwischen den beiden Räubern. „Der Riese und der Zwerg" nennen die Zeitungen das Duo. Weil der Raubzug offenbar so gut geklappt hat, kommt der Riese am Gründonnerstag, dem 16. April, wieder. Diesmal morgens, kurz nach

Der zweite Streich in Bad Gottleubas Sparkasse am 16. April 1992. Die Überwachungskamera hat den halb maskierten Andreas H. (im Bild hinten) aufgenommen.

acht, und mit zwei neuen Kumpanen. Die Bande trägt wieder Masken, dazu Schlapphüte und, merkwürdig, grelle Straßenbauarbeiterjacken. Die haben sie zufällig in ihrem eben geklauten Fluchtfahrzeug, einem Firmenwagen, gefunden. Der Riese hält einer Angestellten seine Schrotflinte vor. „Mach, was ich sage, sonst rollt dein Kopf in den Tresor!", soll er gedroht haben. Zur Einschüchterung wird ein Schuss losgelassen. Dann packen die Räuber 112 000 D-Mark in ihre Stofftasche. Sie flüchten mit dem gestohlenen Auto, einem blauen Volkswagen-Transporter. Er wird später verlassen ganz in der Nähe bei Hartmannsbach gefunden. Diesmal wecken die Bilder der Überwachungskamera Hoffnung bei der Polizei. Einer der Täter, ein Mittelgroßer, Dicklicher, wurde einen Augenblick lang unmaskiert aufgenommen, als er den Schalterraum betrat. Seine große Nase, das kräftige Kinn und der Schnauzbart erscheinen mit einem Zeugenaufruf in der Zeitung.

Am 4. Mai folgt der dritte Streich. Das Trio überfällt die Sparkasse von Stadt Wehlen. Die Räuber erbeuten 108 000 D-Mark und brausen mit einem weißen VW-Transporter, der abermals geklaut ist, davon. Man findet das leere Auto in einem Stall bei Dorf Wehlen. Keine Spur von den Verbrechern. Keine Spur? Doch! Die Überwachungskamera der Bankfiliale hat diesmal einen kapitalen Fehler der Gang aufgezeichnet. Ihr Anführer, der Riese, läuft während des Überfalls ohne Maske umher. Die Bilder von seinem Gesicht haben beinahe Passfoto-Qualität. Wie konnte das passieren? War sich der Räuber seiner Sache zu sicher? War es ihm zu heiß geworden unter seiner Sturmhaube? Wahrscheinlich ist ein dummer Zufall an der Panne schuld: Als die Gang sich gerade anschickt, in den Schalterraum einzudringen, kommt ihr plötzlich eine Frau in die Quere. Überfall, Geld raus, wird sie angeherrscht. Aber es handelt sich nur um die harmlose Saubermachfrau. Dieser Zwischenfall bringt den sonst so souveränen Bandenführer für einen Augenblick aus dem Tritt, sodass er vergisst, die Maske über sein Gesicht zu ziehen. Als er das Versäumnis bemerkt, ist es zu spät.

Die Kriminalpolizei beginnt nun das, was man im Jargon die Klingeltour nennt. Rund um den Wehlener Marktplatz schellt sie an jeder Tür, fragt jeden, der öffnet, was er von dem Überfall mitbekommen hat, und ob ihm sonst etwas seltsam vorgekommen sei. Und wieder ist den Polizisten das Ermittlerglück gnädig. Sie erfahren, dass am Tage vor dem Überfall ein schwerer Mercedes mit quietschenden Reifen die Aufmerksamkeit erregte, und zwar derart, dass sich zwei Schuljungs das Kennzeichen aufschrieben. Ein Westwagen, der umherjagt, als sei er eben aus einem Gangsterfilm ausgebrochen, fällt zu dieser Zeit noch auf. Wie sich später erweisen wird, saßen die Räuber tatsächlich in diesem Auto und probten ihren Fluchtweg. Einen zweiten Treffer landen die Kripoleute im Café Richter. Dort hat eine Kellnerin drei Herren bedient, die fragten, wo die nächste Polizeistation ist. Man wolle eine Anzeige wegen eines geklauten Reserverades machen, erzählten sie. In Wahrheit will das Trio wohl herausfinden, wie weit entfernt ihre Gegenspieler sind. Die Kellnerin be-

Bewaffneter Überfall auf Sparkassenfiliale

Stadt Wehlen. Gestern morgen, 8.30 Uhr, überfielen drei maskierte Männer die Zweigstelle der Sparkasse Pirna in Stadt Wehlen. Die Kunden wurden bedroht und die Sparkassenangestellten mit der Waffe zur Herausgabe von Bargeld gezwungen. Mit mehreren Zehntausend DM flüchteten die Täter in einem weißen VW-Transporter mit dem amtlichen Kennzeichen DD-S 122. Dieses zuvor in Dresden gestohlene Fahrzeug wurde inzwischen in einem Stallgebäude bei Dorf Wehlen gefunden. Hier stiegen die Täter in einen dunkelgrauen, metallicfarbenen Mercedes, größeres Modell mit dem amtlichen Kennzeichen B-AH 5513, mit dem sie vermutlich ihre Flucht fortsetzten. Die bisherigen Erkenntnisse lassen darauf schließen, daß es sich hier um die gleichen Personen handelt, welche am Gründonnerstag die Sparkassenzweigstelle in Bad Gottleuba überfallen hatten.

Ein Täter ist ungefähr 1,63 m groß, schlank, hatte eine schwarze Strumpfmaske auf. Er war mit einem silberfarbenen Trommelrevolver bewaffnet. Die anderen beiden sind um 1,80 m groß.

Dieses Foto lieferte die Überwachungskamera der Sparkassenfiliale. Darauf ist der Täter mit dem Gewehr gut zu erkennen. Nach den bisherigen Ermittlungen hat er blondes gewelltes Haar, graublaue Augen und helle Augenbrauen. Hinweise zu den Tätern bzw. zu dem Fluchtfahrzeug nimmt jede Polizeidienststelle entgegen.

Zeugenaufruf in der Sächsischen Zeitung vom 5. Mai 1992. Das Kamerabild zeigt Bandenchef Thomas P. tags zuvor beim Überfall auf die Sparkasse in Stadt Wehlen. Er hatte vergessen, seine Maske herunterzuziehen.

schreibt die beiden schon bekannten Gestalten, den Riesen und den Dicken mit dem Schnauzer, sowie den dritten Täter, von dem es bislang keine Bilder ohne Maske gibt, einen kleinen Dunkelhaarigen mit asiatisch anmutenden Gesichtszügen.

Mit der notierten Autonummer lässt sich leicht herausfinden, dass der Mercedes mit den Quietschreifen aus Berlin stammt und zu einem gewissen Andreas H. gehört. Die Pirnaer Kripoleute nehmen also Kontakt mit den Berliner Kollegen auf. Schließlich besteigen sie ihren Dienst-Wartburg 353, vollgetankt und mit vierzig Litern Spritreserve im Kofferraum – die Polizei hat zu dieser Zeit noch keine Tankkarten für zivile Zapfsäulen – und tuckern nach Westberlin. Hauptkommissar Bernd Köhler, der damals mit im Auto sitzt, erinnert sich gut an diese illustre Dienstreise. Etwas Besonderes sei es schon gewesen, als „Provinzbulle" in die Hauptstadt der Republik zu fahren, sagt er. Die kargen Diensträume der Westkollegen am Platz der Luftbrücke in Berlin-Tempelhof enttäuschen ihn jedoch. „Die waren noch schlechter dran als wir." Doch ihren Job machen die Kollegen gut. Als sie das Bildmaterial studieren, haben sie schnell einen Namen für die Schlüsselfigur, den Riesen, parat: Es muss Thomas P. sein.

Der 29-jährige Berliner P. ist ein Berufskrimineller, und zwar einer, vor dessen imposanter Erscheinung man Angst kriegen kann. Er ist ein beinahe zwei Meter großer Hüne, durchtrainiert, mit dunkelblonder Lockenmähne und kalten, hellblauen Augen. Geboren wurde er als DDR-Bürger in Ost-Berlin. Als Fünfjähriger begann er seine kriminelle Karriere mit Süßigkeitenklau. Mit vierzehn saß er zum ersten Mal auf einer Anklagebank. Kurz vor der Grenzöffnung 1989 floh Thomas P. in die Bundesrepublik. Ein

Waffen und Munition, gefunden am 26. Oktober 1992 in Thomas P.s Räubernest bei Berlin.

ehrliches Intermezzo als Angestellter eines Wachdienstes endete schnell. P. tauchte in das kriminelle Milieu von Berlin ein, vor allem in die Rotlicht-Szene. Doch nun ist er offenbar auf die Idee verfallen, in der ostdeutschen Provinz Banken zu knacken. Der Gedanke liegt nicht allzu fern. In den Geldinstituten der Ex-DDR liegen plötzlich große Mengen harter Währung, die kaum gesichert sind. Unterstützt wird P. von ihm ergebenen Kriminellen. Thomas P., so beschreibt es ein damals involvierter Kripomann, ist ein Spieler. Und er spielt gut. Wer bei ihm Schulden macht, der muss mit zum Kassenraub und die Verbindlichkeiten mit seinem Teil der Beute begleichen.

Thomas P. glaubt, dass er schlauer ist als die im Bankräuberfangen noch unerfahrene Ost-Polizei. Doch die Rechnung geht nicht auf. Bald nachdem sich die Pirnaer Kripo mit ihren Berliner Kollegen verbündet hat, wird P.s dicklicher Komplize, Andreas H., festgenommen. Thomas P. wird mit Haftbefehl gesucht. Am 26. Oktober 1992 heben Polizisten P.s Unterschlupf in Stolzenhagen nördlich von Berlin aus. Dort finden sie zwar nicht den Gangsterboss, jedoch eine Repetierschrotflinte und einen Trommelrevolver nebst reichlich Munition. Die beiden Waffen waren bei den Banküberfällen in Bad Gottleuba und Stadt Wehlen mitgeführt worden und sind wichtige Beweismittel. P. soll nun in einem 500er Mercedes flüchtig sein. Die Flucht endet am 10. November 1992. Da geht der gefürchtete Thomas P. ins Netz, ganz banal, bei einer Verkehrskontrolle in Berlin.

Thomas P. kommt in Untersuchungshaft. Doch wer nun denkt, er werde hier schicksalsergeben seinen Prozess erwarten, der irrt. Stattdessen beweist P. einmal mehr sein Ausnahmetalent als Ganove. Am 1. Januar 1993 türmt der Riese aus der Justizvollzugsanstalt in Bautzen. Während des Gefangenensports steigt er durch ein Fenster, an dem die Vergitterung fehlt, und überwindet mithilfe zweier rumänischer Komplizen und zusammengeknoteter Bettlaken die hohen Mauern. Keineswegs eine Gelegenheitstat. Alles ist geplant. Draußen wartet ein Wagen auf ihn und den tschechischen Häftling, der gemeinsam mit P. ausgebrochen ist. Die Sträflinge brausen unbehelligt davon. „Reisebüro Heitmann", hämt die „Bild"-Zeitung nachher gegen Steffen Heitmann, den damaligen sächsischen Justizminister.

Thomas P. zeigt sich nobel und chauffiert seinen tschechischen Ausbrecherkollegen bis nach Bad Schandau. Im Zug Richtung Heimat wird der Tscheche von Bundespolizisten aufgegriffen, weil er keinen Ausweis hat. P. indes setzt sich nach Polen ab. Kurz vor seiner Festnahme hat er eine polnische Staatsbürgerin geheiratet, eine hübsche Frau, die den gehobenen Kreisen des Rotlichtmilieus entstammen soll. Nun sitzt er bei den Schwiegereltern in Zakopane in der Hohen Tatra und sieht sogar zufällig in einer deutschen Fernsehsendung, wie jenseits der Grenze nach ihm gefahndet wird. P.s illegaler Hafturlaub währt jedoch nicht lange. Am 10. Mai 1993 nehmen die Polen ihn fest. Er hat sich des Ausweismissbrauchs und unerlaubten Waffenbesitzes schuldig gemacht. Außerdem gibt es einen internationalen Haftbefehl für ihn. Kurz vor Weihnachten soll Thomas P. schließlich an Deutschland ausgeliefert werden.

Zur Übernahme des Gefangenen fahren Pirnaer Kripomänner nach Frankfurt an der Oder. Mit dabei ist der Chef des Raubdezernats, Bernd Köhler. Ihm kommt die Szene surreal vor, als die Polen, schwer bewaffnete Angehörige einer Sondereinheit, Thomas P. heranführen. P. trägt Ketten an Händen und Füßen und eine weitere Kette vor dem Bauch, die Hand- und Fußfesseln verbindet. So sieht man es manchmal in den amerikanischen Gangsterstreifen. „Das klingelte richtig, wenn er lief", sagt Köhler. Doch nun gibt es ein Problem. Die brandenburgische Kriminalpolizei ist ebenfalls zur Stelle, um P. in Empfang zu nehmen. Auch sie hat einen Haftbefehl, denn der Bankräuber hatte auch in Brandenburg zahlreiche Kassen ausgeraubt. Da man sich auf brandenburgischem Boden befindet, pochen die Kollegen auf ihr Heimrecht und nehmen P. mit nach Cottbus. Die Sachsen müssen unverrichteter Dinge nach Hause fahren. Es folgt nun ein böser Knatsch. Die Staatsanwaltschaft beschwert sich, die Justizministerien verhandeln. Drei Tage später dürfen die Pirnaer Kriminalen P. in Cottbus abholen. Bernd Köhler, der den Gangster zum ersten Mal von Nahem sieht, ist beeindruckt von dieser baumlangen Gestalt mit dem stechenden Blick. Während der Fahrt gibt sich P. aufgeräumt. „Er sagte zu uns: Jungs, das geht klar. Ihr habt gewonnen", erinnert sich Köhler. Und P. kündigt an, er werde erzählen, wie alles gewesen sei. Aber er werde eisern schweigen darüber, wer mit dabei war. Das ist Gangsterehre, sagt er.

Dieses Versprechen hält P. Doch auch ohne dessen Aussage werden P.s Komplizen, Andreas H. und der kleine Mike L., der in Wehlen wegen angeblich asiatischer Gesichtszüge in Erinnerung geblieben war, Anfang 1994 abgeurteilt. Der geständige Herr H. muss für vier Jahre ins Gefängnis. Mike L., der mit einem Schrotflintenschuss Außenstehende gefährdet haben soll, und der zu allem schweigt, kriegt zehn Jahre Haft aufgebrummt. L.s Verhängnis ist eine Plastetüte, die er beim Überfall in Stadt Wehlen hinter dem Banktresen verloren hat und die seine Fingerabdrücke trug.

Dem Bandenchef Thomas P. widmet sich die Justiz ab November 1994 in einem gesonderten Verfahren. Aufrecht und scheinbar gelassen sitzt Riese P. auf der Anklagebank im Dresdner Landgericht und folgt dem Prozess mit seinen wachen, wasserhellen Augen, die, wie man nun weiß, nur mithilfe von Kontaktlinsen ohne starke Brille auskommen. Den Prozessbeobachtern zufolge führt sich P. ordentlich auf. Er gesteht ausführlich, allerdings nur das, was er nicht leugnen kann. Den ersten Überfall in Bad Gottleuba, wo es weder gefilmte Gesichter noch sonstige objektive Beweise für seine Beteiligung gibt, streitet P. vehement ab. So schlägt die Stunde der Gutachten und Expertisen. Dabei geht es unter anderem um P.s Lederjacke. Das Kleidungsstück wird penibel analysiert, angefangen von Schnittform und Accessoires bis hin zum Faltenwurf. Die Faltenbildung bei Lederbekleidung hängt stark von der Statur und den Gewohnheiten des jeweiligen Trägers ab. Es wird festgestellt: P.s Lederjacke passt ziemlich genau zu jener, die der Maskierte auf den Bildern der Überwachungskamera trägt. Weitere Gutachten beschäftigen sich mit Körpermaßen, Waffen und einer gesicherten Schuhspur. Nach sechs Verhandlungstagen schließlich ist die Lage für P. so aussichtslos geworden, dass er aufgibt. „Ich war's, Herr Richter", sagt er und räumt ein, auch den ersten Überfall in Bad Gottleuba angeführt zu haben. Eigentlich, so berichtet er, habe man an diesem Tag nur auskundschaften wollen. Doch sei ihm die Gelegenheit so günstig erschienen, dass man gleich zur Tat schritt. P. war es auch, der auf den ahnungslosen Stadtbediensteten F. schoss, als dieser den Räubern zufällig über den Weg lief. In P.s silbernem Revolver steckten damals zum Glück nur Platzpatronen.

Zwölf Jahre Gefängnis – so lautet das Urteil, das am 12. Dezember 1994 über den schillernden Bankräuberboss Thomas P. gesprochen wird. Es bleibt die einzige Verurteilung P.s, obwohl knapp fünfzig weitere Banküberfälle mit seiner Handschrift und mehr als einer Million D-Mark Beute in Brandenburg, Mecklenburg-Vorpommern, Sachsen-Anhalt und Thüringen zur Debatte stehen. Aber niemand kann P. überführen, auch nicht jene Brandenburger Kommissare, die ihn damals den Sachsen mit Haftbefehl wegschnappten. Das Verfahren musste eingestellt werden. Einzig der Pirnaer Kripo ist es gelungen, ausreichend Beweise für P.s Täterschaft beizubringen. Die Haftstrafe muss er komplett absitzen und wandert dafür durch verschiedene Justizvollzugsanstalten, unter anderem in Niedersachsen und Berlin. Laut den Recherchen der Dresdner Staatsanwaltschaft müsste P. im Mai 2006 wieder auf freien Fuß gekommen sein. Danach verliert sich seine Spur.

Eine Frage bleibt ohne Antwort: Wo ist das Geld? Wo sind die rund 300 000 D-Mark, die den Räubern in Bad Gottleuba und Stadt Wehlen in die Hände fielen? Von der Beute ist kein Pfennig wieder aufgetaucht. Alles verspielt, erklärte Thomas P. dem Gericht. Die Anklage nahm ihm das nicht ab. Sie argwöhnte, P. habe das Geld ins Ausland gebracht, um sich damit nach seiner Haftentlassung ein schönes Leben zu machen. Beweisen konnte sie ihm das nicht. Bernd Köhler, der alte Pirnaer Kripomann, ist sich ziemlich sicher, dass die Staatsanwaltschaft mit ihrem Verdacht damals richtig lag. Ihm habe P. selbst erzählt, er werde mit seiner Frau eines Tages nach Australien auswandern, und er werde ausgesorgt haben. Im Gefängnis hat P. angeblich fleißig Englisch gelernt. Ob er wirklich ein reicher Australier geworden ist, das weiß Bernd Köhler nicht. Er hat nie wieder etwas vom Riesen mit den wasserblauen Augen gehört. ◆

Foto: Jörg [illegible]ck

Kopfgeld für den Feuerteufel: Diese Plakate sieht man Anfang 2000 an jeder Pirnaer Straßenecke. Fünfzig Brände soll der Unbekannte schon gelegt haben. Trotzdem hat die Kripo so gut wie nichts in der Hand. Dann gibt es plötzlich eine Schuhspur.

Der Feuerteufel trägt Adidas

Zwölf Mörder sind leichter zu fangen als ein Brandstifter, sagt Ralf Hubrich. Warum das? Wegen der dürftigen Spuren, die bei gelegten Bränden übrig bleiben. Das Feuer zerstört alles. Und was das Feuer nicht zerstört, das zerstört – in guter Absicht freilich – die Feuerwehr. Gesehen hat meistens auch keiner was. Ein Brandstifter geht nicht am helllichten Tag mit der Fackel durch die Stadt, sagt Hubrich. Er kommt nachts, und ohne Zeugen. Und wenn der Rote Hahn mit den Flügeln schlägt, hat er sich längst davongemacht.

Ende der 1990er-Jahre haben die Feuerwehrsirenen in Pirna kaum noch Pause. Eine schier endlose Kette von Bränden hält die Stadt in Atem. Der Brandstifter hat es auf Abrisshäuser, alte Fabriken, Schuppen und sonstige unbewohnte Bauten abgesehen. Davon gibt es zu jener Zeit in Pirna noch eine reiche Auswahl. Er dringt ein, wenn nötig mit Gewalt, nutzt Brandbeschleuniger, um das Feuer zu entfachen, jedoch auch selbstgebaute Lunten, wenn er den Brandausbruch verzögern will, und verschwindet dann. „Es gab fast keine Woche, in der es nicht brannte", sagt Kriminaler Hubrich. Bei jedem Tatütata guckten er und seine Kollegen schon angstvoll aus den Fenstern ihrer Dienststelle an der Königsteiner Straße. „Es war schlimm!" In der Nacht zum 17. Januar 2000 krönt der Täter sein pyromanisches Unwesen mit einem Feuer im verwaisten Schloss Sonnenstein, das zuletzt Unterkunft der Dr.-Pienitz-Förderschule war. Den Brand, so wird ermittelt, hatte er bereits sechs bis sieben Stunden zuvor gelegt, war also wieder über alle Berge, als die Sirenen aufheulten. Noch am folgenden Vormittag ist die Feuerwehr mit Löschen beschäftigt.

Es ist die fünfzigste Brandstiftung, die offenbar auf das Konto des Feuerteufels geht. Etwa anderthalb Millionen D-Mark Schaden sind schon aufgelaufen. Pirnas Kriminalpolizei gerät zunehmend in Erklärungsnot, denn sie hat so gut wie nichts in der Hand. Bisher gibt es nur das Fragment eines Fingerabdrucks, gefunden an einer Fackel, die wahrscheinlich zum Anzünden eines alten Getreidespeichers am Pirnaer Stadtrand benutzt wurde. Dieses Fragment aber kann niemandem zugeordnet werden. Ohne Vergleichsmaterial ist es nutzlos. Das Wenige, was die Polizei bisher weiß, deutet auf einen 20- bis 25-jährigen Mann als Täter hin, der relativ schlank und beweglich sein muss, um die Klettertouren auf den Dachstühlen zu bewältigen, wo er meist gleich mehrere Brandherde legt. Er handelt wahrscheinlich allein und mit guter Ortskenntnis. Er geht clever ans Werk und zündelt so überlegt, dass die Flammen erst nach Stunden, manchmal sogar nach Tagen auflodern. Das verschafft ihm reichlich Zeit für ein Alibi. Hauptkommissar Ralf Hubrich spürt damals einen „unheimlichen Druck" aus der Öffentlichkeit, endlich Erfolge bei der Feuerteufeljagd zu melden, besonders, wenn wieder einmal ein Brand in der Zeitung steht. Sein Chef aber deckt ihm den Rücken. So was muss reifen, sagt er zu Hubrich. Wenn man nichts in der Hand hat, dann hat man eben nichts. So schlimm das klingt: Man muss warten, bis es wieder passiert und der Täter einen Fehler macht.

Foto: Daniel Förster

Krönung des pyromanischen Unwesens: In der Nacht vom 16. zum 17. Januar 2000 brennt die ehemalige Dr.-Pienitz-Förderschule auf dem Pirnaer Sonnenstein. Ein Dutzend Feuerwehrwagen muss anrücken.

Etwa zur gleichen Zeit in der Bäckerei und Konditorei Walther am Pirnaer Postweg: Bäckermeister Helfried Walther ärgert sich über seinen Lehrjungen. Der 18-Jährige, er soll in dieser Geschichte Markus heißen, rennt dauernd aus der Backstube weg. Als Mitglied der Freiwilligen Feuerwehr Pirna muss auch er ran, wenn der Feuerteufel zuschlägt. Der Meister grummelt: „Das geht so nicht, du bist in der Ausbildung." Daran erinnert sich jedenfalls seine Tochter, die heutige Ladeninhaberin Anke Walther. Lehrling Markus war ein großer, stiller Typ, freundlich, aber nicht weiter auffällig, sagt sie. Doch wenn es um die Feuerwehr ging, da taute er auf. Er liebte es, von seinen Einsätzen zu erzählen. In der Bäckerei hörte man ihm gern zu, sagt Frau Walther. So wusste man über den neusten Brand Bescheid, noch bevor die Zeitungen darüber schrieben.

Wegen der unaufhörlichen Feuer gründet Pirnas Kriminalpolizei eine eigene, kleine Ermittlergruppe. Die Beamten fahnden sogar im MDR-Fernsehen bei „Kripo live" nach dem Zündler. In Pirna observieren sie potenzielle Brandobjekte. Manche alte Bude wird regelrecht besetzt. Ins Netz gehen dabei Obdachlose und Leute, die Schrott klauen, erinnert sich Ralf Hubrich, der die nächtlichen Einsätze am Funkgerät verfolgt. Der Brandstifter ist nicht dabei. Da endlich gibt es eine neue Spur. Es ist die erste, die den Kripoleuten wirklich Hoffnung macht. An einem Brandplatz haben sie den Abdruck einer Schuhsohle gefunden. Womöglich ist es die Sohle vom Schuh des Täters. Aber wie lässt sich dieser Verdacht erhärten? Die Kriminalen haben eine Idee: Sie fordern vom Pirnaer Rathaus eine Liste mit allen leerstehenden Gebäuden an. Als sie die haben, werden die Grundstücke systematisch abgeklappert. Man will wissen, ob der Schuhabdruck an irgendeiner Brache noch einmal auftaucht. Und tatsächlich finden die Ermittler das Profil wieder. Der Schuhträger ist an diesen Bauten herumgeschlichen, vermutlich, um ihre Brennbarkeit auszuforschen. Aber zu welcher Schuhsorte gehört das Profil? Es gibt Hunderte, ja vielleicht Tausende Varianten, und kein Nachschlagewerk, keine Datenbank, worin man suchen könnte. Mit vager Hoffnung durchkämmt ein Kriminalhauptmeister tagelang die Schuhläden in Pirna und Umgebung. Und das Unwahrscheinliche passiert. Er findet den Schuh zum Profil. Es handelt sich um ein Sportmodell der Marke Adidas, Größe 42.

Nun werden Plakate mit Bildern dieser Schuhe unters Volk gebracht. Und es gibt eine Belohnung: 10 000 D-Mark soll der erhalten, der den entscheidenden Tipp zur Ergreifung des Feuerteufels gibt. Die Polizei hofft, mit dem Geld mögliche Mitwisser aus der Reserve zu locken. Eines Tages kommt der Kriminalhauptmeister, der zuvor durch die Schuhgeschäfte getigert war, mit einem solchen Schuhfahndungsplakat zur Ladentür der Bäckerei Walther, um es dort auszuhängen. Nicht weit von hier hatten die Reste des Heckmannwerks gebrannt, einer alten Fabrik für chemische Apparaturen. Wer weiß, denkt sich der Polizist, vielleicht ist jemandem aus der Bäckerkundschaft etwas aufgefallen. Als der Bäckermeister das Plakat besieht, stutzt er: „Mein Lehrling hat auch solche Schuhe", sagt er zu dem Kriminalisten.

Foto: Marko Förster

In Pirnas Bäckerei Walther war der Brandstifter Lehrling. Inhaberin Anke Walther zeigt das Fahndungsplakat mit seinen Schuhen. Altmeister Helfried Walther erkannte damals die Fußbekleidung seines Lehrjungen wieder.

Und dann erzählt er noch, dass dieser Lehrling bei der Freiwilligen Feuerwehr ist. Da gehen bei dem Kripomann sämtliche Alarmglocken los.

Das sogenannte Feuerwehrmotiv ist bei Brandstiftungen nicht unüblich. Feuerwehrleute, meist jüngere, legen Feuer, um sich beim Löschen bewähren zu können. Wegen der professionellen Begehungsweise waren auch in Pirna derartige Spekulationen aufgekommen, sagt Ralf Hubrich. „Wir hatten aber keinesfalls einen begründeten Verdacht." Doch nun richten sich alle Ermittlungen gegen Bäckerlehrling Markus, den engagierten Feuerwehrmann. Unauffällig zieht man Erkundigungen über ihn ein. Man besorgt sich die Schuhe. Man befragt Markus, zunächst ganz harmlos, wegen einer Brandmeldung, denn er hatte das Feuer im alten Heckmannwerk selbst angezeigt. Als Markus schildert, wie er den Brand entdeckt haben will, erzählt er Dinge, die nicht stimmen können. Es wird nachgehakt, und er verheddert sich in Widersprüchen. Seine Kapitulation wirkt ein wenig theatralisch: Unvermittelt legt er sein Feuerwehremblem und den Funkmeldeempfänger,

Brandstifter verstrickte sich in Widersprüche

Von Christian Renz

Der Brandstifter von Pirna - er ist Mitglied der Freiwilligen Feuerwehr. Seit gestern sitzt der 18-jährige [redacted] in U-Haft. Er gestand, 25 Gebäude in den vergangenen 14 Monaten angesteckt zu haben. Gesamtschaden: 1,5 Millionen Mark.

Bäckerlehrling [redacted] - seine große Leidenschaft sind die züngelnden Flammen. „Er wollte immer hauptberuflicher Feuerwehrmann werden", weiß sein Ausbilder, der Pirnaer Bäckermeister Helfried W. (60). Doch seine Leistungen waren anscheinend nicht gut genug. So blieb ihm nur der freiwillige Dienst. Aber auch hier gab es schließlich was zu tun: 25 Großbrände im Stadtgebiet. Zuletzt am 16. Januar. Da ging der Dachstuhl der ehemaligen Förderschule im Schlosspark Sonnenstein in Flammen auf.

Was sein Lehrmeister jetzt erst weiß: [redacted] legte die Feuer selbst. „Ein Irrsinn. Das hätte ich ihm nie zugetraut."

Freunde hat [redacted] nicht, auch kein Mädchen. Er war still, hat sich niemanden anvertraut. So konnte der blonde Hüne (1,90 m) 25 Mal zündeln, ohne entdeckt zu werden. Bis er sich bei Zeugenaussagen bei der Polizei in Widersprüche verstrickte.

Gestern Abend fand in Pirna die Jahreshauptversammlung der Feuerwehr statt. Berichte und Zahlen traten in den Hintergrund. Denn nur ein Gedanke beschäftigte die Männer: Es war einer von uns!

Bäckerlehrling [redacted] - der zündelnde Feuerwehrmann.

Der Feuermann ist gefasst: Schlagzeile aus der Morgenpost vom 5. Februar 2000.

den sogenannten Pieper, vor seinem Vernehmer auf den Tisch und dann gesteht er, der lange gesuchte Feuerteufel zu sein. Nachher stellt man fest, dass nicht nur die Adidas-Schuhspur von ihm stammte, sondern auch der unbekannte Fingerabdruck, den man lange zuvor an der Fackel gesichert hatte. Im Lehrbetrieb von Markus, der Bäckerei Walther, sind alle entsetzt, ebenso bei der Pirnaer Freiwilligen Feuerwehr. Wehrchef Peter Kammel will seinen Kameraden, der jeden Lehrgang brav besuchte, nicht mehr als Feuerwehrmann bezeichnen. „Ein Feuerwehrmann löscht Brände und legt sie nicht selbst", sagt er zu den Zeitungsreportern. Mit seinem Geltungsbedürfnis habe Markus das Leben seiner Kameraden aufs Spiel gesetzt.

Im Oktober 2000 wird der feuereifrige Bäckerlehrling am Dresdner Landgericht verurteilt. Drei Jahre und sechs Monate Jugendstrafe sind die Quittung dafür, dass er das Feuer, das er so gern löschte, selbst gelegt hat. Mildernde Umstände werden Markus angerechnet. Er zeigt Reue und gibt auch Brände zu, die man ihm wegen der dürftigen Beweislage gar nicht hätte zur Last legen können. Den folgenschwersten Brand der Serie, bei dem in einer Lagerhalle der Fahrzeugelektrik Pirna eine halbe Million D-Mark Schaden entstanden war, will er aber nicht verursacht haben. Die Richter der Jugendkammer sind geneigt, ihm das zu glauben. Sie halten Markus für vermindert schuldfähig. Ein Gutachter hat dem jungen Mann eine Persönlichkeitsstörung bescheinigt und zur Therapie gemahnt. Das Gericht sieht jedoch von der Zwangseinweisung in eine psychiatrische Einrichtung ab.

Ralf Hubrich fragt sich bis heute: Warum hat der Bäckerjunge seine Schuhe nicht weggeschmissen, als er merkte, dass die ganze Stadt nach ihnen sucht? Sie zu behalten, war der Fehler, auf den Hubrich und seine Ermittler gehofft hatten. Manchmal, sagt er, muss man eben auf die Dummheit der Leute zählen.

Der Urteilsspruch für den Brandstifter findet in Pirna ein verhaltenes Echo. Kreisbrandmeister Dieter Kahlert meint, dass es nichts bringt, den Täter einzusperren. Er solle doch lieber gemeinnützige Arbeit leisten, quasi als Wiedergutmachung für die abgefackelten Sachwerte. Dem Pirnaer Oberbürgermeister Hans-Peter Bohrig erscheint die Strafe der Jugend des Täters angemessen. Andererseits fragt er sich, ob sie nicht doch zu milde ausgefallen sei. Er hofft, dass das Urteil ein Zeichen setzt, sagt er zur Sächsischen Zeitung. „Und zwar für all jene, die an

Ähnliches denken." Diese Hoffnung ist vergebens. Im März 2010 steht wieder ein 18-jähriger Pirnaer als Serienbrandstifter vor Gericht. Zwei Jahre Haft auf Bewährung lautet das Urteil für den sogenannten Feuerteufel von Graupa. Er war Mitglied der Freiwilligen Feuerwehr. ◆

Foto: Daniel Förster

Blutrausch zum Sonntag: In diesem Heidenauer Wohnblock erstach der 27-jährige Frank K. am 18. Juli 2004 seine schwangere Freundin. Eine Brust der jungen Frau fand man in einem Kochtopf. Als „Kannibale von Heidenau" machte K. fortan Schlagzeilen.

Der Kannibale von Heidenau

In Blutspuren kann man lesen, wie in einem Buch, sagen die Kriminaltechniker. Die Größe der Flecken verrät die Fallhöhe, die Länge und Form von Spritzern die Richtung, die Geschwindigkeit, eventuell die Bewegung des Körpers. Als Pirnaer Kriminalpolizisten am 18. Juli 2004 die kleine Zwei-Zimmer-Wohnung im 4. Stock eines Heidenauer Plattenbaus betreten, finden sie dort – um im Bild zu bleiben – eine Bibliothek des Schreckens. Das Blut ist überall. Der Staatsanwalt wird diesen Ort später mit einem Schlachthaus vergleichen.

Der 18. Juli 2004 ist ein Sonntag. Die Nation reibt sich noch die Augen, weil der krasse Außenseiter Griechenland seit wenigen Tagen Fußballeuropameister ist, während Deutschland nicht einmal die Vorrunde geschafft hat. Es ist kurz vor 19 Uhr, da erhält der Diensthabende der Polizeidirektion Pirna einen sonderbaren Notruf. Ein Mann meldet am Telefon, seine Freundin sei tot. Sie habe es so gewollt, sagt er. Er wisse nicht, was er jetzt machen solle. Jemand müsse kommen. Kriminalhauptkommissar Ralf Hubrich hört sich den Mitschnitt des Gesprächs später an. „Das klang, als ob uns da einer veralbern wollte", sagt er. So wirr und zusammenhanglos hat der Mann am anderen Ende der Leitung geredet, dass der Diensthabende mehrfach nachfragen muss. Dann schickt er einen Streifenwagen in die Käthe-Kollwitz-Straße nach Heidenau.

Das Quartier im zentralen Stadtteil Mügeln ist polizeibekannt. In den grauen Plattenbauzeilen, hochgezogen in den 1980er-Jahren, entwickelt sich immer wieder sozialer Zündstoff. Dort finden die Streifenpolizisten den Anrufer. Es ist der arbeitslose Frank K., 27, der bald als „Kannibale von Heidenau" Schlagzeilen machen wird. Am Boden liegt seine Freundin, die 21-jährige Peggy L., tot. Ihrem Leichnam fehlt die linke Brust. K. hat sie abgeschnitten und in einen Kochtopf gelegt. Tiefe Wunden bedecken Hals und Schultern der Toten. Offenbar wurde mehrfach mit einem Beil auf sie eingeschlagen. Frank K. erklärt, Peggy habe von ihm verlangt, sie zu töten. Sie habe sogar von ihm gefordert, dass er die Brust vor ihren Augen isst. K. wird sofort verhaftet und in einer Zelle des Pirnaer Polizeireviers verstaut.

Am Tatort treffen die Kriminaltechniker, die Gerichtsmediziner und die Staatsanwaltschaft ein. Alle brauchen starke

Nerven. Die Brutalität des Verbrechens geht selbst routinierten Ermittlern an die Nieren. Hauptkommissar Hubrich erinnert sich daran, wie man den Mutterpass von Peggy L. fand. Sie war im vierten Monat schwanger. An ihrem schlimm zugerichteten Körper sah man es kaum, sagt er. Als Peggys Herz stehenblieb, musste auch ihr Kind sterben. „Es war wirklich hart", sagt Ralf Hubrich über diesen Abend.

Die Ermittler halten K.s Behauptung, Peggy habe sterben wollen, von vornherein für Unfug. Doch müssen sie nun beweisen, dass es Mord war. Alle Spuren werden akribisch gesichert. Dazu gehört auch jede einzelne Blutspur, die systematisch vermessen und fotografiert wird. Die Arbeit ist extrem aufwendig, vor allem im Badezimmer, wo das Verbrechen offenbar stattgefunden hat, und das über und über mit Blut besudelt ist. Viele Spuren hatte Frank K. bereits abgewischt. Mit Luminol, einer speziellen Chemikalie, machen die Kriminalbeamten sie wieder sichtbar. Die Lösung wird auf Einrichtung und Fußboden gesprüht. Sie bewirkt, dass auch geringste Blutreste bläulich schimmern, sobald man den Raum abdunkelt und mit Schwarzlicht bestrahlt. Einfach alles habe da geleuchtet, so erinnert sich der damals zuständige Kriminaltechniker an die Szene.

Die Polizisten ermitteln nun im Umfeld des Paares. Sie befragen die Freunde, die Nachbarn und Bekannten. Niemand will bei Peggy L. Todessehnsucht bemerkt haben. Ganz im Gegenteil. Die Aussagen zeichnen das Bild eines lebenslustigen, fröhlichen Mädchens, das in allen Belangen ganz normal war. Peggy war hübsch, hatte rotbraune Locken und graublaue Augen, die strahlend lächeln konnten. Sie stammte aus Papstdorf, einem kleinen Ort auf einer Hochfläche der Sächsischen Schweiz, gesäumt von Wiesen, Äckern und Wald. Sie war ein Scheidungskind und zwei Jahre zuvor bei ihrem Vater ausgezogen. Nach der Schule wollte sie Köchin werden, brach die Lehre jedoch ab, wegen gesundheitlicher Probleme. Später arbeitete sie bei einem Supermarkt im Büro. Nach allem, was die Ermittler erfahren, freute sich Peggy über ihre Schwangerschaft und auf das Kind. Am Tag ihres Todes war sie noch Hand in Hand mit Frank K. im Wohnviertel spazieren gewesen. Später winkte sie vom Balkon einer Bekannten zu. Keine Anzeichen, dass irgendetwas nicht stimmte.

Was war K.s Motiv, seine Freundin umzubringen? Die Hinweise verdichten sich, dass der Mord mit sexuellen Handlungen in

Zusammenhang steht. Im Badezimmer finden die Ermittler ein blutiges Aktfoto von Peggy. Darauf hat jemand Markierungen gezeichnet. Es sieht aus wie ein Plan davon, welche von Peggys Körperteilen abgetrennt werden sollten. Auf dem Bild klebt auch Sperma. Insgesamt spricht die Spurenlage eindeutig gegen die Version von Frank K., wonach Peggy dabei habe zusehen wollen, wie er ihr die Brust abtrennt und sie isst. Schon wenige Tage nach der Bluttat ist sich der Pirnaer Oberstaatsanwalt sicher: K. schnitt dem Mädchen die Brust erst ab, als es schon tot war.

Frank K., so stellt sich nun heraus, ist kein unbeschriebenes Blatt. Schon zweimal hat er Menschen schwer verletzt. Doch nachweisen konnte man ihm das nicht. In einer Nacht im Juni 1999 stach K. seinem schlafenden Mitbewohner Martin R. mit einer Schere brutal in Kopf und Hals. Monatelang musste der Verletzte im Krankenhaus liegen. Das Verfahren gegen K. wurde aus Mangel an Beweisen eingestellt, vor allem deshalb, weil R. nicht gegen K. aussagen wollte und stattdessen untertauchte. Anfang 2002 folgte eine weitere Bluttat. Angeblich wollte Frank K. seiner Freundin Julia K. die Haare kämmen. Doch statt der Bürste nahm er ein Küchenmesser in die Hand und schnitt Julia hinterrücks in die Kehle, sodass eine 22 Zentimeter lange Wunde klaffte. Doch wieder deckte das Opfer den Täter, aus Angst und aus Liebe, wie später vor Gericht zu hören sein wird.

★ 8. Februar 2005

Irrer Sex-Kannibale

Er schlachtete sie mit Messer und Axt. Dann wollte er ihre linke Brust essen

Was geht in diesem Mann vor? Axt-Killer Frank K. (27) gestern auf der Anklagebank

Mit dieser Axt schlug der Perverse auf seine Freundin ein

Von UWE GARTEN

Dresden – **Abwesend blickt das Monster ins Leere, verschränkt seine groben Hände, die so bestialisch getötet haben...**

Dieser Prozeß läßt Deutschland schaudern: Auf der Anklagebank des Landgerichts Dresden kauert Hilfskellner Frank K. (27), angeklagt wegen Mordes an Freundin Peggy (21).

Gespenstische Stille im Saal, als Gerichtsmediziner Prof. Jan Dressler (43) beschreibt, wie der schmächtige Außenseiter am 18. Juli 2004 in der gemeinsamen Wohnung in Heidenau wütete. Mindestens 19mal rammte der irre Killer seiner schwangeren Freundin ein Küchenmesser in den Körper. Der Mediziner: „Es geschah mit großer Gewalt."

Als die hübsche Frau tot war, schlug Frank K. noch mehrmals mit einer schweren Axt auf sie ein. Danach trennte er die linke Brust ab. Prof. Dressler: „Maximal lebte sie noch 15 Minuten nach dem ersten Stich."

Keine Regung bei Frank K., als die grausigen Details vorgetragen werden. In den Polizei-Verhören hatte er immer wieder behauptet: „Peggy verlangte ständig, daß ich sie töten solle. An dem Tag rief sie mich ins Bad, sagte: Schlachte mich! Sie wollte mir zusehen, wie ich ihre Brust verspeise. Ich schnitt sie ihr ab, sie lächelte. Ein Kochtopf stand bereit. Der Hund sollte auch was von ihr abbekommen. Dann starb sie in meinen Armen."

Vor Gericht verlas die blonde Anwältin des Angeklagten eine Erklärung, beharrte auf der Version ihres Mandanten: „Es war Mord auf Verlangen. Die Freundin meines Mandanten hat ihn gedrängt, die Brust abzutrennen, sie zu töten."

Oberstaatsanwalt Frank Heinrich (46) glaubte das nicht: „Schutzbehauptung!"

In dem Prozeß werden auch zwei weitere Gruseltaten mitverhandelt. Sie waren lange für Unfälle gehalten worden: Frank K. soll seiner Ex-Freundin die Kehle durchgeschnitten, einem Mitbewohner im Schlaf eine Schere in den Hals gerammt haben. Beide überlebten.

Dem Axtkiller droht nun lebenslange Haft.

So titelte „Bild" am 8. Februar 2005 während des Prozesses gegen Frank K.

Im Krankenhaus erklärt Julia K. die furchtbare Verletzung mit einem Selbstmordversuch. Die ärztlich-forensische Begutachtung der Schnittwunde stützt diese Ausrede sogar. Man kommt zu dem Schluss, „dass die Selbstbeibringung der Verletzung am ehesten wahrscheinlich ist." Die Ermittlungen gegen K. wegen gefährlicher Körperverletzung werden abgebrochen.

In beiden Fällen ließ Frank K. in letzter Sekunde von seinem Mordplan ab, so, als sei in seinem Inneren ein Schalter umgelegt worden. Er half, die Verletzungen zu versorgen, tröstete seine Opfer, rief sogar selbst den Notarzt. Bei Peggy L. jedoch brannten ihm alle Sicherungen durch. Dass K. zu großer Brutalität fähig war, das wussten einige Bekannte des Paares recht gut. Zumindest nachher, als die Journalisten danach fragten. Der Frank sei eine tickende Zeitbombe gewesen, erklärt eine 59-jährige Nachbarin gegenüber „Bild"-Reportern und schildert, wie er in Rage seinen Schäferhund misshandelte, ihn gegen die Wand „klatschte". Ein anderer Bekannter will wissen, dass K. Peggy mehrfach geschlagen habe, sodass sie schlimmer aussah, als Boxer Klitschko nach dem Kampf. Er habe sie auch oft gewürgt. Die Male dieser Klammergriffe seien noch Tage später an Peggys Hals zu sehen gewesen. Als Grund für K.s Ausschreitungen gegen seine Geliebte vermuten die Bekannten Eifersucht. Peggy habe kaum allein das Haus verlassen dürfen, sagt einer. Schon der Verdacht, sie könnte einen anderen Mann auch nur angeschaut haben, habe K. ausrasten lassen.

Während die Pirnaer Ermittler sich mühen, Licht ins Dunkel dieses unerhörten Falls zu bringen, gibt die Rechtsmedizin in Dresden Peggys geschundenen Körper zur Bestattung frei. Doch die mittellosen Eltern haben kein Geld für eine würdige Totenfeier. Die Gefahr besteht, dass Peggys Asche in einer Gemeinschaftsgrabanlage versenkt wird, anonym, auf der grünen Wiese. Das Mädchen, das auf so furchtbare Weise sterben musste, würde nicht einmal einen eigenen Gedenkort haben. Als der Dohnaer Bestattungsunternehmer Bernhard Krebs, der die Beerdigung ausrichten soll, merkt, dass sich Streit ums Geld anbahnt, trifft er eine Entscheidung: Sein Institut, die Elb-Bestattung Pirna, zahlt die ganze Rechnung selbst: Sarg, Einäscherung, Urne, Blumenschmuck, Feierhallenmiete, Musik, Trauerredner, Friedhofsarbeiter, außerdem die Liegegebühren für zwanzig Jahre. Am 3. August 2004 wird Peggys Urne von etwa fünfzig Trauergästen auf dem idyllischen Waldfriedhof von Kurort Gohrisch zu Grabe getragen. Dazu spielt man Andrea Bocellis Abschiedshymne „Time to say goodbye". Der Pressepulk, darunter ein Fernsehteam von RTL, bleibt draußen, dafür hat Bestatter Krebs gesorgt.

Zwischen dreieinhalb- und viertausend Euro kostete Peggys Beerdigung. Bernhard Krebs, inzwischen 69 Jahre alt und im Ruhestand, lässt der Fall bis heute nicht gleichgültig. Krebs hat an die zweitausend Menschen beerdigt. Nur dieses eine Mal aber hat er jemanden gratis von der Erde verabschiedet. Dabei verband ihn nichts mit Peggy und ihrer Familie. Er hat es aus Menschlichkeit getan, sagt er. Er wollte nicht, dass die Sache in den Medien hochkocht und das Andenken der Toten Schaden nimmt. „Die Kleene sollte würdevoll bestattet werden", sagt er, „ohne großes Brimborium." Als ihn das MDR-Fernsehen damals wegen dieser Geschichte in die Gesprächssendung „Unter uns" einladen wollte, hat er abgelehnt.

Foto: Daniel Förster

Bernhard Krebs von der Elb-Bestattung Pirna organisierte Peggy L.s Beerdigung gratis und verhinderte so, dass das Mädchen namenlos unter die Erde kam.

Am 30. September 2004 klagt die Staatsanwaltschaft Frank K. wegen Mordes und Schwangerschaftsabbruchs an. Sie ist überzeugt davon, dass er seine Freundin Peggy L. im Bad der gemeinsamen Wohnung ohne erkennbaren Grund mit mindestens 19 Messerstichen in die linke Brustseite, unter anderem ins Herz, getötet hat. Auch die früheren Attacken auf Martin R. und Julia K. werden Frank K. nun angelastet.

Wer ist dieser Frank K.? Er ist ein unauffälliger, schlanker Junge mit einem blassen, schmalen Gesicht und kurzen, dunklen

Haaren. Während des Prozesses erzählt er kaum von sich. Er gibt sich überhaupt sehr verschlossen. Als man ihm Fotos vom Tatort zeigen will, lehnt er dies ab mit der Bemerkung, er sei sensibel. K. stammt aus Heidenau. Er wächst ohne leibliche Mutter auf, hat dennoch keine schlechte Kindheit. In der Schule bekommt er Konzentrationsschwierigkeiten und muss in eine Fördereinrichtung. Wegen seiner Brille wird er gehänselt. Die Maurerlehre bricht er ab, weil er sich zu wenig respektiert fühlt. Er hält sich mit Gelegenheitsjobs über Wasser. Er macht ein mehrmonatiges Praktikum in einem Altenheim, wo er als ruhig, freundlich und mit guten Umgangsformen ausgestattet in Erinnerung bleibt. Niemand ahnt, dass K. ein sexuell getriebener Sadist sein könnte. Seine dunkle Seite zeigt er nur wenigen. Bei diesen Gesprächen in vertrauten Momenten geht es dann um das Abtrennen von Körperteilen und um menschliche Organe auf Tellern, die mit Messer und Gabel verspeist werden. Die so etwas von ihm hören, nehmen das nicht ernst und glauben an einen derben Spaß. Ein fataler Irrtum.

Frank K.s Verteidigerin erklärt dem Gericht, ihr Mandant sei weder ein Kannibale noch ein Vampir – die Boulevardpresse hatte K. mit Graf Dracula verglichen –, sondern ein kranker Mensch. Ist Frank K. wirklich krank? Zumindest nicht gemütskrank, nicht schwachsinnig. Der renommierte Gerichtspsychiater Stephan Sutarski stellt bei K. eine schwere seelische Abartigkeit und erhebliche emotionale Defizite fest. Frank K. kann sich kaum in die Gefühlswelt anderer hineinversetzen, kann kaum Mitleid empfinden. Er selbst will Macht ausüben. Vielleicht hat er sich deshalb einen Schäferhund angeschafft, Karate trainiert und mit Neonazis sympathisiert. In der Zweisamkeit mit Peggy L. jedenfalls, so sagt Psychiater Sutarski, bekommt er die Macht. Weil sich Peggy von ihm manipulieren lässt, fühlt sich K. erhöht. K.s Machtanspruch gilt auch für den Sex. Sutarski glaubt, dass Frank K. durchaus zum normalen Geschlechtsverkehr fähig gewesen wäre und dass die Perversion bei ihm nicht zwanghaft ist. „Aber sie hat für ihn die besondere Qualität ausgemacht."

Frank K. räumt von all den Vorwürfen gegen sich nichts ein. Er bleibt bei genau jener Version, die er schon am Abend des Verbrechens der Polizei erzählt hat. Peggy habe ihn gedrängt, ihr die Brust bei lebendigem Leibe abzutrennen und sie umzubringen. Es sei Tötung auf Verlangen gewesen. Dieser Tatbestand würde deutlich milder bestraft werden als Mord. Das Gericht wertet K.s Erklärung jedoch als Schutzbehauptung und schließt sich der Ansicht von Psychiater Sutarski an, der feststellt, Frank K. habe seine eigenen Fantasien und Wünsche dem Opfer untergeschoben. Am 2. März 2005 wird K. wegen Mordes, Schwangerschaftsabbruchs und zweifacher gefährlicher Körperverletzung zu zwölf Jahren Haft verurteilt. Er zeigt keine Regung. Am selben Tag ergeht die Order, ihn in einem psychiatrischen Krankenhaus unterzubringen. Bis heute sitzt er dort unter Verschluss. Ob er jemals wieder freikommt, ist offen. Eine Therapie sei zwar möglich, sagt Stephan Sutarski, aber in diesem Fall werde es wohl schwer werden. Noch immer befällt den Arzt ein Gefühl der Kälte, des Befremdlichen, ja des Unheimlichen, wenn er an Frank K. denkt.

Für Kriminalhauptkommissar Ralf Hubrich liegt die Sache klar. Er würde den „Kannibalen von Heidenau" nie wieder freilassen. Bemerkenswert findet der Kripomann, dass Frank K. von Anfang bis Ende bei seiner Version der Geschichte geblieben ist, ohne eine Spur von Einknicken. „Vielleicht hat er sogar selbst daran geglaubt", sagt er. Dass K. bereits vor dem Mord plante, die Tat als Tötung auf Verlangen auszugeben und selbst die Polizei zu rufen, bezweifelt Hubrich. Seiner Hypothese zufolge wollte K. den Leichnam von Peggy in der Wohnung zerstückeln und dann die Körperteile heimlich verschwinden lassen. Dafür würden auch die Axthiebe auf der Leiche sprechen. Aber so einfach ist es nicht, einen Menschen zu zerteilen, sagt Hubrich, „vor allem, wenn man keine Ahnung von Anatomie hat." Ralf Hubrich glaubt, dass K. von der Situation kräftemäßig und mental überfordert war. Da lag der ihm vertraute Körper, noch warm vielleicht. Dazu das viele Blut überall. Da ist K. wohl auf die Idee gekommen, er könnte die Sache selbst melden, so wie die beiden Male davor, als er ungeschoren davonkam. Nur diesmal ging seine Rechnung nicht auf.

Es bleibt die Frage, ob man Frank K. hätte stoppen können, ob der Mord an Peggy L. zu verhindern gewesen wäre. Diese Frage stellt sich auch Ralf Hubrich. Vielleicht wäre der Mord nicht passiert, sagt er, wenn K.s frühere Untaten, der Scheren-Angriff auf den Mitbewohner und der Schnitt in die Kehle von Freundin Julia K., aufgeklärt worden wären. Vielleicht hätte man damals mit mehr Nachdruck ermitteln müssen. Vielleicht, vielleicht.

Doch die Staatsanwaltschaft hat anders entschieden, hat die Verfahren eingestellt. Sie hatte keine Wahl, sagt Hubrich. Was soll man denn tun, wenn die Zeugen schweigen? Man kann die Wahrheit ja nicht aus ihnen herausprügeln, sagt er. „Hinterher ist man immer schlauer." ◆

Zu malerisch für Mord? Auf der Burg Altrathen zogen 1992 zwei kriminelle Schatzgräber ein. Der Hausmeister ließ sich von ihnen einwickeln. Seine Einfalt bezahlte er mit dem Leben.

Der tödliche Trick

Rockmusik war Achims Welt. Manchmal zog er einen Schnipsgummi über seinen Rechenschieber, fuhr diesen aus, sodass der Gummiring sich wie eine Gitarrensaite spannte, und dann schrummelte er darauf die ganze Schulstunde lang „The Witch" von den „Rattles", der Hamburger Kultband, die einst mit den Beatles spielte. Westmusik musste es sein. Ostbeat ist Dreckbeat. Dieser Satz von Achim klingt einem seiner einstigen Mitschüler heute noch im Ohr. „Er kannte alle Gruppen. Er wusste genau, was die so machten, hat immer am Radio gehorcht", sagt er. Mit einfachen Mitteln baute sich Achim sogar selbst einen Empfänger. Die Lehrer an der Polytechnischen Oberschule hatten den Jungen mit dem Pfannkuchengesicht und dem Mireille-Mathieu-Pony abgeschrieben. Er saß allein auf einer Bank in der letzten Reihe und trieb dort seinen Unsinn. Während die Lehrerschaft Achim als Ruhestörer fürchtete, achteten ihn seine Kumpels. Nicht nur, weil sie ihn cool fanden, weil er aufbegehrte, sondern auch, so sagt es ein anderer Schulkamerad, weil er „ein guter Kerl" war, ein echter Freund. Nie habe er den Achim gewalttätig oder brutal erlebt, auch nicht, wenn andere ihn böse hänselten. Alles hätte er ihm zugetraut, sagt er, nur das nicht: Dass er eines Tages zum Mörder wird.

Oktober 1992. Die Gitarrensolos des Oberschülers Hans-Joachim N. sind über zwanzig Jahre her. Da verschwindet in Kurort Rathen ein Mann. Er heißt Tino W., ist 31 Jahre alt und wohnt eigentlich in Oberhof, am Kamm des Thüringer Waldes. Ins Elbtal kam er, um als Hausmeister auf die Burg Altrathen aufzupassen. Das pittoreske Gemäuer mit dem spitzhütigen, schlanken Türmchen klebt hoch über dem Strom am Felsen. Seine ältesten Teile sollen aus dem frühen 13. Jahrhundert stammen. Was man heute sieht, ist indes neuzeitlichen Ursprungs. Der Dresdner Gastronom Eduard Seifert hatte die längst geschleifte Wehranlage in den 1890er-Jahren als „Burgruine Seifert" nach eigenem Geschmack neu errichtet und eine Gastwirtschaft daraus gemacht. Zuletzt diente die Burg Altrathen der Staatsbank der DDR als Schulungsort und Ferienheim. Ein Schild am Fuße des steilen Aufstiegs verbot jedem Normalbürger, sich dem Objekt zu nähern. Aber jetzt ist die DDR weg, samt ihrer Alu-Chips, und die D-Mark ist da. Das Gelände gehört der Staatsbank Berlin. Feriengäste gibt es keine mehr. Hausmeister Tino W. ist der einzige Bewohner in der vormals exklusiven Banker-Ausspanne. Das heißt, er war es, denn seine Mutter meldet ihn als vermisst.

Die Vermisstenanzeige geht am 19. Oktober 1992 bei der Polizei in Meiningen ein. Es dauert nicht lange, da hat die Pirnaer Kripo den Fall auf dem Tisch, namentlich Kriminalhauptkommissar Ralf Hubrich, Chef des Leib-und-Leben-Dezernats in der erst kürzlich formierten Kriminalpolizeiinspektion Pirna. Der stämmig gewachsene Enddreißiger mit dem strengen Scheitel und dem betulichen Brummbass ist seit 1978 bei der Kripo und hat einige Erfahrung mit Vermisstensachen. Er weiß nur zu gut, dass verschwundene Erwachsene ein Dilemma sind. Wer über achtzehn ist und verschwinden will, der darf das. Solange der Betreffende nicht krank, hilflos, medikamentenabhängig oder selbstmordgefährdet ist oder Anhaltspunkte für ein Verbrechen vorliegen, geht das die Kripo eigentlich nichts an. Tino W.s Mutter aber lässt nicht locker. Ihr Sohn hat sich plötzlich nicht mehr gemeldet. Er hat Termine mit seinem Arbeitgeber sausen lassen. Dabei ist er sonst so zuverlässig. Es muss was passiert sein, da ist sich die Frau sicher.

Die Pirnaer Ermittler bearbeiten also den Fall. Sie geben Tino W. in die Fahndung, und auch sein Auto, einen dunkelgrünen, elf Jahre alten Audi 80, der ebenfalls verschwunden ist. Am 22. Oktober durchkämmt man W.s Arbeits- und Wohnstätte in Kurort Rathen. Ralf Hubrich erinnert sich an den typischen FDGB-Ferienheim-Charme, den die Burg Altrathen verströmte. Die Polizisten suchen alles ab, von den mittelalterlichen Kellergewölben über den rustikalen Rittersaal bis hinauf zum Dach. Vergeblich. Am 2. November kommen die Fahnder wieder, diesmal mit einem Fährtenhund. Sie durchstreifen das Umfeld der Burg und dann den Wald bis hoch zur Basteibrücke und bis hinüber zur Felsenbühne. Auch Fehlanzeige. Dann, am 11. November, rollt ein Tankwagen durch die engen Gassen von Kurort Rathen. Die Jauchegrube am Gästehaus der Burg wird ausgepumpt. Die Polizisten finden darin nur das, was da auch reingehört. Keine Spur von Burgverwalter Tino W., keine Spur von einem Verbrechen.

In Rathen spricht sich schnell herum, dass Tino W. vermisst wird. Der Ort ist klein, zählt nur etwa 570 Seelen. Hier lebt niemand lange unbemerkt. Auch Tino W. war vielen Einheimischen bekannt. Abends stand er öfter am Weg zum Amselgrund beim Souvenirladen von Familie Lange und trank sein Bier. An dieser Stelle hat ihn damals auch Rathens Heimatforscher und Ortschronist Andreas Fels getroffen. Ein kräftiger, großer Typ sei W. gewesen, sagt Fels, technisch sehr begabt und absolut hilfsbereit. Als einmal eine verärgerte Hausfrau aufkreuzte und meldete, die örtliche Wäschemangel habe den Geist aufgegeben, da sei W. ohne Umschweife hingegangen und habe das Gerät wieder zum Laufen gebracht. Historisch interessiert war Tino W. auch, sagt der Ortschronist. Oft hat er mit ihm über Geschichte geredet. Aber W. schnitt auch gern ein wenig auf, sagt Fels, vor allem, wenn er einige Flaschen Bier getrunken hatte.

Die Polizisten gehen in Rathen auf „Klingeltour", so nennt man die Reihum-Befragung der Anwohner bei einem ungeklärten Delikt. Sie hoffen auf Zeugen, die einen Anhaltspunkt für W.s Verbleib liefern können. Scheinbar haben sie Erfolg. Sie erfahren, Tino W. sei mit zwei unbekannten Männern in Richtung des damals noch ČSFR genannten Nachbarlandes gefahren, vielleicht, um dort ein paar Mädels zu organisieren. Es erscheint eine Suchmeldung in der Presse mit dieser neuen Spur und einer Personenbeschreibung von W.: knapp 1,80 Meter groß, schlank, kurzer Lockenkopf, Oberlippenbart, Blinddarmnarbe. Pirnaer Kripo-Leute begeben sich nach Decin, um bei den tschechischen Kollegen zu erforschen, ob Tino W., seine ominösen Mitfahrer oder der grüne Audi irgendwo gesehen wurden. Heraus kommt dabei nichts. Immerhin sind die Nachbarn nun im Bilde und versprechen, die Augen offen zu halten.

Inzwischen schreibt man den 19. November. Da meldet die Polizei aus Kamenz, dass mit einem grünen Audi 80, Suhler Kennzeichen, ein Benzinklau begangen wurde. Der Fahrer hatte an der Tankstelle in Gersdorf nahe Pulsnitz sein Fahrzeug aufgefüllt und war ohne zu bezahlen getürmt. Es war definitiv der in Fahndung stehende Wagen. Hauptkommissar Hubrich und seine Kollegen in Pirna sind elektrisiert. „Wir haben die Kamenzer scharf gemacht", erzählt Hubrich: „Passt auf, wir brauchen unbedingt den Fahrer!" Die Kamenzer passen auf. Schon seit Tagen haben sie ungewöhnlich viele Kleindelikte in ihrer Gegend registriert: Benzindiebstähle, Ladendiebstähle, Leergutklau. Immer wieder wurde dabei der grüne Audi 80 gesehen. Alle Tankwarte in der Region sind bereits aufgefordert, besonders auf diesen Wagen zu achten.

Am Morgen des 28. November, es ist ein Sonnabend, sieht die Besatzung eines Streifenwagens schließlich das verdächtige Auto. Es steht am Wegesrand in einem Waldgebiet zwischen Pulsnitz und Steina, das man die Eichert nennt. Im Wagen bemerken sie einen Mann, der offenbar schläft. Die Beamten setzen einen Funkspruch ab und fordern Verstärkung an. Dann nähern sie sich dem Fahrzeug. Da plötzlich lässt der eben noch schlummernde Insasse den Motor an und fährt los, den Weg hinunter, in den Wald hinein. Die Polizisten setzen ihm im Streifenwagen nach. Doch aus der wilden Verfolgungsjagd, die sich nun entspinnen könnte, wird nichts. Nach wenigen Hundert Metern bleibt der Fluchtwagen auf der schlammigen Waldstraße stecken. Auch das Polizeiauto fährt sich fest. Man kann weder vor noch zurück. Der Audi-Fahrer wird festgenommen. Es ist nicht Tino W.

Hinter dem Lenkrad sitzt der 37-jährige Hans-Joachim N., ein arbeitsloser Herumtreiber. Im Wagen findet sich mancherlei Diebesgut. N. wird noch am selben Tage ins Pirnaer Kripo-Hauptquartier an der Burgstraße geschafft und dort bis in den nächsten Morgen hinein verhört. Zunächst kriegen die Ermittler aus dem Ergriffenen nichts heraus zur Vermisstensache Tino W. Herr N. gibt lediglich ein paar Diebstähle zu, die er zusammen mit einem Komplizen, dem 24-jährigen Steffen H., begangen haben will. Man habe mit Vorliebe deutsche Pässe geklaut, erzählt er, und diese dann in Dresden auf dem Altmarkt an Ausländer für gutes Geld verhökert. Doch endlich, nach vielen Stunden des Verhörs, gibt Hans-Joachim N. auf. Er gesteht, den Rathener Burgverwalter Tino W. am 12. Oktober in der Burg Altrathen gemeinsam mit seinem Kumpel erstochen zu haben. Die Leiche liege, mit Steinen beschwert, am Grunde eines gefluteten Steinbruchs.

An diesem Sonntag sehen die Bürger eines kleinen Nests in Ostsachsen, wie eine Anzahl Polizeiautos und Feuerwehrwagen ihrem alten Steinbruch zustrebt. Es ist das Nest, in dem Hans-Joachim N. als Junge wohnte. Einer von N.s alten Schulfreunden geht, als es dunkelt, hinüber, weil es heißt, N., der lange Verschollene, sei dort bei den Einsatzkräften. Vor Ort angekommen, beobachtet der Zaungast still das Treiben. Der Steinbruch ist ein Relikt und längst nicht mehr in Betrieb. Zu DDR-Zeiten wurde

Hoffnung auf den großen Deal hielt nicht lange an

Polizei ermittelt im Tötungsverbrechen von Rathen

Pirna/Kurort Rathen/Kamenz (SZ). Am 12. Oktober wurde in Rathen der 31jährige Tino W. mit mehreren Messerstichen getötet. Am vergangenen Sonntag wurde er in einem Steinbruch bei Kamenz aufgefunden. Kriminalhauptkommissar Andreas Bohata informierte gestern über die ersten Ergebnisse bei der Aufklärung des Verbrechens.

Tino W. war von der Staatsbank als Verwalter für das Gästehaus in Rathen und die Burg (ehemaliges Ferienlager) eingesetzt. Hier wurde

Der 37jährige Hans-Joachim M. wurde am 28. November in Pulsnitz als Fahrer des Autos von Tino W. gestellt. Im Fahrzeug befand sich umfangreiches Diebesgut. M. wurde nach Pirna gebracht und bis in die Morgenstunden des nächsten Tages verhört. Am Sonntag gab er zu, Tino W. am 12. Oktober, zwischen 16 und 17 Uhr, getötet zu haben. Am nächsten Tag war das Opfer in den Steinbruch in der Nähe von Kamenz gebracht und dort

Der gesuchte Steffen H[redacted]

det. Er wirkt ungepflegt und unrasiert, trägt eventuell Vollbart. Auffallend sein schwerfälliger Gang. Er trägt blaue oder

Am 3. Dezember 1992 schrieb die Sächsische Zeitung über die mörderischen Schatzgräber von Altrathen. Hans-Joachim N. war bereits verhaftet, sein Komplize Steffen H. wurde noch gesucht.

daraus ein sogenanntes Schuttloch gemacht, ein Ort, den es so oder ähnlich überall im Lande für die Haus- und Sperrmüllbeseitigung gab. Über Jahrzehnte kippten die LPG und die Einwohnerschaft ihren Unrat hinein. Nur ein kleiner Tümpel, vielleicht fünf oder zehn Quadratmeter Wasserfläche, ist übrig geblieben.

Der Beobachter kennt diesen Ort gut. Als Schuljunge spielte er oft im Steinbruch. Auch mit Achim N. war er hier. Nun sieht er, dass eine lange Leiter über dem gefluteten Restloch liegt. Scheinwerfer zersäbeln die Dunkelheit, Pumpen schnurren. Feuerwehrleute versuchen, den Wasserspiegel zu senken, offenbar, um besser im Trüben fischen zu können. „Nach etwa einer Stunde haben sie dann ein großes Paket herausgezogen", berichtet der Zeuge. „Da war eine schwarze Folie außen drum herum. Das Paket wurde auf den Weg gelegt und angeleuchtet." In diesem Moment entdecken die Polizisten den unerwünschten Zuschauer. Rüde verscheuchen sie ihn.

Das Paket wird, so wie es ist, zur Rechtsmedizin nach Dresden geschickt. In der Kunststoffhülle steckt tatsächlich die Leiche des vermissten Tino W., eingerollt in eine Decke. Hans-Joachim N. gibt nun auch Hinweise, wo sein Komplize zu finden ist. Am 3. Dezember, gegen 10 Uhr morgens, wird Steffen H. in einer Wohnung im Raum Merseburg geschnappt. Im Verhör weiß er zunächst von nichts. Hauptkommissar Hubrich fällt auf, dass der Verdächtige wie Espenlaub zittert. „Den hat es richtig geschmissen", sagt er. Als man H. Fotos von Tino W.s schlimm zugerichteter Leiche hinlegt, wird er plötzlich ruhig. Ihm dämmert wohl, dass es aus ist. Dann gibt er alles zu.

Wie starb Tino W.? Und warum? Wie wurde Hans-Joachim N., der Lehrerschreck und gute Kumpel aus der letzten Bank, zum Mörder? „Er hatte eine Scheißkindheit", sagt einer, der ihn damals gut kannte. Das klingt zwar nach Klischee, sagt er, aber so war es wirklich. Achim wohnte mit Mutter, Großmutter und Stiefvater in einem kleinen Haus. Die Küche, wo sich das Leben abspielte, war ein schwarzes Loch, sagt der Augenzeuge. „Als Kind war ich damals erschüttert darüber, wie man so leben konnte." Der Stiefvater war gemein zu Achim, schlug ihn wohl auch. Der Junge hatte öfter mit der Polizei zu tun, war hin und wieder mal weg, im Heim, so hieß es. Die Eltern in dem kleinen Dorf sahen es nicht gern, wenn ihre Kinder Achim besuchten oder mit ihm umherzogen, aus Angst, sie könnten auf die schiefe Bahn geraten und Dummheiten machen. Die Kinder aber fühlten sich von dem Außenseiter angezogen. Als Achim einmal untergetaucht war und sich in einem Straßenwärterhäuschen versteckte, besuchten sie ihn dort, brachten ihm Essen und Getränke, rauchten mit ihm. Es war ein aufregendes Spiel. „Alle wussten, wo Achim steckte, nur die Polizei nicht", wundert sich einer, der damals dabei war. Eben dieser Mann wunderte sich als Junge aber auch darüber, dass, wenn er widerwillig in der Wirtschaft seiner Eltern rackerte, Achim ihn um die Plackerei beneidete. „Du hast es gut, du hast was zu tun – das hat er einmal zu mir gesagt." Erst später habe er begriffen, dass sich Achim wahrscheinlich nach einem normalen Elternhaus sehnte.

Anfang der 1970er-Jahre verschwand Achim N. aus dem kleinen, ostsächsischen Dorf. Er lernte Zerspaner, plante dann irgendwann die Flucht aus der DDR, wurde geschnappt und 1973 zu einem Jahr und sechs Monaten Gefängnis verurteilt. Aus der Haft versuchte er auszubrechen und wurde erneut bestraft. 1977 kaufte die Bundesrepublik Hans-Joachim N. frei. Dann lief es zunächst gut für ihn. Er heiratete und bekam zwei Töchter. Doch irgendwie geriet er erneut ins Abseits. Zur Wendezeit traf er, wahrscheinlich in einem Wohnheim in Karlsruhe, Steffen H., einen gebürtigen Merseburger, der noch 1989 aus der DDR geflohen war. Beide, N. und H., saßen einst im Jugendwerkhof. Vielleicht fühlten sie sich als Leidensgenossen und schlossen sich deshalb zusammen. Im Juli 1992 machten sie sich auf den Weg zurück, nach Osten.

Zuerst ist das Duo auf geklauten Fahrrädern unterwegs. Ende August überfallen die beiden in der Gemeinde Obrigheim im Neckar-Odenwald-Kreis einen Mann in einem Gartengrundstück. Sie bedrohen ihn mit einem Messer, schlagen und fesseln ihn und erbeuten die Schlüssel zu seinem Fiat, mit dem sie davonfahren. Irgendwann im September kommen die zwei in Kurort Rathen an. Wieso ausgerechnet Rathen? Hauptkommissar Hubrich vermutet, dass es ein Zufall war. Wer an die Sächsische Schweiz denkt, der denkt sofort an Rathen. Vielleicht wollten die beiden Landstreicher einfach ein wenig Ferien machen?

Vielleicht steckte aber auch ein Plan dahinter. In den Ermittlungsakten steht etwas von einer Schatzsuche. Alte Bekannte von Hans-Joachim N. sagen, dass er „mystisch" veranlagt war und Geschichten um geheime Gänge und Schatzverstecke mochte und auch glaubte. Er habe zum Beispiel stets von einem Gang erzählt, der in dem Landstädtchen, wo N.s Oberschule stand, das Schloss mit der Kirche verbinden sollte, eine Distanz von mehreren Hundert Metern. Obwohl die dortigen Fachleute einen solchen Gang für völlig ausgeschlossen halten – es hätten schon längst Teile davon auftauchen müssen, so etwa beim großen Wasserleitungsbau in den 1920er-Jahren –, hält sich das Gerücht hartnäckig. In Rathen gibt es eine ganz ähnliche Story. Man erzählt sich, dass ein geheimer Stollen von der Burg Altrathen bis nach Stadt Wehlen führt. Nährboden für diese Sage ist die rätselhafte Flucht des letzten Rathener Ritters, Hans von der Oelsnitz, von der brennenden Burg. Der Burgherr hatte sich mit den sächsischen Landesherren überworfen, war als übler Raubritter abgestempelt und seit 1467 belagert worden. Als man die Feste zwei Jahre später stürmte, war Hans von der Oelsnitz weg, tauchte aber bald beim Böhmenkönig wieder auf, wo er um Beistand für eine Revanche bat. Hatte er jenen sagenhaften Fluchtweg benutzt?

Im Jahre 1915 veröffentlichte die schriftstellernde Lehrerin Leontine von Winterfeld-Platen einen Roman mit dem Titel „Der Mann in Erz". Das Buch spielt 1289 und schildert den Kampf eines vertriebenen Edelmannes um die Burgen seiner Ahnen, den Rathen und den Hockstein. Beim Finale wird der Recke von seinen grimmigen Widersachern am Rathener Burgwall eingemauert. Da steigt der „Mann in Erz" – gemeint ist ein obskurer, ganz und gar eisengepanzerter Ritter – aus einem Geheimgang in die

Zelle ein und führt den Helden mit sich in die Tiefe, Treppen hinab und einen „langen, langen, finsteren Gang" entlang. Fast eine halbe Stunde dauert die Durchquerung des Stollens in dem Buch, bis man endlich „hart am Fuße der Bastei" wieder an die Luft kommt und der Erzene sich als die Geliebte des geretteten Edelmanns offenbart.

Zu diesen Erzählungen kommt ein weiteres Moment, das die Fantasie eines Schatzgräbers zu befeuern vermag: Der letzte Privateigentümer der Burg, Arthur Seifert, war seit 1931 Ortsgruppenleiter der NSDAP, der Nationalsozialistischen Deutschen Arbeiterpartei, in Kurort Rathen gewesen. Bald nach Kriegsende, im Juli 1945, wurde Seifert verhaftet und in das Speziallager Nr. 1 des sowjetischen Geheimdienstes NKWD in Mühlberg an der Elbe verfrachtet, wo er im Dezember des gleichen Jahres zugrunde ging. Wahrscheinlich hat Seiferts kleiner Partei-Posten genügt, um das große Schlagwort „Nazischätze" in die Justizunterlagen zum Hausmeistermord zu bringen.

Foto: Marko Förster

Der Rathener Heimatforscher Andreas Fels zeigt die rätselhaften Nischen im Keller der Burg. An dieser Stelle grub das Mörder-Duo vergebens nach Reichtümern.

All das ist Mumpitz, sagt Rathens Ortschronist Andreas Fels. Für die Existenz des Geheimgangs nach Wehlen gibt es keinerlei handfeste Belege. Ihn zu graben, wäre auch überaus mühsam gewesen, sagt Fels. Er hat das gemeinsam mit einem Experten der Bergakademie Freiberg durchgerechnet. Nach dieser Berechnung hätte die Arbeit etwa 76 Jahre gedauert. „Ein absoluter Unfug", findet der Heimatforscher. Von Nazischätzen will er auch nichts wissen. Die Seiferts hatten zwar einiges Interessantes ausgegraben bei ihren Bauarbeiten an der Ruine. Diese Objekte, unter anderem eiserne Fesseln und Folterinstrumente,

Fotos: Marko Förster

Die wirklichen Schätze der Burg Altrathen sind aus Eisen und nur für Historiker interessant. 1898 wurden unter anderem diese Daumenschrauben und diese Fußfessel mit Kette, vermutlich aus dem 15. Jahrhundert, im verschütteten Keller gefunden.

besaßen jedoch nur archäologischen Wert. Sie liegen längst sicher verwahrt im Pirnaer Stadtmuseum.

Trotzdem hacken die Glücksritter Hans-Joachim N. und Steffen H. im Burgkeller herum, offenbar mit Duldung des Verwalters Tino W. Wie sie überhaupt auf die Burg kamen, liegt im Dunkeln. Vielleicht trafen sie W. bei der Suche nach einem Quartier am bewussten Souvenirladen oder an einer anderen Ecke von Kurort Rathen. Vielleicht kamen sie mit ihm ins Quatschen, hörten, dass reichlich Platz in dem verlassenen Ferienheim sei, und zogen ein. Sie wohnten im Gästehaus der Burg, in jenem Gebäude, vor dessen Tür später bei der Fahndung nach Tino W. die Klärgrube ausgepumpt wurde.

Für ihre Schatzsuche hatten N. und H. zwei Nischen im Keller der Burganlage ausgesucht, die immerhin als geheimnisumwoben gelten. Die etwa 60 Zentimeter hohen und 80 Zentimeter tiefen Löcher wurden im Mittelalter in den gewachsenen Fels getrieben. Bis heute

Foto: KfW Historisches Konzernarchiv

Blick in den Rittersaal der Burg Altrathen. Hier wurde Hausmeister Tino W. eingewickelt und erstochen.

Foto: KfW Historisches Konzernarchiv

Das Gästehaus der Burg, wo die Mörder wohnten. Die Klärgrube rechts im Vordergrund wurde später auf der Suche nach Tino W. ausgepumpt.

weiß man nicht, wozu. Diese Löcher erweitern die Schatzgräber, offenbar in der Hoffnung, auf einen verborgenen Raum zu stoßen. Die Arbeit muss sehr anstrengend gewesen sein. Als sie trotz aller Mühe nichts finden, sind die Vagabunden frustriert. Sie beschließen, Tino W. umzubringen, laut Akte, weil er ihnen auf die Nerven geht. Einige Tage sprechen sie gelegentlich darüber. Dann kommt der 12. Oktober, der Tag, an dem die Bluttat ausgeführt werden soll.

Als die Gesellschaft nachmittags im Rittersaal zusammenhockt, erklären die beiden ihrem Herbergsvater, ihm einen Zaubertrick mit einer Decke zeigen zu wollen. Tino W. soll dabei mitmachen. Er willigt ein. Arglos lässt er sich die Füße fesseln und dann der Länge nach in eine Decke einrollen. Nun ist W. komplett bewegungsunfähig. Doch seine Kumpane denken nicht daran, ihm zu verraten, wie er aus dieser Falle entrinnen kann. Mit einem stummen Blickwechsel verständigen sie sich, dass der Moment für den Mord gekommen ist. Mit einem Militär-Kampfmesser stechen Hans-Joachim N. und Steffen H. auf die Teppichrolle ein. Später werden beinahe zwanzig Stiche gezählt. W.s Leiche verbergen die Täter zunächst im Keller. Nach einigen Tagen bringen sie den Toten zum Steinbruch in N.s alter Heimat. Es ist ein geniales Versteck. In dem vermüllten Wasserloch fällt das große Bündel nicht weiter auf. Der Steinbruch wird Stück um Stück verfüllt. In den wenigen Tagen, die bis zum Leichenfund vergehen, sind schon etliche neue Fuhren Unrats darin versenkt worden. Obwohl N. mit am Wasserloch steht und die Suche dirigiert, braucht man Stunden, bis der Tote in der Decke an Land gezogen ist. Wäre der Mord nicht aufgeflogen, Tino W. wäre, ohne dass es jemand auch nur geahnt hätte, für immer beerdigt worden.

Im November 1993 stehen Hans-Joachim N. und Steffen H. wegen Mordes vor der Schwurkammer des Dresdner Landgerichts. Sie räumen die Tat ein. An der Schuldfähigkeit der Angeklagten zweifelt niemand. Am 19. November erhalten beide lebenslange Haftstrafen. Wegen der heimtückischen Tatausführung stellt der Richter eine besonders schwere Schuld fest. Die Verurteilten dürfen also nicht damit rechnen, nach den üblichen fünfzehn Haftjahren freigelassen zu werden.

Hinter den Knastmauern macht Joachim N. eine bemerkenswerte Wandlung durch. Er bringt sich selbst das Malen bei. Gemalt hat er schon als Schuljunge, sagen die alten Bekannten, meistens „düstere Sachen". Die Lehrer erzählen, Achims Hefte seien mit Totenköpfen und Särgen verziert gewesen. Solange er zeichnete, hatte man wenigstens seine Ruhe. Deshalb ließen sie ihn oft gewähren. Im Gefängnis regen sich N.s künstlerische Ambitionen so stark wie nie. Hier bekommt er Freiräume, sich auszuprobieren, Freiräume, die er paradoxerweise in Freiheit nicht gefunden hat. Die Malerei scheint seine Gegenwehr zu sein. Gegenwehr gegen das bloße Absitzen von Zeit, dessen Zeuge er alltäglich ist. „Ich will mich nicht ganz überlassen, wie eine sehr hohe Anzahl von Gefangenen", schreibt er einmal über die Motive seines Schaffens. „Es ist, trotz aller Schuld, die jeder Gefangene trägt, meine Zeit. Ich habe schon Zeit genug vertan." ◆

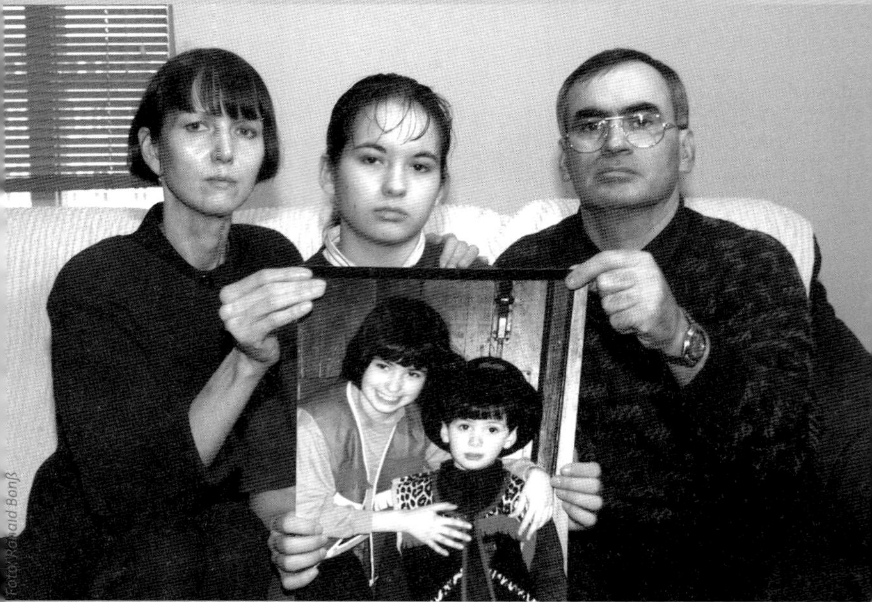

Dieses Bild ging um die Welt: Renate Kantelberg-Abdulla, ihr Mann Saad und Tochter Diana halten ein Foto von Diana und ihrem kleinen Bruder Joseph in die Kamera. Sie sind überzeugt davon, dass Joseph im Sebnitzer Dr.-Petzold-Bad von Neonazis ertränkt wurde und klagen eine ganze Stadt an.

Der „Fall Joseph"

Klatsch! Kriminalhauptkommissar Ralf Hubrich wirft einen Packen zusammengeklammerter Klarsichthüllen auf den Stubentisch in seiner Pirnaer Dachgeschosswohnung. In den Hüllen stecken, säuberlich einsortiert, Zeitungsartikel. Sie haben dicke Schlagzeilen mit viel Rot drum herum, und häufig schaut ein süßes Knabengesicht heraus, mit schwarzen Kulleraugen und Ponyschnitt. In seiner langen Dienstzeit, sagt der Polizist, hat er selten Pressetexte über seine Fälle aufgehoben. Dieser Fall ist eine Ausnahme. Es ist der „Fall Joseph". Hubrich streift die Brille ab und reibt sich mit Daumen und Zeigefinger die Augen, so als täte es ihm weh, das Konvolut anzuschauen. Nach der Sache damals hat er nie wieder mit Reportern reden wollen, sagt er. „Ich war der Presse sehr böse." Als Ralf Hubrich 1997 den „Fall Joseph" auf seinen Schreibtisch bekam, da hatte der Vorgang noch gar keinen Namen. Es war ein Badeunfall. Drei Jahre später sollte es Mord gewesen sein, begangen von einem fünfzig Mann starken Nazi-Mob. Aus dem Fall des Pirnaer Kripo-Manns Hubrich wurde ein Fall für die gesamte Republik, bis hin zum Bundeskanzler. Und es wurde der wohl größte Medienunfall seit den gefälschten Hitlertagebüchern.

Die haarsträubende Geschichte beginnt am 13. Juni 1997, einem Freitag, im Sebnitzer Dr.-Petzold-Bad. Der sechsjährige Joseph, Sohn des örtlichen Apothekerpaars Saad Abdulla und Renate Kantelberg-Abdulla, vergnügt sich mit seiner zwölfjährigen Schwester Diana in der gut besuchten Badeanstalt. Gegen 15 Uhr passiert die Tragödie: Der kleine Joseph wird leblos aus dem Wasser gezogen. Alle Rettungsversuche schlagen fehl. Der Junge stirbt. Wegen des unnatürlichen Todes wird die Kriminalpolizeiinspektion Pirna gerufen. Ralf Hubrich leitet damals das Dezernat I, das Straftaten gegen das Leben untersucht. Die Ermittlungen seiner Kollegen im Bad bezeichnet er als kompliziert. Zum fraglichen Zeitpunkt waren viele Leute da. In dem Trubel hatte keiner gesehen, wie der Junge unterging. Das ist typisch für Badeunfälle. Als Ermittler befragt man das Personal und die Helfer – viel mehr ist meist nicht zu machen, sagt Hubrich. „Drum herum stehen zwar fünfzig oder hundert Mann. Aber die heben alle die Hände." Die Ermittler hoffen, dass Josephs große Schwester ihnen erzählt, was genau passiert ist. Als Hubrichs Kollegin, Hauptkommissarin Birgit Walther, einige Tage nach dem Unglück zu den Kantelberg-Abdullas fährt, um das Mädchen zu vernehmen, wird sie enttäuscht. Die Eltern sind gegen eine Befragung der Minderjährigen. Die Hauptkommissarin kriegt das Kind nicht einmal zu Gesicht. Alles, was Diana wisse, könne die Polizistin auch von ihnen erfahren, sagen sie. Schon bei diesem Gespräch hört Birgit Walther, dass Rechtsradikale den kleinen Joseph ertränkt haben sollen. Doch finden sich bei den weiteren Untersuchungen keinerlei Anhaltspunkte dafür. Alles deutet darauf hin, dass der kleine Joseph ertrunken ist, ohne dass jemand anderes Schuld daran trägt. Es gibt viele Möglichkeiten, im Wasser umzukommen, sagt Ralf Hubrich. Das kann lautlos und sehr schnell gehen. Die Staatsanwaltschaft veranlasst eine Obduktion. Verletzungen werden an Josephs Körper nicht festgestellt. „Es war das tragische Ertrinken eines Kindes und nichts anderes", sagt Hubrich.

Die Familie Kantelberg-Abdulla glaubt das aber nicht. Sie zeigt ein Tötungsdelikt an. Die Apothekerkonkurrenz in Sebnitz – es gibt noch zwei weitere Geschäfte – soll ein Mordkomplott gegen Joseph geschmiedet haben, das von einer Neonazi-Horde ausgeführt wurde. Saad Abdulla will von Abrechnungsbetrügereien seiner Zunftkollegen erfahren haben, weshalb diese ihn und seine Familie aus der Stadt treiben wollten. Die Ermittlungen jedoch verlaufen im Sande und werden im Mai 1998 eingestellt.

Für Ralf Hubrich ist die Sache erledigt. Dass sie es für Josephs Eltern nicht ist, ahnt er zwar, ahnt aber nicht das Ausmaß ihrer Privatermittlungen. Sie lassen ihren Sohn 1999 exhumieren und erneut untersuchen, treiben zahlreiche Zeugen auf, die den Mord an Joseph im Sebnitzer Bad gesehen haben wollen, und übergeben ihre Recherchen im Mai 2000 der „Bild"-Zeitung. Die Sache gelangt ins sächsische Innenministerium und von da zum Justizministerium mit der dringenden Anregung, das Verfahren im „Fall Joseph" wieder aufzurollen. Man beginnt, die neu aufgetauchten Zeugen zu vernehmen. Doch die sind wenig kooperativ, erscheinen wiederholt nicht zum Termin. Inzwischen drängt „Bild" auf Veröffentlichung. Offenbar recherchieren auch schon andere Verlage in Sachen Joseph. Am 21. November 2000 schließlich gelingt die Vernehmung von zwei Hauptbelastungszeugen. Sie machen einen glaubwürdigen Eindruck,

Foto: Steffen Unger

Das Dr.-Petzold-Bad in Sebnitz. Hier starb am 13. Juni 1997 der kleine Joseph, offiziell an Herzversagen. Seine Eltern sprechen von Mord.

bestätigen die Aussagen, die sie zuvor in eidesstattlichen Erklärungen gegenüber Josephs Eltern gemacht haben. Die Staatsanwaltschaft geht nun von Mord aus. Schon am Abend wird der erste Tatverdächtigte, Maik H., in Sebnitz festgenommen. Am 22. November, dem Buß- und Bettag, folgt die Verhaftung von Uta S. aus Sebnitz und Sandro R., der ebenfalls aus der Gegend stammt. Die drei jungen Leute sollen Joseph misshandelt und unter dem Beifall der Umstehenden ins tiefe Wasser geworfen haben. Am folgenden Donnerstagmorgen, dem 23. November, begrüßt „Bild" die Nation mit der Schlagzeile: „Neonazis ertränken Kind". Untertitel: „Keiner half. Und eine ganze Stadt hat es totgeschwiegen."

Als Ralf Hubrich an diesem Morgen zum Dienst erscheint, liegt die Zeitung schon auf seinem Schreibtisch. Er ist perplex. Sein Chef ruft an: „Hubrich, was ist da dran?" „Nichts", sagt Hubrich. Und wieso wurden dann Leute eingesperrt? Allerdings, das wundert ihn. Oft genug hat der Hauptkommissar erlebt, wie zurückhaltend Sachsens Richter beim Verhaften sind. Dass man

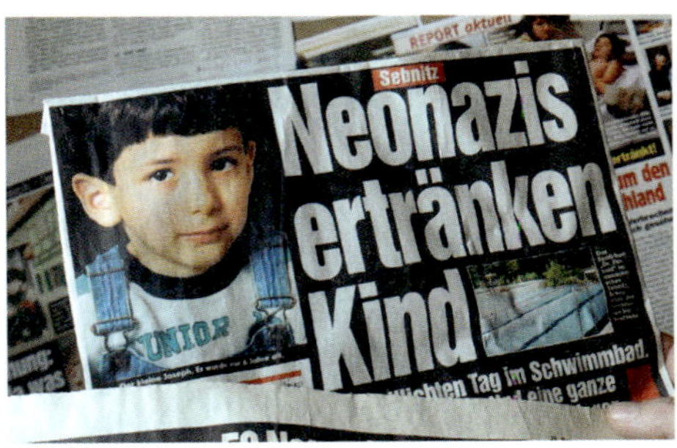

Foto: Steffen Unger

Mit diesem Aufmacher tritt „Bild" am 23. November 2000 eine Lawine los.

nun so schnell reagiert, kommt ihm äußerst seltsam vor. Noch Jahre später will ihm das nicht in den Kopf. Das hätte er in einer Bananenrepublik erwartet, sagt er. Aber nicht in Deutschland. So laut die Schlagzeile auch vom Titelblatt brüllte: Hubrich war sich sicher, dass „Bild" eine Ente gedruckt hatte. Warum? Er spricht von seiner Menschenkenntnis, von seiner Erfahrung. Wäre die Geschichte wahr gewesen, er hätte sich einen Job als Hausmeister gesucht, sagt er. Fünfzig Nazis sollten den kleinen Joseph ertränkt haben, unter den Augen von ganz normalen Badegästen, von Muttis und Vatis und Omas und Opas? Spätestens am nächsten Tag, da ist Hubrich sicher, wäre jemand bei der Polizei aufgekreuzt und hätte das erzählt. Wenn ein Kind stirbt, lässt das niemanden kalt. Das wäre herumgegangen wie ein Lauffeuer. Aber es gab keinen Hinweis. Nicht einmal ein Gerücht.

Zunächst aber glaubt man „Bild" und den Zeugen. Vor allem den auswärtigen Medien passt die Story vom Nazi-Mob wohl zu gut in den Kram. Denn Sebnitz und die Sächsische Schweiz haben zu dieser Zeit tatsächlich ein rechtes Problem. Zuletzt hatte es mehrere Prügeleien mit Skinhead-Beteiligung in Sebnitz und Pirna gegeben. Die rechtsextreme NPD sitzt seit Kurzem im Sebnitzer Stadtrat. Und eben erst ist die neonazistische Kameradschaft „Skinheads Sächsische Schweiz" aufgeflogen. Muss eine deutsch-irakische Familie, Zuzügler aus dem Westen obendrein, in diesem Milieu nicht zwangsläufig zum Opfer werden?

Gemeinsam mit den Sebnitzer Bürgern stehen Hubrichs Kriminalisten pauschal am Pranger. „Uns wurde vorgeworfen, geschlampt zu haben, vielleicht sogar bewusst. Weil die Polizei ja auf dem rechten Auge blind ist", sagt

Foto: dpa

Gereizte Stimmung: Bereitschaftspolizei schützt die Apotheke der Kantelberg-Abdullas vor eventuellen Racheakten.

Hubrich mit ironischem Unterton im Brumbass. „Das war ganz schlimm für uns alle." Etwas dagegen unternehmen können die Pirnaer Polizisten nicht. Bei den fieberhaften Ermittlungen, die nun anlaufen, bleiben sie außen vor. Das Dresdner Polizeipräsidium stellt eilig eine Sonderkommission „Schwimmbad" zusammen. Sie soll alle möglichen Zeugen ausfindig machen und rekonstruieren, was am 13. Juni 1997 im Sebnitzer Dr.-Petzold-Bad wirklich los war.

Foto: SZ/Marion Groening

Aktionismus nach der Schlagzeile: Sachsens Ministerpräsident Kurt Biedenkopf (r.) besucht Saad Abdulla in dessen Apotheke in Sebnitz. Dahinter der Sebnitzer Oberbürgermeister Mike Ruckh.

In Sebnitz herrscht nach der „Bild"-Schlagzeile vom Kindsmord der Ausnahmezustand. Aus allen Himmelsrichtungen fallen Journalisten in die kleine Stadt ein, um über die vermeintliche Schandtat und das braune Nest namens Sebnitz zu berichten. „Das Böse hat eine Adresse in Ostdeutschland", schreibt eine dänische Zeitung. Im Internet-Gästebuch von Sebnitz bekriegen sich Rechte und Linke hemmungslos mit Hassparolen. Bald schon geht es nicht mehr nur um die Gesinnung. Es geht um Ossis und Wessis und um die Frage, ob die Mauer nicht besser wieder aufgebaut werden sollte. Der „Fall Joseph" droht die Nation zu spalten. Draußen, in der Stadt, ist die Stimmung aufgeheizt. Vor dem Haus der Kantelberg-Abdullas wird gegrölt. Es gibt Bombendrohungen gegen das Rathaus und das Polizeirevier. Scharen von Polizisten marschieren in Sebnitz ein, um Ordnung und Sicherheit zu garantieren. Vor den Toren der Stadt gibt es Fahrzeugkontrollen, die den befürchteten Ansturm von Extremisten verhindern sollen. Die Bürgerschaft plant Kundgebungen gegen Rechts. Ein Gottesdienst findet statt. Sachsens Ministerpräsident Kurt Biedenkopf fliegt ein und erklärt den toten Jungen aus dem Bad zur Chefsache. Schließlich empfängt sogar Bundeskanzler Gerhard Schröder Renate Kantelberg-Abdulla in Berlin. Er bietet ihr seine Unterstützung gegen rechtsradikale Drohungen an.

Die Soko „Schwimmbad" ermittelt fünf Tage. Danach ist von den schlimmen Beschuldigungen des Apothekerpaares nichts mehr zu halten. Die Inhaftierten haben stichhaltige Alibis, die Belastungszeugen widerrufen unter dem Druck der Ungereimtheiten ihre Aussagen. Manche gestehen, gelogen zu haben. Schon am 26. November sind alle Verhafteten wieder frei. Die weiteren Untersuchungen ergeben, dass der kleine Joseph an Herzversagen starb, begünstigt durch eine Erkrankung. Im Juli 2001, nach Vernehmung von etwa 250 Zeugen, legt die Staatsanwaltschaft den Fall zu den Akten. Das Ergebnis ist praktisch dasselbe, wie schon vor vier Jahren. Im Sebnitzer Dr.-Petzold-Bad hat am 13. Juni 1997 eine Tragödie stattgefunden, aber keine Straftat.

Die Kantelberg-Abdullas geraten nun selbst in das Fadenkreuz der Ermittler, wegen Anstiftung zur Falschaussage. Sie sollen die Zeugen manipuliert und sie für ihre Aussagen sogar bezahlt haben. Die Familie weist das strikt von sich, sieht sich einer Hetzkampagne ausgesetzt. Obwohl die Staatsanwaltschaft den Tatbestand als erfüllt betrachtet, verzichtet sie auf eine Anklage. Zur Begründung heißt es, die Familie sei nach dem Tod des Sohnes traumatisiert gewesen und habe ihre wirtschaftliche und soziale Existenz in Sebnitz eingebüßt. Eine Strafe erscheine angesichts dieses Leides sinnlos. Auch der Polizist Ralf Hubrich verurteilt die Eltern nicht. Die Trauer um ihr Kind hat sie wohl zu einem aussichtslosen Kampf gegen den Rest der Welt getrieben, meint er. Hubrich kennt das von anderen Fällen, bei denen es um tote Kinder ging. Die Schuld für das Unglück nicht bei sich selbst suchen zu müssen, mache es Eltern leichter, mit dem furchtbaren Verlust umzugehen. Mordtheorien seien da nicht so ungewöhnlich.

Im Jahr 2001 verlässt die Familie Kantelberg-Abdulla Sebnitz. Das Paar übernimmt eine Apotheke im Sauerland, muss das Geschäft aber 2012 aus wirtschaftlichen Gründen aufgeben. Am Glauben, dass ihr Joseph umgebracht wurde, halten die Eltern fest. „Der Tod unseres Sohnes war und bleibt Mord", sagt Saad Abdulla 2008 gegenüber der Sächsischen Zeitung. Die „Bild"-

Zeitung, deren Aufmacher den Medien-Gau im „Fall Joseph" einleitete, entschuldigt sich auf Seite 1 bei den Sebnitzern für die falsche Berichterstattung und stellt der Stadt gut 12 000 Euro zur Verfügung. Mit dem Geld wird ein Kinderspielplatz gebaut. Die Dresdner Staatsanwaltschaft muss Vorwürfe abwehren, sie habe sich durch die anstehende Berichterstattung in „Bild" zur voreiligen Verhaftung der angeblichen Kindsmörder treiben lassen. Den Haftbefehlen sei eine ausführliche richterliche Vernehmung der wichtigsten Belastungszeugen vorausgegangen, erklärt ein Sprecher der Anklagebehörde. Die Zeugen hätten bei dieser ersten Vernehmung schlüssige Angaben gemacht. Es sei nicht erkennbar gewesen, dass sie gelogen hätten.

In Sebnitz ist man offiziell längst zurück in der Normalität. Der „Fall Joseph" beeinflusst das Leben in der Stadt nicht mehr, sagt Oberbürgermeister Mike Ruckh. Hauptkommissar Hubrich indes glaubt, dass die dicken Schlagzeilen von damals noch immer tief drin stecken in so manchem Kopf. Bis heute trifft er Leute, die ihm sagen: Irgendwas wird da schon dran gewesen sein. ◆

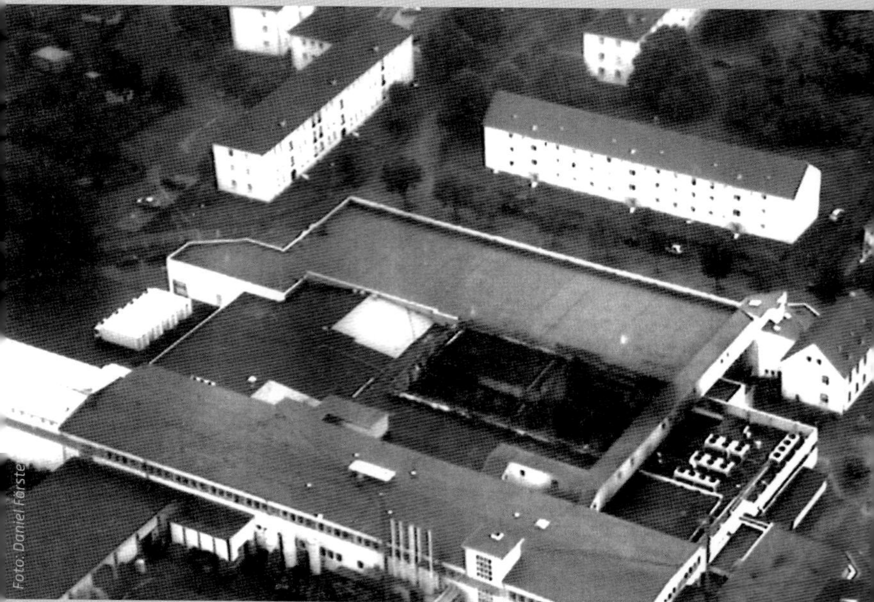

Grausiges Ende eines Vorzeigebetriebs: Dieses Luftbild vom 10. Juli 2000 zeigt die klaffende Brandwunde im Herzen der Sächsische Schweiz Fleisch GmbH Pirna. Bei dem Feuer erstickten drei Angestellte. Ein kleiner Betriebshandwerker kam vor den Richter, ein großer Chef kam davon.

Inferno in der Fleischfabrik

Es ist ein warmer Sommermorgen, der Pirnas inoffiziellen Stadtteil Piependorf umschmeichelt, die alte Glasarbeitersiedlung am Stadtsaum Richtung Heidenau. Mehrere Tage schon ist es heiß gewesen. Heute wird es nicht anders sein. Peter Winkler steigt auf sein Fahrrad und schlägt den Weg zur Arbeit ein. Er verkauft Heimelektronik in einem Laden an der Heidenauer Bahnhofstraße. Seine Frau Renate ist schon weg. Seit einem Monat hat sie Arbeit in der Sächsische Schweiz Fleisch GmbH in Pirna. Früher war sie in der Kunstseide gewesen, als Spulerin, dann in einer Auffanggesellschaft, dann ein Jahr arbeitslos. Sie ist froh, dass die Zeit des Nichtstuns vorbei ist, dass ihr die Decke nicht mehr auf den Kopf fällt. Peter Winkler radelt, da sieht er eine seltsam schwarze Rauchsäule über der Stadt stehen. Auf Arbeit sagt ihm ein Kollege: Es brennt in der Fleischfabrik! Peter Winklers Herz fängt an zu klopfen. Er schaltet das Radio ein. Es meldet drei Todesopfer. Er telefoniert mit den Schwiegereltern, die nahe bei der Fabrik wohnen. Renate hat sich nicht gemeldet. Na ja, denkt er bang. Sie könnte auch verletzt sein. Und dann fährt er hin.

Dieser 21. Juni 2000 ist ein rabenschwarzer Tag für Pirna. Das Feuer in dem Fleischverarbeitungskomplex an der Max-Schwarze-Straße wird den größten Arbeitgeber der Stadt zerstören, wird rund 350 Beschäftigte den Arbeitsplatz kosten und drei Familien in tiefe Trauer stürzen. Um 8.22 Uhr wird der Alarm ausgelöst. Das Getöse der Martinshörner lockt die Kriminalpolizisten an die Fenster ihres Dienstsitzes an der Königsteiner Straße. Die Rauchsäule ist ganz nahe. Als klar wird, was da brennt, und dass es Tote gibt, schickt Hauptkommissar Ralf Hubrich seine Kriminaltechniker los und läuft dann selbst die wenigen Schritte hinüber zum Ort des grausigen Geschehens.

Die Sächsische Schweiz Fleisch GmbH ist in der Branche eine große Nummer. Täglich werden hier an die hundert Tonnen Fleisch- und Wurstwaren hergestellt. Die Produkte, mehrfach preisgekrönt, liegen deutschlandweit in den Kühltheken. Begonnen hatte die Firmengeschichte an dieser Stelle 1938 mit dem Bau des städtischen Schlachthofs. Nach dem Krieg wurden die Anlagen weiter ausgebaut und täglich zwischen 150 und 300 Schweine geschlachtet. Zu Beginn der 1970er-Jahre verlegte sich der volkseigene Betrieb vom Schlachten ganz aufs Zerlegen und Verarbeiten. Er überstand die Wende, wurde vom Fleischwarenhersteller Disselhoff gekauft und einmal mehr erweitert, unter anderem um ein neues Gefrierhaus und eine Verpackungsanlage. Die Firma rechnet sich zu den modernsten Produktions- und Zerlegebetrieben Deutschlands.

Als Ralf Hubrich die Fleischfabrik erreicht, ist dort nichts mehr übrig vom Stolz der Firma. Alles starrt wie gebannt auf den Qualm, der fett und drohend aus dem Dach quillt. Es stinkt giftig. Überall stehen die weiß uniformierten Fleischwerker herum, die von ihren Arbeitsplätzen geflohen sind. Der Kriminalpolizist spürt sofort die gereizte Stimmung. Die Arbeiter sprechen ihn gleich an, machen ihrer Wut Luft. Einige ahnen wohl, dass sie hier nie wieder arbeiten werden. Und alle wissen, dass drei Kollegen gestorben sind. Eine Mausefalle sei die Fabrik gewesen, hört Hubrich die Arbeiter reden. Kein Wunder, dass die da nicht rausgekommen sind, sagen sie. Die Feuerwehr bietet mehr als hundertvierzig Mann und fast vierzig Fahrzeuge auf. Sie hatte zuerst in die Fabrik vordringen wollen. Doch gerade als ein Trupp mit Atemschutzgeräten in den Betrieb marschierte, gab es drinnen eine Explosion. Der Innenangriff wurde abgebrochen. Kurz nach neun Uhr entdeckten die Feuerwehrleute schließlich die drei Vermissten in der nachtschwarz verqualmten Fabrik. Es handelt sich um Renate Winkler, 44, eine weitere Arbeiterin sowie um den 33-jährigen Schichtleiter, der, schon

Foto: Daniel Förster

Eine fette Qualmsäule kündet am Vormittag des 21. Juni 2000 vom Inferno in der Pirnaer Fleischfabrik. Die Feuerwehr bietet mehr als 140 Mann zum Löschen auf.

Feuerwehrleute mit Atemschutzgeräten warten auf ihren Einsatz in den verrußten Eingeweiden des Fleischwerks. Rechts, hinter dem Kistenstapel, liegt einer der tot geborgenen Angestellten.

draußen angelangt, noch einmal zurückgerannt war, um die beiden Frauen zu retten. Die Körper sind nicht verbrannt, aber stark verrußt. Alle drei erstickten im hochgiftigen Rauchgas.

Als Peter Winkler eintrifft und erfährt, dass seine Frau Renate tot ist, da will er nur noch weg. Er geht nicht zu den Seelsorgern, sondern zu den Schwiegereltern. Man versucht, sich gegenseitig irgendwie aufzubauen. Ralf Hubrich und seine Leute suchen indes in dem Menschengewirr nach Informanten. Bald heißt es, an diesem Morgen hätten Dacharbeiten stattgefunden. Ein Betriebshandwerker sollte mit einem Trennschleifer überstehende Eisenprofile abtrennen. Der Mann ist bald gefunden und wird ins Kripo-Quartier zur Befragung gebeten. Der 54-jährige, wir nennen ihn Dieter D., bestätigt den Sachverhalt. Dachdecker hatten damit begonnen, neue Schweißbahnen auf das Dach der Fabrik zu kleben. Dabei störten wohl die Vierkant-Eisen. Betriebshandwerker D. sollte die Eisenstrünke mit einem Trennschleifer kappen, was er auch tat. Zwei Eisenteile hatte er bereits entfernt. Bei der Arbeit am dritten qualmte es irgendwann, dann gab es Alarm. Alles sei ganz schnell gegangen. Die Ermittler nehmen das zur Kenntnis. Herr D. kann einen ordentlichen Auftragsschein vorweisen. Es gibt keinen Grund, den Handwerker festzuhalten. So darf er wieder gehen.

In den frühen Nachmittagsstunden lässt der furchtbare Qualm an der Fleischfabrik nach. Die Feuerwehr hat den Brand unter Kontrolle. Die Giebelseite des Produktionsgebäudes wird gesprengt, um Glutnester ausfindig zu machen. Die Polizei beziffert den Schaden vorläufig auf über 50 Millionen D-Mark. Die Kripo steigt zum Dach hinauf, um den Ort der Schneidarbeiten zu besichtigen, die den Brand verursacht haben sollen. Dabei erlebt Ralf Hubrich eine Überraschung. Nicht nur ein Trennschleifer liegt dort neben dem Eisenstück, das Betriebshandwerker D. zuletzt bearbeitet hatte. Da steht auch ein Elektroschweißgerät. Mit diesem Apparat kann man wohl eher ein Feuer entfachen, als mit einer Schleifmaschine, denkt Hubrich. Der Brand war in der

Foto: Daniel Förster

Gewichtiges Beweisstück: Als ein Handwerker diesen hohlen Eisenvierkant auf dem Werksdach durchtrennte, setzte er, ohne es zu ahnen, die Zwischendecke in Brand.

Zwischendecke ausgebrochen. Glühende Schweißperlen könnten durch den hohlen Eisenvierkant gefallen sein und das Dämmmaterial darunter entzündet haben. Ralf Hubrich meint, tatsächlich Schweißperlen auf der Dachhaut liegen zu sehen. Auch der Eisenträger zeigt für seine Begriffe deutliche Schweißspuren. Während ein Stück des Schnitts wie mit dem Lineal gezogen scheint, ist der Rest wellig, der Spalt größer, die Ränder sind rund, wie geschmolzen. Hubrichs Theorie ist, dass der Handwerker mit seinem Schleifgerät nicht schnell genug voran kam und deshalb das Werkzeug wechselte, obwohl er dazu keine Erlaubnis hatte. Der Metallstumpf wird ausgebaut und als Beweisstück gesichert. Die Kriminalisten konfrontieren Dieter D. mit ihrer Entdeckung auf dem Fleischwerksdach. Doch D. will nun nicht mehr mit den Polizisten reden. Das muss er auch nicht. Die Kripo informiert den Staatsanwalt darüber, dass die Sache nun doch etwas anders liegt, als gedacht. Aber die Staatsanwaltschaft verzichtet auf einen Haftantrag für D. Später räumt Dieter D. ein, sich das Schweißgerät eigenmächtig geholt zu haben. Dass er es auch benutzt hat, bestreitet er. Beim Anschließen sei sofort die Sicherung herausgesprungen. Als er habe nachsehen wollen, was los sei, habe es schon geraucht. Brandexperten stellen jedoch fest, dass der Bereich unter dem Dach durch Funken eines Trennschleifers gar nicht hätte entflammt werden können. Das hatten entsprechende Versuche ergeben. Das Feuer sei „mit an Sicherheit grenzender Wahrscheinlichkeit" durch das Abschmelzen von Metall entstanden.

Am 7. August 2000 steht Dieter D. wegen fahrlässiger Tötung und fahrlässiger Brandstiftung vor dem Pirnaer Amtsgericht. Zu diesem Anlass wird auch der verhängnisvolle Eisenträger mit den Schnittspuren herbeigeschleppt. D. bedauert die Folgen seines Tuns aufrichtig, bleibt aber dabei, nur das getan zu haben, was man ihm aufgetragen hatte. Das Gericht spricht ihn frei. Es sei nicht hinreichend erwiesen, dass D. wirklich geschweißt habe, erklärt der vorsitzende Richter. Auch habe er nicht wissen können, dass der hohle Metallvierkant, anders als sonst üblich, durch die Betondecke hindurch und direkt in eine brennbare Zwischendecke führte. Die Staatsanwaltschaft legt Berufung ein. Sie hält ihre Beweismittel, insbesondere die Gutachten der Sachverständigen, für nicht ausreichend gewürdigt. So, wie Dieter D. die Sache geschildert habe, könne das Feuer nicht entstanden sein. Als Brandursache kämen ausschließlich Schweißarbeiten in Betracht. Außerdem sei D. angehalten gewesen, die Öffnungen in den Metallprofilen vor Arbeitsbeginn mit feuerfestem Material zu verstopfen. Das habe er wohl nicht getan. Es dauert bis zum 28. Januar 2005, dann tritt Dieter D. vor das Landgericht in Dresden. Die ganze Sache wird noch einmal verhandelt. Zu einem Urteil kommt es aber nicht. Man verabredet, dass Dieter D. 2 000 Euro Geldbuße zahlt. Daraufhin wird das Verfahren gegen ihn wegen geringer Schuld eingestellt.

Die Staatsanwaltschaft hat unterdessen einen weiteren Verantwortlichen für das Inferno in der Fleischfabrik ausgemacht: Norbert O., den Geschäftsführer der Sächsische Schweiz Fleisch GmbH. Anfang 2003 hat die Behörde Anklage gegen den 48-jährigen Werkschef erhoben. Sie wirft ihm die fahrlässige Tötung dreier seiner Angestellten vor. Laut Oberstaatsanwalt hatten Gutachten grobe Sicherheitsmängel in der Fabrik aufgedeckt. Unter anderem seien Fluchtwege blockiert gewesen. Dass der Brandschutz in der Fleischfabrik im Argen lag, erkannte die Feuerwehr schon während der Löscharbeiten. Pirnas Feuerwehrchef Peter Kammel erinnert sich, dass es keine Brandschutztüren gab, die Feuer und Qualm hätten aufhalten können. Auch fehlte eine

Entrauchungsanlage zur automatischen Ableitung der Brandgase. Pläne vom Gebäudeinneren hatte die Feuerwehr auch nicht. Bei den baulichen Veränderungen am Werk sei man zu keiner Zeit beteiligt worden, sagt Kammel. Besonders tragisch: Die Feuerwehr hatte schließlich einen Termin mit den Fleischwerkern ausgehandelt. In Kürze sollten die Anlagen besichtigt und Pläne für den Brandfall besprochen werden. Dabei wären die Sicherheitsmängel ganz bestimmt aufgefallen. Mit grausamer Härte jedoch durchkreuzte das Schicksal dieses Vorhaben.

Das Verfahren gegen Norbert O. pausiert, solange der Berufungsprozess gegen Dieter D. andauert. Als in Sachen O. verhandelt werden soll, zeigt sich das Gericht unzufrieden mit der Anklageschrift. Aus seiner Sicht kommen neben Norbert O. noch weitere Führungskräfte der Firma als Schuldige in Betracht. Nachermittlungen werden gefordert. Die Akten gehen zwischen Gericht und Staatsanwaltschaft hin und her. Als der Prozess im Februar 2006 endlich beginnen soll, wird kurzfristig die Vernehmung eines weiteren Zeugen beantragt. Der wohnt jedoch weit weg und schafft den anberaumten Termin nicht. Der Prozess muss erneut vertagt werden. Im März 2006 teilt das Amtsgericht Pirna mit: Das Strafverfahren gegen Norbert O. wird eingestellt. Die Tat, die man ihm vorwirft, ist verjährt. Den Schwarzen Peter kriegt die Anklagebehörde zugeschoben. Die Staatsanwaltschaft räumt ein, sämtliche Verfahrensschritte seien zu langsam getan worden. Die Ermittlungen, so sagt der damalige Behördensprecher zur Sächsischen Zeitung, hätten sich sehr in die Länge gezogen. „Dadurch sind die Zeugenaussagen nicht besser geworden." Den Schwarzen Peter geben die Ankläger jedoch ans Gericht zurück. Auch dort hätten Entscheidungen ungemein viel Zeit in Anspruch genommen, erklärt der Presse-Staatsanwalt. Die Richter hätten viel früher auf die Nachermittlungen drängen müssen.

Die Familien der Toten trifft es hart, als der Prozess gegen Norbert O. platzt. Peter Winkler denkt, dass seine Frau Renate noch leben könnte, hätte die Evakuierung damals nur besser funktioniert. Er weiß, dass sie Angst vor einem Feuer in der Fabrik hatte, gerade an der Bratenstrecke, wo sie an diesem Morgen eingesetzt war. In diesem Bereich hatte es 1998 schon einmal gebrannt. Hätte jemand nur „Feuer!" gerufen, sie hätte die Beine in die Hand genommen, sagt er. „Ich vermute, sie ist einfach vergessen worden." Nach dem Schicksalsschlag hat Peter Winkler viel Halt bei seiner Familie gefunden und bei seinen Freunden vom Fußball. Inzwischen lebt er wieder mit einer Frau zusammen. Seine Renate behält er bei sich, auf dem Hochzeitsfoto und auf den anderen Bildern, die noch immer in seiner Wohnung in Piependorf stehen. Hat er die Katastrophe bewältigt? Man verarbeitet das, irgendwie, sagt er. „Aber man vergisst es nicht."

Die Fleischfabrik an der Max-Schwarze-Straße wurde nie wieder aufgebaut. Ihre Ruinen standen noch bis Herbst 2004 in der Landschaft, als Mahnmal für die schlimmste Brandkatastrophe in Pirnas jüngerer Geschichte und für eine bummelnde Justiz. Dann kamen die Abrissbagger und erzeugten eine große Leere. Die ist bis heute da. Ein trauriger Treppenwitz zum Schluss: Im Oktober 2001, mehr als ein Jahr nach dem schrecklichen Feuer, verlieh die Deutsche Landwirtschafts-Gesellschaft der Sächsische Schweiz Fleisch GmbH Pirna, quasi posthum, den „Preis der Besten" in Silber für ihre Brüh- und Kochwurst. ◆

Foto: Marko Förster

In diesem Haus am Oberen Platz von Pirna-Copitz wurde im Sommer 1994 die Rentnerin Lilli T. erwürgt. Die alte Dame, die hier aus dem Fenster schaut, ist Frau S., die Cousine des Opfers. Zusammen mit einer Nachbarin vereitelte sie damals die Flucht des Raubmörders.

Der Tod der Lilli T.

Frau S. sitzt am Tisch, die goldgeränderte Brille auf der Nase, und blättert in einem abgegriffenen Fotoalbum. Die milchigen Blättchen, die zwischen den Seiten liegen, knistern hell. „Hier", sagt sie endlich, und tippt auf eine vergilbte Fotografie. „Das ist die Lilli." Man sieht ein großes Mädchen mit dunklen Zöpfen, das an einem altertümlichen Kinderwagen steht. Das kleine Mädchen daneben, das ist Frau S. Die Klinkerwand am Bildrand gehört zu dem Haus, in dem wir gerade sitzen. Frau S. wohnt hier seit 86 Jahren. Es ist das Haus, in dem ihre Cousine Lilli sterben musste, durch die Hand eines Raubmörders.

Sommer 1994. Ein heißer Sommer. Und auch dieser Montag, der 27. Juni, scheint wieder heiß zu werden. Es ist gegen 8 Uhr, als Frau S. seltsamen Krawall im Haus hört. Sie denkt zunächst an Kinderlärm. Aber da schrillt es an ihrer Wohnungstür. Es ist die junge Frau von obendrüber. Bei Frau T. ist was nicht in Ordnung, sagt sie. Der Aufruhr dringt aus der Wohnung der 75-jährigen Rentnerin. Die Frauen eilen in den ersten Stock hinunter, klingeln an Lilli T.s Tür, klopfen, rufen. Doch keiner macht auf. Und dann wird es still, und nichts regt sich mehr, trotz allen Klopfens und aller Klingelei. Während die junge Frau zurück in ihre Wohnung und ans Telefon rennt, bleibt Frau S. an der Tür ihrer Cousine stehen. Sie ruft hinein, dass gleich Hilfe kommt. Dabei stellt sie sich vorsorglich ein wenig seitlich, auf die erste Treppenstufe. Denn schon hat sie den Verdacht, ein Einbrecher könnte in der Wohnung sein und jeden Augenblick herausstürmen. Frau S. will nicht umgerannt werden. Endlich ist die Polizei da. Sie schickt die beiden Frauen sicherheitshalber in ihre Wohnungen.

Der Tumult hinter Lilli T.s Wohnungstür ist höchst ungewöhnlich. Frau T. ist eine ganz normale, alte Dame, ruhig und unauffällig. Schon zu DDR-Zeiten zog sie hier ein. Ihr Leben hat sie meist allein gelebt. Verheiratet war sie nie. Sie ist Fotolaborantin gewesen und ging arbeiten, bis sie siebzig war. Noch immer ist sie fit und verreist gern.

Weil aus Frau T.s Wohnung nun nichts Verdächtiges mehr zu hören ist, sieht die Polizei keinen Anlass, rabiat einzudringen, und nimmt sich die Zeit, einen Schlüsseldienst zu rufen. Was die Beamten hinter der geöffneten Tür finden, ist grausig und rätselhaft: Im Schlafzimmer, auf dem Ehebett, liegt Lilli T., tot. Und neben ihr liegt ein unbekannter junger Mann, blutüberströmt. Das ganze Zimmer ist mit Blut bespritzt. Was ist hier geschehen? Die Kripo muss her.

„Es hieß, in der Wohnung liegen zwei Leichen", so erinnert sich Kriminalhauptkommissar Ralf Hubrich an die erste Meldung. Er und seine Leute eilen sofort zu dem wuchtigen, gelben Backsteinhaus am Oberen Platz in Pirna-Copitz. Inzwischen hat sich herausgestellt, dass der junge Mann neben Lilli T. gar nicht tot ist, sondern nur apathisch. Er hat viel Blut verloren, hat tiefe Schnittwunden an beiden Handgelenken. Die Schnitte sind so tief, dass sogar Sehnen durchtrennt sind. Offenbar wollte er sich umbringen. Der Verdacht liegt nahe, dass er etwas mit dem Tod der Rentnerin zu tun hat. Ein anderer, der womöglich geflüchtet ist, kommt nicht infrage, denn die Tür war ja bewacht worden. Die Sanitäter bringen den Mann ins Pirnaer Kreiskrankenhaus, wo er unter Aufsicht von Polizisten operiert wird. Kurz danach verlegt man ihn ins Haftkrankenhaus nach Leipzig-Meusdorf.

In Leipzig trifft Kriminalhauptkommissarin Birgit Walther auf den mutmaßlichen Mörder. Sie ist mit dem Staatsanwalt zur Vernehmung angereist. Der Verdächtige heißt Ulrich M., ist 28 Jahre alt und wohnt in Pirna-Copitz. Die Polizistin erlebt M. als einen stillen, verschlossenen Menschen, der kaum soziale Kontakte hat, keine Freunde, der ganz auf sich selbst fixiert ist. M. stammt aus einem katholischen Elternhaus. Er wuchs wohl gut behütet auf, wurde aber recht streng erzogen. Seine kleine Copitzer Wohnung, die man nach der Tat durchsucht, finden die Ermittler sauber und ordentlich vor. Zeitschriften fallen ihnen in die Hände. Sie bezeugen, dass Ulrich M. Science-Fiction liebt, die Abenteuergeschichten aus ferner Zukunft. Allerdings gibt es auch zahlreiche Sex-Blättchen und Erotik-Videos, Hinweise auf unerfüllte Fantasien des Einzelgängers.

Ulrich M. ist geständig. Er gibt an, Monate zuvor als Hausmeister in Lilli T.s Wohnung gewesen zu sein. Dabei hatte er gesehen, dass die Rentnerin einiges Bargeld in ihrem Sparbuch aufbewahrt. Am 27. Juni nun – M. ist inzwischen kein Hausmeister mehr, sondern arbeitslos – zieht er sich die Handwerkersachen noch einmal an und klingelt morgens bei Lilli T. Weil die alte Frau Herrn M. in dieser Rolle kennt, lässt sie ihn ohne

Misstrauen ein. M.s Plan ist wohl, die alte Dame mit einem Elektroschocker außer Gefecht zu setzen, die Bewusstlose zu fesseln und sich dann in Ruhe an ihrem Ersparten zu bedienen. Doch das geht schief. Lilli T. fällt nicht wie erwartet in Ohnmacht, sondern wehrt sich heftig gegen den Angreifer und schreit um Hilfe. Im Handgemenge greift sich M. ein Tuch und würgt die Rentnerin damit so lange, bis sie endlich still ist. Doch nun stehen die Hausbewohner draußen auf der Matte. Der Fluchtweg ist versperrt. Durchs Fenster auf die Straße? Zu hoch. Und hinten hinaus? Unter diesem Fenster befindet sich ausgerechnet der Schacht einer Kellertreppe. Den Sprung hätte M. wohl nicht schadlos überstanden. So sieht er nur noch einen Ausweg: Selbstmord. Er schlitzt sich die Pulsadern auf und tobt im Zimmer herum, damit das Blut schneller herausfließt. Deshalb findet man später überall im Raum Blutspuren. Doch M. stirbt nicht. Die Öffnungen in seiner Blutbahn sind nicht groß genug. Ermattet sinkt er schließlich neben Lilli T.s Leichnam aufs Bett, wo er kurz darauf gefunden wird.

Weil Ulrich M. redet und alle Spuren am Tatort seine Geschichte stützen, sind die polizeilichen Ermittlungen bald erledigt. Ein Gutachter bescheinigt, dass bei M. keine psychischen Einschränkungen vorliegen. Für die Kripo ist er, der geständige Raubmörder, so gut wie verurteilt. Die junge Frau, die so aufmerksam war und Alarm schlug, als sie den Tumult in Lilli T.s Wohnung hörte, wird für ihr vorbildliches Verhalten ausgezeichnet.

Nun gehen die Wochen ins Land. Doch der Prozess gegen Ulrich M. lässt auf sich warten. Erst am 19. Dezember 1994 trifft die Akte mit der Anklageschrift beim Landgericht in Dresden ein. Kurz darauf, am 30. Dezember, geschieht etwas völlig Unerwartetes: Der Haftbefehl gegen M. wird aufgehoben. Er kommt auf freien Fuß. Wie ist das passiert? Durch die Missachtung des sogenannten Beschleunigungsgebotes. Sitzt jemand in Untersuchungshaft, müssen die Strafverfolgungsbehörden den Fall so schnell es geht vor den Richter bringen. Normalerweise darf niemand länger als sechs Monate in U-Haft bleiben. Falls das doch geschieht, findet routinemäßig eine Haftprüfung statt. Dabei geht es nicht um das Delikt, sondern ausschließlich um die Formalien. Und das Oberlandesgericht stellt fest: Ulrich M. hätte schon vor Monaten angeklagt werden können. Es gab keinen Grund, ihn so lange festzuhalten. So darf er vorerst nach Hause gehen.

Warum so viel Zeit verstrich, bis die Anklage fertig war, kann sich der leitende Ermittler Hubrich nicht erklären. Freilich kommt es vor, dass die Staatsanwaltschaft Nachermittlungen von der Polizei verlangt, wenn sie der Ansicht ist, nicht genug gegen den Beschuldigten in der Hand zu haben. Das kann dauern. In der Mordsache Lilli T. jedoch sei das nicht der Fall gewesen, sagt Hubrich. Die Fakten hätten schnell und klar auf dem Tisch gelegen. Irgendetwas muss schief gelaufen sein auf dem Weg zwischen Staatsanwalt und Gericht. Aber was, das weiß Hubrich nicht. Vielleicht war es ein banales Versehen, eine Vergesslichkeit? Schließlich hat die Staatsanwaltschaft nicht nur diesen einen Fall auf dem Tisch gehabt, sagt er.

Weil Ulrich M. nun wieder frei ist, befürchten die Ermittler, er könnte sich dem Prozess entziehen. Schließlich weiß der junge Mann genau, dass ihn eine hohe Haftstrafe erwartet, vielleicht sogar eine lebenslängliche. Ein guter Grund um unterzutauchen. Wird M. die Gelegenheit nutzen? Doch das letzte Kapitel dieser traurigen Story geht anders aus. Es wird am 13. März 1995 auf dem Bahnhaltepunkt in Pirna-Copitz geschrieben. Als die ersten Berufspendler an diesem Montagmorgen auf den Bahnsteig trotten, reißt der Schreck sie aus ihren letzten Träumereien. Im Wartehäuschen hängt ein Mann. Es ist Ulrich M., der seinem Leben ein Ende gemacht hat. Am folgenden Tag hätte er wegen Mordes auf der Anklagebank sitzen sollen. Damit ist der Prozess geplatzt. Alle Eingeladenen werden wieder ausgeladen. Auch Frau S., die als Zeugin auftreten sollte, darf zu Hause bleiben. Sie ist heilfroh darüber. Sie hat Angst gehabt, der Täter könnte

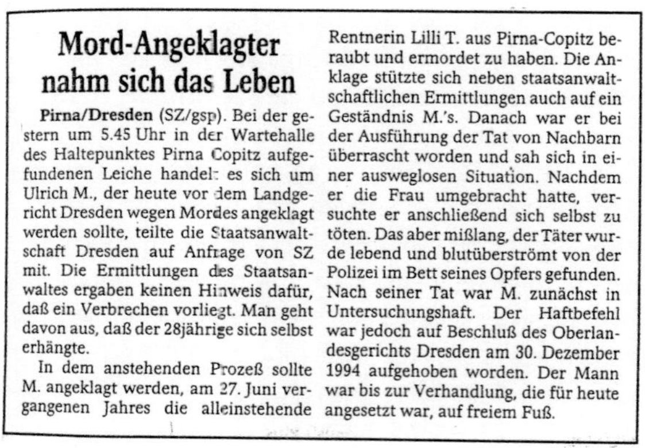

Mord-Angeklagter nahm sich das Leben

Pirna/Dresden (SZ/gsp). Bei der gestern um 5.45 Uhr in der Wartehalle des Haltepunktes Pirna Copitz aufgefundenen Leiche handelt es sich um Ulrich M., der heute vor dem Landgericht Dresden wegen Mordes angeklagt werden sollte, teilte die Staatsanwaltschaft Dresden auf Anfrage von SZ mit. Die Ermittlungen des Staatsanwaltes ergaben keinen Hinweis dafür, daß ein Verbrechen vorliegt. Man geht davon aus, daß der 28jährige sich selbst erhängte.

In dem anstehenden Prozeß sollte M. angeklagt werden, am 27. Juni vergangenen Jahres die alleinstehende Rentnerin Lilli T. aus Pirna-Copitz beraubt und ermordet zu haben. Die Anklage stützte sich neben staatsanwaltschaftlichen Ermittlungen auch auf ein Geständnis M.'s. Danach war er bei der Ausführung der Tat von Nachbarn überrascht worden und sah sich in einer ausweglosen Situation. Nachdem er die Frau umgebracht hatte, versuchte er anschließend sich selbst zu töten. Das aber mißlang, der Täter wurde lebend und blutüberströmt von der Polizei im Bett seines Opfers gefunden. Nach seiner Tat war M. zunächst in Untersuchungshaft. Der Haftbefehl war jedoch auf Beschluß des Oberlandesgerichts Dresden am 30. Dezember 1994 aufgehoben worden. Der Mann war bis zur Verhandlung, die für heute angesetzt war, auf freiem Fuß.

Am 14. März 1995 meldet die Sächsische Zeitung den Freitod von Ulrich M. Am gleichen Tag sollte er wegen Mordes angeklagt werden.

nach seiner womöglich doch nicht so langen Haft Rache üben an denen, die gegen ihn aussagten. Dass ein Mord in ihrem Haus passiert ist, findet die heute 86-Jährige immer noch scheußlich. Die Lilli hat doch keinem was getan, sagt sie. Und reich war sie auch nicht. „Wie der Kerl sowas nur machen konnte!" Frau S. wiegt ihr schlohweißes Haupt mit der Goldrandbrille hin und her. Trotz der tragischen Episode: Sie bleibt in diesem Haus. Hier ist sie geboren, hier will sie sein. Bis zum Schluss.

PS: Im November 1998 kommt es in Pirna zu einem Gerichtsverfahren, das ohne Ulrich M.s Tat und seinen Selbstmord nicht stattgefunden hätte. Angeklagt ist das Ehepaar Olga und Klaus-Dieter B., ehemals Betreiber eines Gebrauchtwarenhandels in Pirna. Der Staatsanwalt wirft den beiden vor, bespielte Videokassetten als Leerkassetten angeboten und so gegen das Urheberrecht verstoßen zu haben. Die 201 Kassetten waren zum Gutteil mit Sex-Filmchen gefüllt. Sie stammten aus der Haushaltsauflösung bei einem jungen Mann. Sein Name: Ulrich M. Das Händlerpaar beteuert, nicht gewusst zu haben, dass auf den Kassetten Filme sind. Der Staatsanwalt kontert, es sei doch schwer vorstellbar, dass sich jemand 201 leere Videokassetten ins Regal stellt. Letztlich kann er nicht beweisen, dass eine der bespielten Kassetten verkauft wurde. Das Verfahren gegen die beiden Geschäftsleute wird eingestellt. ◆

Foto: Marko Förster/Montage: SZ

Live aus München: Am 14. Mai 1993 kommt Ralf Hubrich in Millionen deutsche Wohnzimmer. Das erste und einzige Mal in seiner Karriere tritt er bei „Aktenzeichen XY...ungelöst" auf. Das Massenpublikum soll ihn auf die Spur eines seit Monaten flüchtigen Messerstechers bringen.

Fahndung in Fernsehdeutschland

Hauptkommissar Hubrich soll ins Fernsehen. Er ist nicht scharf darauf. „Ich bin doch kein Schauspieler", sagt er. Aber es muss wohl sein. Es ist schließlich sein Fall. Vor neun Monaten hat der Messerstecher mit der Tarnweste drei Menschen böse zugerichtet. Und noch immer gibt es keine heiße Spur zu ihm. Also packt Ralf Hubrich seine sieben Sachen und fährt nach München. Dort will er auf Deutschlands Flaggschiff der Öffentlichkeitsfahndung anheuern, bei „Aktenzeichen XY...ungelöst".

Was war passiert? Ende August 1992 streift ein seltsamer Wandersmann durch das Erzgebirge. Er trägt raspelkurze Haare, eine Tarnfleckweste, hat einen Campingbeutel bei sich und eine hellblaue Flauschdecke und spricht Berliner Mundart. Zuerst wundert sich ein Einwohner von Nassau über die Gestalt, als sie ungeniert über seinen Gartenzaun hinweg Beeren pflückt. Dann fällt der Mann in Reichenau auf und dann an der Talsperre Lehnmühle, wo ein Förster ihn wegen des Lagerfeuers anzählt, das er am Wegesrand entfacht hat. Schließlich sehen ihn Spaziergänger am Ortsrand von Naundorf. Am 29. August, einem Sonnabend, wundert sich schließlich ein 64-jähriger Mann in Obercarsdorf. Bei „XY" wird er später Fritz Wagner genannt. Herr Wagner also ist Jagdhelfer und dreht morgens gegen zehn seine Runde im Kohlbusch, einem Waldgebiet unweit seines Hauses. Da trifft er den sonderbaren Wanderer. Er spricht ihn an und es kommt, wie auch immer, zu einem Wortwechsel. Der Unbekannte zieht ein Messer und sticht auf den alten Herrn ein. Dann verschwindet er. Mit knapper Not schleppt sich der blutende Fritz Wagner die zwei Kilometer zurück nach Hause. Die etwa dreißig Zentimeter lange Klinge hat ihn lebensgefährlich getroffen. Der Rettungsdienst bringt Wagner ins Dippoldiswalder Krankenhaus. Von da wird er mit dem Hubschrauber in eine Spezialklinik für Lungenverletzte geflogen. Schon in der folgenden Nacht gibt es zwei weitere Opfer: Ein Vater und sein Sohn tragen schwere Stichverletzungen davon, als sie den Tarnwestenmann im Keller ihres Liebstädter Hauses überraschen. Dort packt er gerade

Konservendosen und Getränke ein. Als die Hausbewohner ihn festhalten wollen, zieht er die Klinge – Vater und Sohn müssen ins Krankenhaus.

Der brutale Dieb entkommt in die Nacht. Allerdings hat er in dem Handgemenge einen Teil seiner Ausrüstung verloren. „Dann war großes Tamtam!" So beschreibt Ralf Hubrich die folgenden Stunden. Etwa 120 Polizisten, Hunde, Hubschrauber suchen nach dem gefährlichen Stecher. Mitten in die Hektik platzt ein Funkspruch: In einem Schuppen im nahen Niederfrauendorf liegt eine Leiche! Die Hand baumelt aus dem Fenster heraus, heißt es. Hat der Unbekannte diesen armen Menschen ermordet? Das könnte erklären, wieso er beim Zusammentreffen mit Wagner im Kohlbusch so aggressiv reagierte. Er fühlte sich wohl in die Enge getrieben. „Wir sind also hingetigert, mit klopfendem Herzen", erzählt Hubrich. Niemand hatte sich in der Zwischenzeit an den Schuppen herangetraut. Als die Kripo eintrifft, stellt sich heraus: Die Hand ist ein formstabiler Gummihandschuh. Eine Leiche hängt nicht daran. Die Fantasie, von den Messerattacken befeuert, hat den aufgeregten Bürgern einen Streich gespielt. Am folgenden Montag bringen die Zeitungen das Phantombild des noch immer flüchtigen Messerstechers. Ralf Hubrich ist unzufrieden damit. Es ist ein Allerweltsgesicht. Und diese Tarnwesten tragen zurzeit viele. Es gibt zwar einige Hinweise aus der Bevölkerung. Mit denen lässt sich die Marschroute des Gesuchten rekonstruieren. Mehr aber auch nicht. Der Mann ist weg, und das bleibt er auch.

Monate später, fast ist schon wieder Sommer, da kommt der Anruf. Eine Redakteurin von „Aktenzeichen XY...ungelöst" bietet Ralf Hubrich Unterstützung im

ubjektives Porträt des Täters.

Überfallen

Liebstadt. Ein unbekannter Täter drang um Mitternacht vom Sonnabend zum Sonntag in eine Grundstück in Liebstadt ein und versuchte aus dem Keller ... und Konserven zu stehlen. Da-

Phantombild des Messerstechers in der Sächsischen Zeitung vom 31. August 1992.

Messerstecherfall an. Hubrich ist überrascht, dass ausgerechnet ein Fall aus Pirna die renommierten Fernsehfahnder interessiert. Die wissen recht genau, worum es geht. Wahrscheinlich haben sie von der Sache im Bundeskriminalblatt gelesen. In diesem, eigentlich für den Dienstgebrauch bestimmten Druckwerk informieren sich die Verfolgungsbehörden der Republik untereinander über ihre offenen Fälle. Das „Aktenzeichen XY... ungelöst" läuft seit 1967 beim ZDF. Es ist das weltweit erste Fernsehformat für die öffentliche Verbrechersuche. Typisch dafür sind kleine Spielfilme, die dem Publikum die polizeilich ermittelten Fakten vorspielen. Nach Angaben des ZDF werden gut vierzig Prozent der präsentierten Fälle gelöst. Das ist eine passable Quote, vor allem, wenn man bedenkt, dass die Polizei bei den meisten dieser Vorgänge selbst nicht mehr weiter wusste.

Ralf Hubrich hat die Sendung gelegentlich gesehen. Er hält sie für recht ordentlich gemacht. Für das Filmchen über den Messerstecher reist ein Kamerateam nach Pirna. Zwei Tage zieht Ralf Hubrich mit den Fernsehleuten umher. Das Team filmt die Originalschauplätze. Die Bilder dienen als Vorlage. Später in der Sendung werden Orte und Akteure zwar ähnlich sein, aber nicht authentisch. Im Mai 1993 fährt Ralf Hubrich nach München. Es ist seine erste Begegnung mit der oppulenten Bayernmetropole. Das Studio der ZDF-Tochter FSM liegt am Rand der Millionenstadt. Hubrich sieht hohe Gebäude mit den Logos namhafter Privatsender. Das ist die Medienallee von Unterföhring, Ballungszentrum der deutschen Fernseh- und Filmindustrie. Hubrich bezieht sein Hotelzimmer. Eine Frau von der Aufnahmeleitung kommt. Sie will wissen, was der Kommissar zur Sendung anzieht. Er zeigt ihr Jackett und Krawatte in Fliedertönen. Extra eingekauft? Wahrscheinlich nicht, denkt Hubrich. Damals erschien man als Kriminalist noch in Schlips und Kragen zum täglichen Dienst. Da wird er wohl einigen guten Zwirn im Kleiderschrank gehabt haben. Die Fernsehfrau ist jedenfalls zufrieden.

Tags darauf beginnen die Probeaufnahmen. Ralf Hubrich ist nicht allein. Kommissare aus ganz Deutschland sind angereist und wollen ihre harten Nüsse vom Fernsehpublikum knacken lassen. Der Pirnaer Kommissar sieht zum ersten Mal ein Fernsehstudio, sieht die Massen an Menschen und Material, die aufgeboten werden. Keine Ahnung hat er gehabt, was an so einer Sendung alles dranhängt. „Das ist schon gewaltig", denkt er bei sich. Auch den berühmten „XY"-Chefmoderator Eduard Zimmermann lernt er kennen. Sympathisch und gar nicht abgehoben findet er den Herrn mit der klobigen Hornbrille. Abends geht es zum „Haxnbauern" in die Stadt. In dem angesagten Alt-Münchner Gasthaus vergisst der Kommissar bei einer knusprigen Schweinshaxe glatt sein Lampenfieber.

Freitag, 14. Mai. Der Tag der Sendung. Wieder wird viel probiert, die Abläufe, die Texte. Seine Sätze sieht Ralf Hubrich zwar vor sich auf einem Monitor. Lernen muss er sie trotzdem, denn nur ablesen geht nicht. Hubrich erfährt nun auch, dass er seinen Fall live präsentieren soll, während andere aufgezeichnet werden. Das Lampenfieber steigt wieder um einige Grad.

20.15 Uhr. Die 255. Ausgabe von „Aktenzeichen XY...ungelöst" flimmert in die Stuben der Nation. Fall Nummer Eins ist Hubrichs Fall. Der stattliche Hauptkommissar sitzt akkurat gescheitelt in seinem Fliederjackett zwischen dem bräunlichen Studiomobiliar. Die Hände auf der Tischplatte halten irgendwelche Papiere fest. Fast sieht es so aus, als wolle er nun die Tagesschau vorlesen. Aber dann erzählt er Fernsehdeutschland die rätselhafte Story vom Messerstecher. Er kommentiert das Phantombild, lässt den Weg des Täters auf einer Skizze einblenden, führt dessen gefundene Ausrüstung vor: eine rote Taschenlam-

Das Erinnerungsfoto für die 255. Sendung „Aktenzeichen XY...ungelöst" vom 14. Mai 1993. Kriminalhauptkommissar Ralf Hubrich steht in der hinteren Reihe (3. v. r.), links daneben „XY"-Chefmoderator Eduard Zimmermann.

Screenshot: Jörg Stock

So stellten sich die Redakteure von „Aktenzeichen" die Attacke auf den Jagdhelfer im Kohlbusch vor.

pe aus DDR-Produktion, einen grünen Gürtel aus US-Armee-Beständen, eine Wanderkarte von Dresden und Umgebung. Auch die Tarnweste wird gezeigt, ein Vergleichsstück freilich, denn das Original hat ja der Verbrecher. Hubrich sieht gelassen aus, fast stoisch, während er redet. Kein Verhaspeln, kein Stottern, alles klappt. Dann nur schnell raus aus der Scheinwerfersonne und ran ans Telefon, die Hinweise aufnehmen. Zuerst ruft Hubrichs Bruder an, der die Sendung in Gotha gesehen hat, und der ihm nun zum gelungenen Auftritt gratuliert. Fünf, sechs weitere Telefonate folgen. Die Masse geht in der Pirnaer Kripo-Zentrale auf der Oberen Burgstraße ein, die vorsorglich und ausnahmsweise um diese Zeit besetzt ist. Insgesamt werden wohl um die zweihundert Anrufe registriert.

Die Aktion sieht nach Erfolg aus. Mehr als vierhundert neue Spuren sind zusammengekommen, angefangen von verschwommenen Aussagen wie „So einen hab' ich auch schon mal gesehen" bis hin zu Name und Adresse des mutmaßlichen Täters. Sogar eine Esoterikerin hat sich gemeldet. Sie will das Versteck des Messermanns durch Pendeln überm Deutschlandatlas festgestellt haben. Nun werden die Tipps geprüft. Doch der eine, der entscheidende Tipp, der dem Tippgeber die ausgesetzten 4 000 D-Mark Belohnung hätte einbringen können, der ist nicht dabei. Einmal noch gibt es Großalarm, als jemand meldet, der Mann sitze in einem Bus in Berggießhübel. Doch erweist sich der Verdächtigte als völlig harmlos. Irgendwann sind alle Hinweise abgearbeitet. Neue Sichtungen des Messermanns gibt es nicht, auch keine weiteren Attacken. So bleibt nichts anderes übrig, als die Sache ad acta zu legen. Sehr ärgerlich, wenn so ein großer Aufwand umsonst ist, findet Ralf Hubrich. „Aber ich hab nicht geweint", sagt er und zwinkert. Vielleicht hatte die esoterische Dame doch recht mit ihrer Weissagung der Täteradresse? Sie hatte sogar die Hausnummer genannt, erinnert sich Hubrich. Ob wirklich ein Polizist an dieser Tür geklingelt hat, das weiß er heute allerdings nicht mehr. ◆

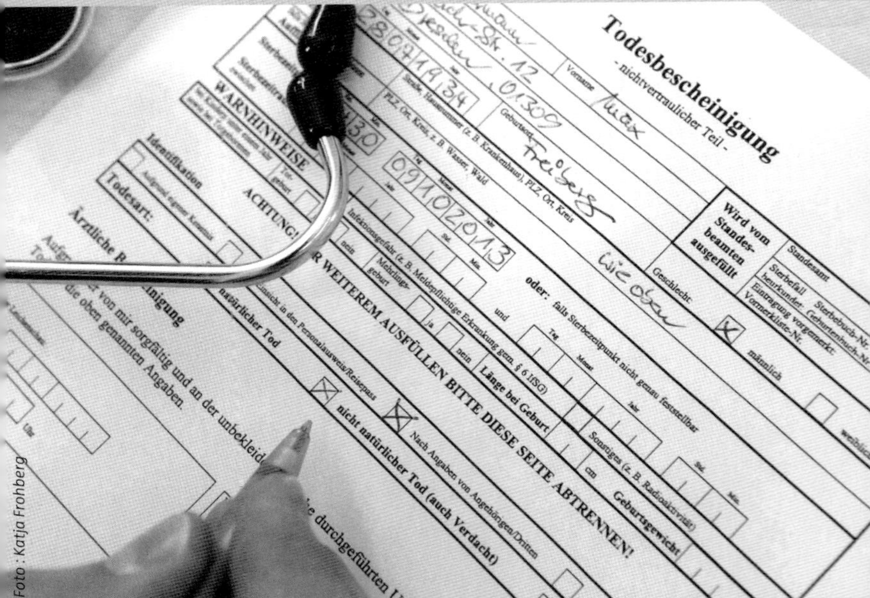

Foto: Katja Frohberg

Dieses Kreuz im Totenschein ruft automatisch die Kripo herbei. Stirbt ein Mensch auf nicht natürliche Weise, wird ermittelt, ob einer nachgeholfen hat. Auch wenn es keinen Mörder gibt, erleben die Polizisten am Leichenfundort manches Merkwürdige und Skurrile.

Das Verderben des Latexmanns

In Deutschland wird immer seltener gemordet. Zumindest legt das die polizeiliche Kriminalstatistik nahe. Wurden Anfang der 1990er-Jahre noch jährlich um die 650 Mordopfer gezählt, waren es 2013 nur 282. Auf eine Million Deutsche entfielen rund drei Ermordete. Rechnet man die Opfer von Totschlag noch hinzu, erhöht sich die Zahl auf sieben. In der Sächsischen Schweiz und dem Osterzgebirge leben etwa 246 000 Menschen. Grob gerechnet hätte die Pirnaer Kripo somit nur etwa zwei Tötungsdelikte im Jahr zu bearbeiten gehabt. Die Todesermittler um Hauptkommissar Ralf Hubrich hatten trotzdem stets genug zu tun. Wie kam das?

Das Morddezernat wird nicht nur dann gerufen, wenn jemand mit dem Dolch im Rücken an der Straßenecke liegt. Jeder Verstorbene, auf dessen Totenschein der Arzt sein Kreuz bei „nicht natürlicher Tod" oder „unklare Todesart" macht, ist automatisch ein Fall für die Kripo. Sie muss prüfen, auf welche Weise ein Mensch von Erden ging, und ob nicht etwa fremde Hände dabei nachgeholfen haben. „Das klingt einfach", sagt Kommissar Hubrich, „ist aber oft sehr kompliziert." Er schätzt, dass seine Leute jährlich zwischen sechzig und einhundert unnatürliche Tode zu bearbeiten hatten. Meistenteils ging es um Selbstmorde, Unfälle aller Art sowie um die in Krankenhäusern Verstorbenen. Üblicherweise tritt dort der Tod infolge jener Krankheit oder Verletzung ein, derentwegen die Person eingeliefert wurde. In Kripo-Kreisen nennt man solche Toten auch „Kausal-Leichen". Ein typisches Beispiel: Die 80-jährige Oma fällt aus dem Bett, bricht sich den Oberschenkelhals und wird ins Krankenhaus gebracht. Dort operiert man sie, sie liegt eine Weile, bekommt eine Lungenentzündung und stirbt. Das Krankenhaus muss diesen Tod melden. Die Kripo wird die Krankenakte einfordern und nach ärztlichen Pflichtverletzungen suchen. Auch mit den Angehörigen wird sie sprechen. In der Regel stellt der Staatsanwalt die Ermittlungen ein, weil der Tod als Spätfolge des Unfalls gilt. Doch es gibt auch Ausnahmen. Als einmal in einem Dorf der Pirnaer Gegend ein alter Mann auf der Treppe zu seiner Mietwohnung stürzte und später in der Klinik starb, nahm die Polizei diese Treppe in Augenschein. Es handelte sich um die völlig ausgelatschte Stiege eines alten Bauernhauses. „Die war dermaßen kaputt, da wäre fast jeder runtergefallen", sagt Ralf Hubrich. Gegen den Hauseigentümer wurde wegen fahrlässiger Tötung ermittelt.

Wird der Kriminale zu einem Toten gerufen, ist grundsätzlich Misstrauen angebracht. Auch wenn im Polizeifunk lapidar von einem „Hänger" die Rede ist, im Jargon der Code für Selbstmord durch Erhängen, bleibt es ein unnatürlicher Todesfall. Es könnte ein getarnter Mord sein. Man erdrosselt jemanden und knüpft die Leiche nachher auf, um das Verbrechen zu verschleiern. Bei der Entscheidung, ob einer an der Leichensache gedreht hat oder nicht, helfen den Polizisten antrainierte Verdachtsschöpfungsstrategien. Ralf Hubrich hat sich stets gefragt, wie plausibel die Szenerie war, die er vorfand. Konnte die Person wirklich so zu Tode gekommen sein, wie es den Anschein hatte? Hängt das Seil beispielsweise an einer Stelle im Dachgebälk, die ein Einzelner gar nicht erreichen kann, es sei denn, er wäre Artist, nährt das Zweifel.

Auch beim unklaren Leichenfund in der Wohnung ist Umsicht gefragt. Das fängt beim Füllstand des Briefkastens an, geht dann an den Türen weiter. Waren sie verschlossen? Sind sie beschädigt? Stand ein Fenster offen? Hätte ein Täter unbemerkt verschwinden können? Wie sieht die Wohnung aus? Was liegt dort herum? Wie ist das Milieu? Was sagen die Nachbarn? Lebte der Verstorbene zurückgezogen oder wurde täglich gefeiert? Enorm wichtig ist der Zustand der Leiche. Totenflecken etwa, die sowohl an der Vorder- als auch an der Rückseite des Körpers auftreten, können ein Indiz dafür sein, dass der Leichnam nachträglich bewegt wurde, dass der eventuelle Täter den Toten vielleicht noch nach Wertsachen durchsucht hat. Feststellen müsste das bereits der leichenschauende Arzt. Doch hat Hubrich fast nie erlebt, dass ein Mediziner den Leichnam für die Untersuchung, so wie es Vorschrift ist, vollständig entkleidete. Lebhaft erinnert er sich an jene Ärztin in einem Dippoldiswalder Straßendorf, der es genügte, von der Dachbodenklappe aus einen Blick auf den baumelnden Körper zu werfen um festzustellen: „Der wird wohl tot sein." Der Kommissar grinst. „Dann war sie verschwunden, und ich stand blöde da." Dabei lag der Fall durchaus nicht so glasklar, denn um die Leiche herum klebte eine Menge Blut. Es stellte sich heraus: Der Mann hatte seine Pulsadern geöffnet, bevor er den Kopf in die Schlinge legte.

Ralf Hubrich versteht, dass nicht jeder Hausarzt dem Tod so tief in die Augen sehen kann oder will, wie er sollte. Er hätte es auch nicht gekonnt, wäre er nicht viele Dienstjahre hindurch daran gewöhnt worden. Die zu laxe Leichenschau hält der Kommissar für eine hauptsächliche Ursache der Nichtentdeckung von Tötungsdelikten. Seiner Ansicht nach müssten speziell ausgebildete Amtsärzte diese Aufgabe übernehmen, und die Zahl der Autopsien müsste steigen. Nur die innere Leichenschau kann sicher klären, woran eine Person gestorben ist. Hubrich lobt die hohe Anzahl von Leichenöffnungen in der DDR, die zum guten Teil als Verwaltungssektion stattfanden, also ohne dass die Staatsanwaltschaft einen konkreten Verbrechensverdacht gehegt hätte. Dreißig bis vierzig Prozent der Verstorbenen sollen obduziert worden sein. Dabei kam manche nicht erkannte Tötung routinemäßig ans Licht. Heute befindet sich die Sektionsrate in Deutschland auf einem historischen Tiefststand. Die Rede ist von etwa einem Prozent. Namhafte Fachleute wie der Münchner Rechtsmedizin-Professor Wolfgang Eisenmenger, ehemals Vorsitzender der Deutschen Gesellschaft für Rechtsmedizin, glauben, dass in Deutschland jährlich mindestens 1 200 Morde unentdeckt bleiben. Und auch für den Pirnaer Kommissar gilt das, was unter Todesermittlern längst als feststehende Redensart kursiert: „Wenn auf den Gräbern aller Ermordeter ein Lichtlein stünde, wären unsere Friedhöfe hell erleuchtet."

Ralf Hubrich hat es selbst nicht erlebt, dass sich ein vermeintlicher Selbstmord oder Unfall vor seinen Augen als Verbrechen entpuppte. Überraschungen und Skurrilitäten gab es jedoch immer wieder am Ort eines unnatürlichen Todesfalls. In den 1980er-Jahren rückte der junge Kripo-Leutnant Hubrich in ein Waldstück bei Paulshain nahe der Talsperre Malter aus. Auf einer Schneise stand ein völlig ausgebrannter Trabant. Alles Brennbare war in Rauch aufgegangen. Auf den Resten des Fahrersitzes lag ein verkohlter Mensch, neben ihm der Benzintank des Fahrzeugs, offenbar vor dem Brand aus dem Motorraum herausgebaut und dort platziert. Da die Szene schwer nach einem Verbrechen aussah, verbot der Diensthabende des Volkspolizei-Kreisamts Dippoldiswalde weitere Ermittlungen. Höhere Stellen sollten den Fall übernehmen. Ralf Hubrich sondierte trotzdem die Gegend und fand in einiger Entfernung eine unversehrte Aktentasche. Trotz gegenteiliger Weisung schaute er hinein und entdeckte einen Abschiedsbrief. Der Mann aus Dresden hatte sich wegen familiärer Probleme selbst angezündet. Außer dem Tankinhalt hatte er wohl noch ein bis zwei Kanister Treibstoff im Wagen verschüttet. Eine derart todsichere Selbstverbrennung ist Hubrich nie wieder untergekommen.

Abschiedsbriefe können wichtige Helfer bei der Klärung nichtnatürlicher Todesfälle sein, vor allem handgeschriebene. Bei Zweifeln an ihrer Echtheit schafft ein Schriftsachverständiger Klarheit. Allerdings, sagt Hubrich, sind Briefe eher selten. Wann immer einer auftauchte, hat er ihn genau studiert, sich hin und wieder Notizen gemacht, um hinter die Motive für den Suizid zu kommen. Fazit: Aus Liebe stirbt man eher selten. In der Regel sind Krankheiten, Arbeitslosigkeit, Schulden, das Alter, die Einsamkeit sowie psychische Probleme die Anlässe, um sich umzubringen. Einige Abschiedsbriefe haben sich förmlich eingebrannt in Hubrichs Hirn. Der kürzeste ging etwa so: „Bitte Info an Arbeit:... (es folgten jeweils die Telefonnummern), Familie:... Brigitte:... Melde mich ab!" Der längste Brief füllte ein ganzes Schulheft. Am Schluss des über dreißig Seiten langen Textes für seine Liebste notierte der Schreiber, er könne es selbst nicht begreifen, wie schnell sich das Heft mit Worten gefüllt habe. „Ich weiß nicht, wieso das nicht schon früher möglich war." Anscheinend wutentbrannt rechnete ein Herr Doktor D. in seiner letzten Nachricht mit Frau und Kindern ab, denen er die Schuld an seiner Ausweglosigkeit gab. „Ich enterbe alle im höchstmöglichen Maße", schrieb er. Seine Frau, der er zahlreiche Seitensprünge vorwarf, verdonnerte er zur Bezahlung seiner Bestattung oder – sollte sein Selbstmord schiefgehen – zur Begleichung aller damit verbundenen Kosten. Auch habe sie jedes Jahr einem Wohlfahrtsverband eintausend Euro zu schenken. Zum Schluss: „Meiner Frau und meinen Kindern soll der Name D. aberkannt werden!" Briefe nach einer zerbrochenen Partnerschaft enthalten oft erschütternde Hilferufe: „Ich bin müde. Am liebsten möchte ich ins Bett gehen. Aber da ist es mir zu kalt, wie schon seit Monaten."

Selbstmörder, die sich brieflich verabschieden, wollen ihren Entschluss oft erklären und damit den Angehörigen Schuldgefühle nehmen. Auch ganz praktische Dinge werden angesprochen: „Denkt an das Frettchen und die Hasen." Oder man entschuldigt sich dafür, die Wohnung nicht noch in Ordnung gebracht zu haben: „Mein Entschluss war sehr spontan." Gelegentlich wird versucht, durch die Notizen Hinterbliebene vor Ärger mit der Polizei zu schützen. So schrieb Herr F. einen Vierzeiler, in dem er sachlich mitteilte, dass er die Waffe für seinen Freitod aus dem Waffenschrank des Schwiegervaters gestohlen habe, und dass diesen keine Schuld treffe.

Im Jahr 2013 gab es in Sachsen 645 Selbstmorde. 42 fanden im Landkreis Sächsische Schweiz-Osterzgebirge statt, etwa drei Viertel der Toten waren Männer. Nach Kommissar Hubrichs Erfahrung werden Schusswaffen lediglich ein- bis zweimal jährlich für einen Suizid benutzt. Die häufigsten Wege aus dem Leben sind Erhängen, Vergiften, vor den Zug springen oder sich aus großen Höhen stürzen. Mitunter werden die Methoden kombiniert. So erkletterte einmal ein Mann in der Tharandter Gegend einen Sendemast. Oben angekommen befestigte er ein Seil, legte sich die Schlinge um den Hals und sprang in die Tiefe, offenbar in der Absicht, sich das Genick zu brechen. Das Seil riss jedoch, der Mann stürzte ab und schlug am Fuße des Mastes auf dem Technik-Container auf, wodurch es zu einer Betriebsstörung kam. Als die Techniker aufkreuzten, um die Ursache des Ausfalls zu ergründen, entdeckten sie den Toten neben der eingedrückten Blechkiste.

Männer wählen eher die gewaltsamen Tode, Frauen die subtilen, etwa die Vergiftung mit Medikamenten. Alkohol und Schlaftabletten sind das Übliche, sagt Hubrich. Ein Rätsel gab dem Morddezernat eine junge Frau auf, die leblos in ihrer Wohnung in Berggießhübel gefunden wurde. Keine Anzeichen von äußerer Gewalt, kein

Foto: Egbert Kamprath

Dieser Baum kann töten. Fast alle Teile der Eibe – hier das berühmte tausendjährige Exemplar im Müglitztal bei Schlottwitz – sind hoch giftig. Das wusste eine Selbstmörderin und wählte Eibenreisig als letzte Mahlzeit.

Schnaps, keine Pillen. Die Obduktion ergab: In Magen und Darm der Toten befanden sich Reste von Taxus baccata, der europäischen Eibe. Fast alle Teile dieses Baums sind stark toxisch. Hundert Gramm Eibennadeln können reichen, um einen Menschen umzubringen. Das Gift wirkt in weniger als einer Stunde. Man stirbt an Atemlähmung und Herzversagen. Die Ermittlungen ergaben, dass die psychisch kranke Frau in selbstmörderischer Absicht das Eibenreisig gegessen hatte. Reste der tödlichen Mahlzeit wurden in der Wohnung sichergestellt.

Ungewohnt grausam ging eine junge Frau in Dippoldiswalde gegen sich vor, sodass die Polizei im ersten Moment glaubte, vor einem Mordopfer zu stehen. Es war Mitte der 1980er-Jahre – Ralf Hubrich war noch ein Neuling bei der Kripo –, da alarmierte ein Lokführer der Bimmelbahn die Polizisten: Kurz vor dem Bahnhof Dippoldiswalde liege eine Person in der Weißeritz. Nach einigem Suchen stieß man tatsächlich auf eine Tote, neunzehn oder zwanzig Jahre alt, die etwa in Höhe der Ingenieurschule für Lebensmittelindustrie im seichten Wasser lag. Im Hals klaffte ein großer Schnitt, der offenbar zum Tod geführt hatte. „Das sah schlimm aus", sagt der Kommissar. Die Mordkommission der Volkspolizei-Bezirksverwaltung in Dresden rückte an, die Rechtsmedizin ebenfalls.

Die Fachleute entdeckten an den Innenseiten der Unterarme weitere Wunden, parallel verlaufende, gleichförmige Schnitte. Abwehrverletzungen konnten das nicht sein, schon eher sogenannte Probierschnitte, wie man sie von Selbstmördern kennt. Sollte der vermeintliche Mord ein Suizid sein? Wo war die Tatwaffe? Die Ermittler untersuchten die Handtasche genauer, die fünf bis sechs Meter von der Toten entfernt am Ufer stand. In einem Fach fanden sie ein kleines aber scharfes Obstschälmesser. Es erwies sich als Tatwerkzeug. Das Mädchen hatte nach dem tödlichen Schnitt in die eigene Kehle offenbar noch Zeit genug gehabt, das Messer zurück in die Tasche zu legen und einige Schritte in Richtung Fluss zu gehen, bis es zusammenbrach. Wer die Tote war, blieb zunächst unklar, weil sie keinen Ausweis bei sich hatte. Gerichtsmediziner fanden schließlich den Vor- und Zunamen auf die Innenseite ihres Gürtels geschrieben. Die Nachforschungen deuteten auf eine psychische Erkrankung hin. Die junge Frau hatte bereits mehrere Suizidversuche unternommen.

Fragt man den Kommissar nach einem Brennpunkt selbstmörderischen Handelns in der Region, so nennt er ohne Umschweife die Sächsische Schweiz. Die Lebensmüden, die von einem Sandsteinfelsen in den Tod springen, kommen aus allen Teilen Deutschlands, nach Hubrichs Theorie wohl deshalb, weil sie das Gebiet von früheren Urlaubsaufenthalten her kennen. Bei auswärtigen Toten hat es die Kripo schwer, denn diese Leute vermisst vor Ort niemand. Außerdem kann es Wochen und sogar Monate dauern, bis die Leichen im unwegsamen Gelände von einem zufälligen Wanderer oder Kletterfreund gefunden werden. Gesichtszüge sind meist nicht mehr erkennbar. Fehlen auch noch die Ausweispapiere, ist die Identifizierung ein ernstes Problem. Beispiel: Im März 2008 wurde ein Toter im alten Steinbruch von Postelwitz bei Bad Schandau gefunden. Allem Anschein nach war der Mann mittleren Alters durch einen Absturz ums Leben gekommen. Er trug Wandersachen und eine Brille, aber keinen Ausweis. Die Polizei kam nicht weiter und ging drei Wochen später mit dem Fall an die Öffentlichkeit. Die Zeitungen druckten eine Personenbeschreibung und ein Foto vom Gesicht des Verstorbenen. Zum Schlüssel für des Rätsels Lösung wurde unverhofft die Brille, die man bei der Leiche gefunden hatte. Es handelte sich um eine Produktion des Großhändlers Fielmann. Zunächst glaubten die Ermittler, sie hätten es mit Massenware zu tun und knüpften keine großen Hoffnungen daran. Dennoch trugen sie den Fund zur Pirnaer Fielmann-Filiale in die Schmiedestraße. Die Fassung, ein schlichtes Herrenmodell aus Metall, Kostenpunkt um die vierzig Euro, war tatsächlich nichts Besonderes. Doch die Gläser stellten sich bei Vermessung durch die Optiker als sehr speziell heraus. Nur wenige Brillenexemplare mit

Unbekannter Toter wurde im alten Steinbruch Postelwitz gefunden

Bad Schandau. Die Polizei fahndet jetzt öffentlich nach einem unbekannten Mann, dessen Leiche am 15. März, kurz nach 12 Uhr, im alten Steinbruch Postelwitz gefunden wurde. Laut Polizei ist er offenbar durch einen Sturz aus großer Höhe ums Leben gekommen.

Der Mann wird wie folgt beschrieben: 35-40 Jahre alt, 1,75 Meter groß, schlank bis hager, dunkle, sehr kurze Haare, Stirnglatze, rasiertes, gepflegtes Gesicht, vermutlich ständiger Brillenträger. Der Unbekannte trug einen dunkelblauen Anorak, eine rote Sporthose, braune Wanderschuhe. (SZ)

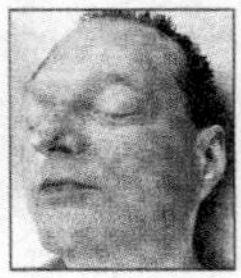

▪ Hinweise bitte an ☎ 0351/6 52 41 00

Repro: SZ

Wer kennt den Toten aus dem Steinbruch? Notiz in der SZ vom 3. April 2008.

dieser Kombination von Korrekturwerten sollten verkauft worden sein. In der Fielmann-Zentrale in Hamburg machte man sich daran, die Kundendatenbanken der rund 600 Niederlassungen im Land zu durchforsten. Und bald war der Eigentümer eben dieser Brille gefunden, ein 42-Jähriger, der aus Braunschweig stammte. Der alleinstehende Mann hatte sich in seinem Heimatort nach Dresden abgemeldet, von wo er in die Sächsische Schweiz reiste. Die Hintergrundermittlungen legten nahe, dass er zum Sterben ins Elbsandsteingebirge gekommen war. Die Fielmann-Optiker erhielten von der Kripo ein kleines Präsent für ihren „Fahndungseifer".

Dass Brillen ihre Träger identifizieren, ist so ungewöhnlich nicht. Prominentester Fall dürfte die Sache „Leopold und Loeb" sein, die sich 1924 in Chicago zutrug, und die in den USA als Jahrhundertverbrechen gilt. Die hochbegabten Studenten Nathan Leopold und Richard Loeb hatten einen 14-jährigen Jungen aus Spaß am perfekten Morden entführt und umgebracht. Beim Verstecken der Leiche fiel Leopolds Lesebrille unbemerkt aus dessen Brusttasche und wurde später von der Polizei entdeckt. Leopold war sicher, dass Fassung und Gläser millionenfach in der Stadt kursierten und machte sich keine Sorgen, als er den Verlust feststellte. Wenige Tage später klopften die Detektive an seine Tür. In der Hornfassung der Lesebrille waren spezielle Scharniere eingebaut. Nur ein einziges Geschäft in ganz Chicago vertrieb Brillenmodelle mit diesen Scharnieren. Und es waren nur drei Stück verkauft worden.

Wenn jemand sich selbst tötet, so ist das kein Mord. Doch kommt es vor, dass das eine aus dem anderen folgt. Das erlebten Pirnaer Todesermittler im September 1998. In einem heruntergekommenen Gartengrundstück oberhalb des Müglitztals hatte sich jemand offenbar erhängt: Kai P., zwanzig Jahre alt, gelernter Einzelhandelskaufmann, zurzeit Soldat beim Bund. Die Mutter war fassungslos. Ihr Sohn hatte so große Pläne gehabt. Einen kleinen Handel mit Autoteilen, den er seit einiger Zeit betrieb, wollte er größer aufziehen, neue Kunden werben. Auch eine Freundin hatte er. Kurz: Das Motiv für seinen Freitod war völlig unklar. Die Ermittler begaben sich umgehend zu der Freundin des Toten, Daniela B., 18 Jahre alt, um sie als Zeugin zu vernehmen und um Gründe für Kai P.s Suizid zu erfahren. Doch an Danielas Wohnung in einem 17-Geschosser auf dem Pirna-

In diesem heruntergekommenen Grundstück oberhalb des Müglitztals erhängte sich Kai P., nachdem er seine Freundin getötet hatte. DNA-Tests überführten ihn.

Foto: SZ/Jochen Breese

er Sonnenstein machte niemand auf. Tags darauf klingelte die Polizei erneut. Wieder umsonst. Die Nachbarn wollten kürzlich einen Streit gehört haben und erzählten von anderen Männern, die bei Daniela B. ein- und ausgegangen seien. Da brach man die Wohnungstür auf. Das Mädchen lag reglos am Boden, verblutet nach einen Stich in die Leber.

Rechtsmediziner obduzierten das tote Liebespaar. Unter den Fingernägeln der jungen Frau fanden sie Hautpartikel ihres Freundes. Der Freund wiederum hatte Blut seiner Freundin an der Kleidung und Kratzspuren auf der Haut. Es war das erste Mal, dass die Pirnaer Kripo DNA-Analysen zur unmittelbaren Klärung eines Falls benutzte. Aus den Resultaten schlossen die Ermittler, dass infolge des Streits ein Kampf entbrannt war, der für Daniela B. tödlich geendet hatte. Kai P. war seiner Geliebten freiwillig in den Tod gefolgt. Eine Beziehungstat liegt vor, erklärte der Staatsanwalt nach Abschluss der Ermittlungen.

Liebesdrama: Polizei brach Wohnung auf

Liebesdrama oberhalb vom Müglitztal (Kreis Pirna): Ein 21jähriger Mann wurde am Freitag nachmittag im Bungalow eines verwahrlosten Grundstücks der örtlichen Gartensparte tot aufgefunden - er hatte sich erhängt.

Als Polizisten gestern die 18jährige Freundin des Toten vom Selbstmord informieren und als mögliche Zeugin vernehmen wollten, standen sie vor verschlossener Tür. Nachbarn in dem Hochhaus hatten das Liebespaar tags zuvor laut streiten hören. Am Ende wollten sich die jungen Leute offenbar trennen.

Als die Kripo-Beamten die Wohnungstür gestern mittag schließlich gewaltsam öffneten, fanden sie das 18jährige Mädchen ebenfalls tot vor - ermordet!

„Als Tatverdächtiger kommt ihr Freund in Frage", so ein Polizeisprecher gestern abend. Möglicherweise hat er seine Freundin im Streit getötet und dann selbst keinen anderen Ausweg mehr gesehen, als sich in der Gartensparte zu erhängen. **blü**

Selbstmord folgt auf Mord: Meldung in der Morgenpost am Sonntag, 6. September 1998.

Die Eltern des mutmaßlichen Täters glaubten diese Version nicht. Streit mit der Freundin hätte ihnen ihr Sohn bestimmt gebeichtet. Ihrer Ansicht nach war Kai Zeuge der Tötung seiner Freundin durch Dritte geworden und hatte deshalb sterben müssen. Sein Suizid sei ein getarnter Mord gewesen. Sie versuchten, Polizei, Staatsanwaltschaft und Gericht davon zu überzeugen, was jedoch nicht gelang. Ralf Hubrich nimmt an, dass sie bis heute an ihrer eigenen Wahrheit festhalten. Er versteht es gut, wenn Eltern in ihren Kindern keine Totschläger, keine Mörder sehen können. Jedoch zweifelt er nicht im Mindesten am Ermittlungsergebnis seiner Leute. Die Obduktion des jungen Mannes hatte keinerlei Anhaltspunkte dafür ergeben, dass er durch andere Hände umgekommen sein könnte, als durch die eigenen.

Szenenwechsel: Eine Wohnungstür wird aufgebrochen, weil der, der zu Hause ist, nicht aufmacht. Man findet den Mann mit einem gelben Plastesack über dem Kopf vor dem Fernsehapparat liegen. Er ist erstickt. Was nun? Mord? Doch die Tür war verschlossen, alle Fenster sind zu. Selbstmord? Wieso liegt ein Pornofilm im Videoplayer? Die Zeichen sprechen für einen Suizid aus Versehen bei versuchter sexueller Selbstbefriedigung. Ein autoerotischer Unfall ist passiert.

Dass jemand beim Sex mit sich selbst ums Leben kommt, ist äußerst selten. In Deutschland gehen Fachleute von jährlich ein bis zwei Fällen pro einer Million Einwohner aus. Belastbare Zahlen fehlen. Falls der autoerotische Unfall überhaupt erkannt wird, meldet man offiziell lieber eine Strangulation oder ein Ersticken. Der rechtsmedizinische Leitfaden „Leichenschau am Fundort", Standardwerk für Polizei und Ärzte, empfiehlt dies sogar dringend, „um eine soziale Wertung des Geschehens im Interesse des Verstorbenen und seiner Familie zu vermeiden". Nur ausnahmsweise blitzen Verdachtsmomente für ein solches Vorkommnis in der Öffentlichkeit auf. So gilt es als ziemlich plausibel, dass der US-Schauspieler David Carradine, bekannt geworden mit Kung-Fu-Filmen, bei einem autoerotischen Erstickungsspiel umkam. Im Juni 2009 fand man ihn halbnackt mit einer Gardinenkordel um den Hals im Kleiderschrank seines Hotelzimmers. Auch hinter dem Selbstmord von Michael Hutchence, charismatischer Lead-Sängers der Popgruppe INXS, vermuten manche einen Sex-Unfall. Er verschied 1997, nackt auf dem Fußboden hockend, mit dem Hals in einer Gürtelschlaufe am Türriegel.

Sauerstoffmangel im Gehirn kann euphorisierend, ja berauschend wirken. Diese Tatsache nutzen Menschen für abseitige Praktiken bei der Masturbation, der manuellen Stimulierung ihrer Geschlechtsorgane. Sie versuchen, durch kontrollierten Sauerstoffentzug ihren Lustgewinn zu steigern und den ultimativen Orgasmus zu erleben. Das Tückische dabei ist die schnell eintretende Bewusstlosigkeit. Die Akteure verlieren die Kontrolle über ihr Drosselwerkzeug und schlimmstenfalls sterben sie.

Ralf Hubrich hat bei etwa einem halben Dutzend autoerotischer Unfälle ermittelt. Am schwierigsten fand er es stets, den Angehörigen die Situation begreiflich zu machen. Im ersten Moment hatten manche an Mord gedacht. Jedenfalls brach für sie die Welt zusammen. Die Todesfälle hatten sich typischerweise in geordneten familiären Verhältnissen ereignet. Im besagten Falle benutzte der Mann die gelbe Mülltüte offenbar zur Re-Inhalation. Die Tüte über den Kopf gezogen, sog er seine Ausatemluft immer wieder ein, sodass der Sauerstoffgehalt im Blut sank. Wahrscheinlich verpasste er den Zeitpunkt, Frischluft in die Tüte zu lassen, und wurde bewusstlos. Kondensfeuchte und Schweiß klebten die Tüte förmlich auf seinem Gesicht fest. Und weil niemand da war, der ihm hätte helfen können, erstickte er.

Die Todesopfer der autoerotischen Unfälle, die Ralf Hubrich untersuchte, waren stets Männer, meistenteils mit guter Bildung. „Kein Milieu", sagt er. Das deckt sich mit den Erkenntnissen der Gerichtsmedizin. Es erfordert einige Fantasie, so heißt es, um die teils recht ausgeklügelten Apparaturen zur kontrollierten Drosselung zu ersinnen und zu bauen.

Der erste Unfall dieser Art, den Ralf Hubrich vor sich hatte, passierte in einem Dörfchen auf dem Dachboden eines Hauses. Ein Mann hatte sich erhängt. Für den Arzt war es Selbstmord. Der ermittelnde Kriminalist kam zu Hubrich und meinte, die Sache käme ihm seltsam vor. Beide fuhren hin. Der an Händen und Füßen gefesselte Tote hatte einen Strick um den Hals, der über einen Balken lief und auf der anderen Seite an den Rahmen eines Fahrrads gebunden war. Ferner war ein umgekippter Stuhl zu sehen. Die Szenerie legte Folgendes nahe: Der Mann hatte sich die Schlinge umgebunden, sich dann selbst gefesselt und auf den Stuhl gesetzt. Nun beugte er sich vor, sodass der Fahrradrahmen am anderen Ende des Stricks vom Boden emporgezogen wurde und Zugkraft auf die Halsschlinge ausübte. Lehnte er sich zurück, sank das Gewicht ab und die Schlinge lockerte sich wieder.

Wohl infolge einer Ohnmacht kippte der Akteur mit dem Stuhl um und erhängte sich so, ohne es zu wollen. Sein gefährliches Spiel hatte er wahrscheinlich schon oft gespielt. Die Kanten des Dachbalkens, der als Umlenkpunkt für das Seil gedient hatte, waren deutlich abgeschliffen.

Zu den bizarrsten Vorkommnissen, die Pirnaer Kripoleute bisher zu klären hatten, gehört der Tod des Latexmanns. Es war an einem Märztag Anfang der 2000er-Jahre, als die Kommissare aufs Land gerufen wurden. Ein obskurer Leichenfund in einem Wohnwagen war zu besichtigen. Der noch junge Mann lag bäuchlings auf der Schlafstatt des Campingmobils. Er war vom Hals bis zu den Füßen in einen glänzenden, schwarzen Latexanzug gekleidet. Neben seinem Gesicht lag eine Gummimaske, wie man sie aus der Sado-Maso-Szene kennt, außerdem eine Atemschutzmaske aus Gummi, an deren Metallfilter ein längerer Kunststoffschlauch hing. Der Tote und das Zubehör waren in einem großen, weißen Kunststoffsack eingeschlossen gewesen. In diesen Sack hinein führte der Rüssel eines leistungsstarken Industriestaubsaugers. Dieser Staubsauger wiederum war über eine Zeitschaltuhr mit dem Stromnetz gekoppelt. Was war passiert? Für die Kommissare ergab sich dieses Bild: Der Mann war ganz unauffällig zu dem Wohnwagen gekommen, um dort, wie wohl schon mehrmals zuvor, seine kuriose Drosselsexvorrichtung in Betrieb zu nehmen. Er zog sich um, seine Straßenbekleidung legte er ordentlich gefaltet neben das Campingbett. Im Latexkostüm begab er sich nun in den Sack und dichtete ihn ab. Dann wartete er, bis die Zeitschaltuhr an der Steckdose den Staubsauger aktivierte. Das Gerät sprang an und sog die Luft aus der Plastepelle, die sich dadurch eng an den Akteur geschmiegt haben muss. So stellte sich bald die gewünschte Luftnot ein. Doch dann ging irgendetwas schief. Was genau, konnte trotz Obduktion nicht abschließend geklärt werden. Es liegt nahe, dass der Latexmann im Plastesack von einer Ohnmacht überrascht wurde. Zwar hatte er ein Rettungsgerät bei sich, die Schutzmaske nämlich, deren Atemschlauch durch die Folie ins Freie führte. Doch kam er im kritischen Augenblick wohl nicht mehr dazu, die Maske aufzusetzen. Für ihn war es der letzte Kick. ◆

Die Plattenbausiedlung der „Fortschritt"-Werker, hier die Karl-Marx-Straße in den 1980er-Jahren, gehörte zum Stolz von Neustadt. Als die DDR kollabierte, wurde daraus eine Problemzone, in der die damals wohl schlimmste Jugendbande Sachsens heranwuchs.

Foto: Stadtmuseum Neustadt i. Sachsen

Die Büchsenöffnerbande

Im Sommer 1993 wird in Rathmannsdorf ein Brennstoffverkäufer zum Fallensteller. Er heißt Stephan Hanitzsch, er ist der Inhaber des altehrwürdigen Kohlehandels Gotthelf Böhme, und er wird geplagt von Einbrechern. Einige Zeit hat Hanitzsch auf die Spitzbuben gelauert, denn er glaubt, dass sie wiederkommen. Doch er kann nicht jede Nacht auf der Lauer liegen. So greift er zur List. Er treibt über hundert Stück Nägel durch ein Brett und legt dieses, abgedeckt mit einem Tuch, unter jenes Fenster im Duschraum hinter dem Kontor, durch das die Diebe zuletzt eindrangen. Er füllt einen Eimer mit stinkender Farbe und stellt ihn auf ein Brett über der Tür, damit er auf die Ganoven niedersause. Das soll ihnen die Lust am Klau verderben. Zwei Wochen später schnappen die Fallen zu. Die Einbrecher trollen sich, wie irgendwann bekannt werden wird, mit zerstochenen Fußsohlen und versauten Klamotten. Doch der Schreck wirkt nicht lange. Hanitzschs antiker Geldschrank zieht die Gauner an, wie das Licht die Motten. Drei Tage vor Weihnachten kommen sie erneut zu Hanitzschs Firma. Sie hebeln das Fenster auf und steigen ein – diesmal wohl nach gründlicher Kontrolle des Fußbodens. Sie begeben sich in den Raum mit dem Geldschrank, schirmen alle Fenster mit ausgehängten Türen ab, damit kein Licht nach außen dringt. Dann wird der hundertjährige Tresor umgekippt und sein Rücken ganz pietätlos mit einem Trennschleifer aufgeschnitten. Inhalt: gut 2 000 D-Mark. Daraufhin wird getürmt, nicht ohne die Einrichtung zu verwüsten. Der Krach muss enorm gewesen sein. Doch niemand hört etwas und niemand sieht etwas auf dem abgelegenen Gelände. Die Büchsenöffnerbande setzt einen weiteren Coup auf ihre Liste, die bereits so lang ist, dass keiner mehr mitzählt.

Die Geschichte spielt mitten in der „wilden Zeit". So nennen Pirnas alte Kriminalpolizisten ihre ersten Dienstjahre nach dem Beitritt der DDR zur Bundesrepublik Deutschland. Der Respekt vor dem Gesetz hatte merklich nachgelassen, sagt Bernd Köhler, der einstige Chef des Raub- und Diebstahldezernats bei der Pirnaer Kripo. „Manche Leute dachten, man kann machen, was man will", sagt er. „Die große Freiheit war ausgebrochen." Mit der Freiheit war die D-Mark ins Land gekommen. Neue Firmen schossen wie die Pilze aus dem Boden. Und alle hatten Geld in den Schränken, die kaum mehr Sicherheit boten als eine Kaffeekasse. Und diese Kaffeekassen standen zusammen mit der begehrten Westware in den wenig handfesten DDR-Bauten mit Türen, die gewissermaßen schon nachgaben, wenn man sich nur dagegenlehnte. Alarmanlagen, Überwachungskameras, Panzerglas – alles Fehlanzeige. Ein Sicherheitsdenken war praktisch nicht vorhanden, sagt Kripo-Mann Köhler. „Es ging nur ums Geldmachen." Die Polizei ihrerseits fühlte sich verunsichert. Es gab neue Gesetze, neue Chefs, neue Staatsanwälte und neue Richter. Zwischen den Westimporten und den ehemaligen Volkspolizisten knirschte es zum Teil erheblich. „Manche hielten uns alle für rote Socken, die nichts bringen", sagt Bernd Köhler. In diese Zeit passte die Büchsenöffnerbande aus Neustadt perfekt hinein.

Neustadt in Sachsen ist eine Stadt mit zwei Gesichtern. Neben dem Altort, aktenkundig seit 1333, ragen die Plattenbauten der „Fortschritt"-Arbeiter in den Himmel. Bis zur Wende ist halb Neustadt bei dem stolzen DDR-Landmaschinenkombinat beschäftigt. Tausende wohnen in den wuchtigen Betonzeilen namens Engels, Heine und Gorki, die der Volksmund „Ghetto" getauft hat, sowie im benachbarten „Bruno", dem Bruno-Dietze-Ring. Als die DDR entschwindet und „Fortschritt" massenhaft seine Leute entlässt, werden die Viertel zu sozialen Umbruchzonen. Gleich 1990 wird die komplette Kombinatsleitung mit 1 500 Mann aufgelöst. Weitere Kündigungswellen rollen. Bei vielen wird das Geld knapp. Die Jugend im Quartier will trotzdem die neue Zeit genießen, will einkaufen, zur Disco gehen, an Automaten zocken, Westautos fahren. Einige wenige, die zum schnellen Geldmachen entschlossen sind, bilden schließlich die Keimzelle für die damals wohl schlimmste Jugendbande Sachsens.

Im Dezember 1991 geht es los. Da wird in die Gaststätte „Stadtbad" in Neustadt eingebrochen. 800 D-Mark, Schnaps und Zigaretten sind kein schlechter Lohn für ein paar Minuten Angst. Schon vier Tage später der nächste Bruch, in einem kleinen Getränkehandel. Trinkbares und Eis gehen mit. Es folgen eine Cafeteria und die Götzinger-Schule in Neustadt, Schulen in Stolpen und Langenwolmsdorf, Kindergärten und Kinderkrippen in Neustadt und Langburkersdorf, das Spielcasino in Neustadt und die dortige Schwimmhalle.

Foto: Frank Baldauf

Die ehemalige Disco „Saxim" in Neustadt. Sie war der Dreh- und Angelpunkt der Einbrecherbande.

Dreh- und Angelpunkt der Raubzüge ist die Neustädter Diskothek „Saxim". Hier verkehren die Bandenköpfe, hier werben sie ihre Komplizen an. „Wir gehen dealen", hieß es dann, sagt Hauptkommissar Köhler. „Da wusste jeder, was läuft. Da wurden Werkzeug und Handschuhe eingepackt und los ging's." Die Bande ist, abgesehen vom harten Kern, ein ziemlich loser Haufen. Für jeden Bruch formiert sie sich neu, oft in getrennten Rudeln um einzelne Anführer. Die Angriffsziele werden von den Bandenköpfen zuvor ausgewählt, zum Beispiel beim wilden Jugendtreff an der alten Kartoffelsortieranlage in Polenz, die nur wenige Hundert Meter vom „Ghetto" entfernt am Ende eines Trampelpfades steht.

Die Einbrüche gehen weiter. Neustadt und Umgebung sind bald abgegrast. So expandiert man, nach Pirna, Heidenau, Dresden und stößt entlang der Bundesstraße 6 in die Lausitz vor, sogar bis nach Bautzen. Angegriffen werden bevorzugt kleinere Firmen, Agrarbetriebe, Gaststätten und Autohäuser. Weil zu dieser Zeit das Bezahlen ohne Bargeld noch wenig populär ist, finden die Diebe fast immer hübsche Summen vor. So erbeuten sie bei einem Autohändler in Bischofswerda auf einen Schlag 30 000 D-Mark. Allmählich spezialisiert sich die Bande auf Stahlschränke und Tresore, bei deren Öffnung sie eine gewisse Perfektion entwickelt. Anfangs wird eine stinknormale Spitzhacke benutzt. Der Dorn des Werkzeugs wird wieder und wieder durch das dünne Blech getrieben und die perforierte Wand wie bei einer Sardinendose herausgebogen. Später steigen die Einbrecher auf Trennschleifer um. Nach einiger Übung knacken sie damit auch echte Panzerschränke in kurzer Zeit.

Die Polizei hat schon bald gewisse Leute auf dem Kieker. In Neustadt pfeifen es die Spatzen ohnehin von den Dächern, wer sich da durch das Land räubert. Im „Saxim" wusste der ganze Laden Bescheid, sagt Bernd Köhler. „Und keinen hat das gestört." Einer der Türsteher, so stellte sich später heraus, besorgt den Verkauf des angefallenen Diebesguts. Um etwas gegen die Einbrecher zu unternehmen, nützen den Polizisten ihre starken Verdachtsmomente wenig. Sie brauchen Beweise, und die haben sie nicht. Genetische Fingerabdrücke sind noch unbekannt, und die Auswertung klassischer Fingerspuren, falls sie überhaupt vorhanden sind, dauert sehr lange. Tauchen einmal Beutestücke bei jemandem auf, so reichen die Indizien keinem Staatsanwalt, um Anklage zu erheben. Alles nicht so schlimm – so sei der Zeitgeist damals gewesen, sagt Hauptkommissar Köhler. „Es grenzte an Anarchie."

Die Monate gehen ins Land, und die Büchsenöffnerbande wird immer dreister. Mehrere Brüche in einer Nacht sind keine Seltenheit mehr. Viele Objekte werden, wie der Rathmannsdorfer Kohlehandel, mehrfach Ziel der Einbrecher. So wird die Gaststätte „Glückauf" auf dem Pirnaer Sonnenstein viermal ausgeraubt. Auch öffentliche Verwaltungen geraten wiederholt ins Fadenkreuz. Über ein Baugerüst steigen Teile der Gang im Juni 1993 ins Neustädter Rathaus ein, brechen 14 Türen auf, zehn Stahlblechschränke und neun Geldkassetten. Im Oktober, das Baugerüst

Repro: Daniel Förster

Typisch Büchsenöffner: Bild eines verwüsteten Tatorts mit aufgeflextem Stahlschrank.

steht immer noch, folgt ein weiterer Raubzug. Diesmal wird auch ein Tresor aufgeflext. Pech: Im Geldschrank liegen nur alte Ordner. Für eine Beute im Taschengeldbereich hinterlassen die Einbrecher 17 200 Mark Sachschaden. Ein Baugerüst erleichtert auch den Einbruch in das Billigwarenhaus an der Bahnhofstraße in Neustadt. Die Aktion kommt einer öffentlichen Plünderung gleich. In einer einzigen Nacht steigen 25 Mitglieder der Gang in mehreren Gruppen in das Gebäude ein. Drinnen greifen sie sich eine Tasche aus dem Sortiment und füllen sie mit den Dingen, die ihnen gefallen. Klamotten, Schuhe, Armbanduhren, Schmuck, Kosmetikartikel und Lebensmittel werden fortgeschleppt. Ist ein Rudel fertig und flüchtet, kommt ihm das nächste schon entgegen.

Den Gipfel der Frechheit ersteigt die Bande in der Nacht vom 12. zum 13. Januar 1994: Sie bricht ins Haus von Justitia ein, in das Neustädter Amtsgericht auf der Karl-Liebknecht-Straße. Der Legende nach hatte einer der Bandenführer, er soll hier Nino heißen, zufällig eine Wohnung gegenüber dem Gerichtsgebäude. Durch das Fenster spähend, bemerkte der 22-Jährige einen wuchtigen Tresor in den Justizräumen. Ein reizender Anblick. Diesen Schrank musste er unbedingt knacken. So rückt die Gang an, bricht ein Kellerfenster auf und dringt in den Kassenraum des Gerichts vor, wo der Geldschrank steht. In einem solchen Tresor liegen gewöhnlich eingezahlte Geldstrafen, Vorschüsse für Gerichtskosten und Spesengelder, die an Zeugen ausgezahlt werden. Die Bande hebt Türflügel aus den Angeln und stellt sie vor die Fenster, damit niemand sieht, wie die Funken sprühen, während sich die Schleifscheibe in den Panzerschrank frisst. Doch ist der Panzer dicker, als gedacht. Das mitgebrachte Schleifgerät erweist sich dafür als zu schwach. Doch die Einbrecher haben Nerven genug um zu warten, bis ein Komplize einen größeren Trennschleifer herbeigeschafft hat. Der bricht mühelos den Widerstand des Schranks, der nun seinen Inhalt preisgeben muss. Es sind 1 300 D-Mark. Keine üppige Beute für die Diebe, aber eine üppige Blamage für die Strafverfolger. Hauptkommissar Bernd Köhler glaubt, dass sich die Stimmung nach diesem Sakrileg drehte. Nun konnte die Bande nicht mehr mit Pardon rechnen. Wenige Wochen später sind die Gerichtseinbrecher gefasst und die Bandenköpfe sitzen in Untersuchungshaft.

Das Ende der Büchsenöffnerbande besiegelt ausgerechnet einer ihrer Hauptleute. Der 21-jährige René aus Neustadt kriegt kalte Füße. Offenbar macht ihm die Aussicht auf eine hohe Haftstrafe zunehmend Angst. Vielleicht sind auch Rivalitäten im Spiel. Jedenfalls gelingt es einem Sebnitzer Polizisten, der seine Pappenheimer gut kennt, René ins Gewissen zu reden, ihn zu „knacken", wie man im Polizeijargon sagt. Der junge Mann will auspacken und hofft, dadurch seine Strafe zu mildern. Unter fast konspirativen Umständen wird er mehrmals in Neustadt abgeholt, nach Pirna gefahren und im dortigen Polizeirevier befragt. Das Aufrollen der Bande beginnt.

Die Rekonstruktion dieser beispiellosen Einbruchserie gleicht einem gigantischen Puzzlespiel. Weil es so viele Taten und Täter gibt und viele Einbrüche lange her sind, hat niemand aus der Bande noch einen Überblick. Die Polizisten fahren mit den Beschuldigten herum und besichtigen die Tatorte. Die Aussagen werden in die Schreibmaschinen gehämmert, dann ausgewertet und mit den Aussagen von Komplizen verglichen. Immer wieder ergeben sich dabei neue Tatorte, neue Details zu den Einbrüchen, neue Täternamen. Die Polizisten befragen auch die Geschädigten, suchen die Akten wieder hervor. Viele Fälle hat die Staatsanwaltschaft schon mit Aktenzeichen „UJs" – Verfahren gegen Unbekannt – abgelegt. Die Vernehmung der Bandenmitglieder findet ganz klischeehaft im Tabaksqualm statt. Solange sie redeten, kriegten sie Zigaretten, sagt Hauptkommissar Köhler. „Die Buden waren blau." Die Mitläufer gestehen in der Regel schnell. Bei anderen ist es schwieriger, ist Psychologie gefragt, manchmal auch eine kleine List. Als die Ermittler dem Beschuldigten W. beiläufig ein Kompliment für die coole Nummer mit der Katze machen und dieser freudig darauf eingeht, ist wieder

Clique aus Neustadt stellt Olsenbande in den Schatten

Auf das Konto von 28 Tätern kommen über 170 Einbrüche

Etwas ähnliches hat es im gesamten Bereich der Polizeidirektion (PD) Pirna noch nie gegeben, stellte gestern deren Chef, Helmar-Leo Blech, vor Journalisten fest. Bis jetzt 171 Einbrüche, darunter Rathmannsdorf, Reinhardtsdorf, Rennersdorf, Stolpen - auch diese Orte wurden teilweise mehrfach heimgesucht. Kaum einer, der in den Kreisen Pirna und Sebnitz verschont blieb.

Die neue Olsenbande kommt aus Neustadt. Sächsische Zeitung vom 16. Juli 1994.

ein Einbruch aufgeklärt. Die Bande hatte nämlich an einem Tatort eine Katze in einen Schrank gesperrt in der Hoffnung, sie werde dem, der die Tür anderntags öffnet, ins Gesicht springen. Über diesen Jux lachte nun die Polizei zuletzt – und wohl am besten.

Foto: Marko Förster

Kriminalpolizist Uwe Baumert zeigt die Tabelle mit allen Taten und Tätern der Büchsenöffnerbande. 15 DIN-A4-Seiten hat er für die Übersicht zusammenkleben müssen.

Wer sind die gefürchteten Büchsenöffner von Neustadt? Es sind junge Männer, zwischen 16 und 22 Jahren alt, von denen viele in den Neustädter „Fortschritt"-Platten groß wurden. Es sind aber keine „Ghetto-Kinder", wie man sie sich vorstellen will. Die meisten, so heißt es in der ersten Pressekonferenz der Polizei zu diesem Fall, stammen aus geordneten Familienverhältnissen, haben zehn Jahre die Schule besucht und das Abschlusszeugnis in der Tasche. Einige hätten zwar die Lehre abgebrochen oder seien arbeitslos, erklärt damals der ermittelnde Kriminaloberkommissar Uwe Baumert den Reportern. Dies sei aber „nicht kennzeichnend" für die Gruppe. Offenbar gingen nur wenige aus der Bande mit echter krimineller Energie ans Werk. Oberkommissar Baumert sagt, dass nicht zuletzt der Nervenkitzel und der Spaß die Motive gewesen seien. Das Einbrechen war zum Hobby geworden.

Sechs Monate dauert es, bis die knapp dreißig Mitglieder der Büchsenöffnerbande vernommen und über 170 Einbrüche aufgeklärt sind. Die Papiere füllen mittlerweile zehn dicke Aktenordner. Für die Tabelle, die Einbrüche und Einbrecher einander zuordnet, und die Kommissar Baumert bis heute sorgsam aufbewahrt, werden fünfzehn DIN-A4-Seiten aneinandergeklebt. Zwischen Dezember 1991 und Januar 1994 hatte die

Bande 230 000 D-Mark Bargeld sowie Güter im Wert von etwa 115 000 D-Mark erbeutet und dabei 77 Panzer- und Stahlblechschränke zerlegt. Sachschaden insgesamt: mehr als eine halbe Million D-Mark.

Ende Februar 1995 beginnt am Dresdner Landgericht der Prozess gegen die Anführer der Büchsenöffnerbande. Es ist eine Massenveranstaltung. Mehr als 150 Zeugen, zumeist die ausgeraubten Geschäftsinhaber, sagen aus, im Zehn-Minuten-Takt. Viele sind immer noch stinksauer, besonders wegen der Verwüstungen, die das Einbrecherkollektiv bei ihnen hinterließ. Oft hat die Versicherung den Schaden nicht gezahlt. Da half es wenig, dass die Angeklagten einem Großteil ihrer Opfer vor Prozessbeginn Entschuldigungsbriefe schickten. Am 11. April 1995 ergeht das Urteil. Es ist sagenhafte 238 Seiten lang. Die fünf Räuberhauptleute, darunter Gerichtseinbrecher Nino und Kronzeuge René, erhalten wegen schweren Bandendiebstahls Haftstrafen zwischen vier und sechs Jahren. Die Verurteilten nehmen ihre Strafen überwiegend erleichtert an. Bandenführer W., mit 74 Einbrüchen der Spitzenreiter in der „Einzelwertung", soll den Beobachtern zufolge frohlockt haben: „Ja super, da komme ich noch vor dem Jahr 2000 auf freien Fuß!" Stephan Hanitzsch, der Brennstoffhändler aus Rathmannsdorf, ist Zeuge der Verhandlung und ärgert sich. Auch ihn hat die Versicherung nicht voll entschädigt für die Raubzüge der Büchsenöffner. Die Enttäuschung über das nach seiner Ansicht viel zu milde Urteil hält bis heute an: „Bei mir wären die für zehn Jahre im Steinbruch verschwunden!"

Die Büchsenöffner von Neustadt sind Geschichte. Und sie bleiben es. Nur einer kommt zurück: Nino, der Räuberhauptmann, der den Panzerschrank im Neustädter Amtsgericht knackte. Er ist eine besondere Figur mit exotischem Einschlag. Sein Vater stammt aus Südosteuropa. Nino ist mittelgroß, hat schwarze Locken und sieht einfach gut aus. Er ist das, was man einen Frauentyp nennt. Nachdem der Richter ihm fünf Jahre Gefängnis verordnet hat, sitzt er in Zeithain ein und dann in Chemnitz. Er stellt einen Antrag auf Halbierung seiner Strafe. Aber der wird abgelehnt. Doch als im Oktober 1999 zwei Drittel der Haft vorbei sind, kommt er auf Bewährung frei.

In Neustadt ist die Kunde schnell herum: Nino ist wieder da! Und scheinbar lebt er auf großem Fuß. Mit einem schicken Auto braust er durch die Straßen. Er hat eine hübsche Verkäuferin zur Freundin – wir nennen sie Katrina – und genießt das Partyleben. Hauptkommissar Bernd Köhler und seine Kollegen vom Eigentumsdezernat in Pirna warten gespannt darauf, ob etwas passiert. Sie haben feine Antennen dafür, wenn sich etwas ändert in der Kriminalitätslandschaft. Bald schon fallen ihnen die ersten Einbrüche auf. Wieder geht es um Tresore, wieder sind die Angriffsziele bunt gemischt. Es trifft Handwerker und kleinere Industriebetriebe, Agrarunternehmen, Läden, Büros von Bildungseinrichtungen, Notaren und Anwälten, Privathäuser und immer wieder Gaststätten und Hotels. Wie gehabt, werden die Panzerschränke umgekippt und an ihrer schwächsten Stelle, der Rückseite, aufgeschnitten. Noch lieber jedoch benutzen die Einbrecher die Originalschlüssel, um den Safe zu öffnen. Ihr Riecher ist so gut, dass sie diese in etwa der Hälfte der Fälle auch finden, in Schreibtischschubladen oder anderen, allzu naheliegenden Verstecken. Die Abläufe in den Gastronomie- und Hotelbetrieben fördern den Leichtsinn. Da gibt es Schichtwechsel und Übergaben, die Schlüssel zum Tresor werden irgendwo hinterlegt. Das nutzen die Diebe aus. Aber ihr Glück ist nicht von Dauer. Wie allen Serientätern wird es auch ihnen untreu. Bei einem Bruch in der Lausitz geht die Bande auf frischer Tat ins Netz. Diesmal hat Nino nur zwei Komplizen, den gebürtigen Dresdner B. und einen Neustädter namens K. Doch auch Katrina, Ninos Geliebte, ist in die Einbruchserie verstrickt. Sie hat die Diebe zu den Tatorten chauffiert und nach getaner Arbeit abgeholt.

Wieder müssen Pirnas Kriminalisten puzzeln. In Ninos Wohnung finden sie mehrere Koffer mit Resten aus seinen Beutezügen. Tagelang sitzen die Ermittler davor, sortieren alles, fertigen Listen an und versuchen, anhand der Einbruchs-Anzeigen herauszufinden, zu welchem Einbruch die gefundenen Stücke gehören. Dabei hilft auch Mittäter K., einst Mitglied der Büchsenöffnerbande, damals aber eine Randfigur. Mit ihm klappern die Polizisten die Tatorte ab, fahren weit ins Land hinaus, einmal bis nach Gera, ein andermal bis in die Zittauer Gegend. Zupass kommt den Ermittlern ein kurioser Umstand: Nino hat offenbar einen Schlüssel-Tick. Von vielen Tatorten hat er Schlüssel mitgenommen. Manchmal sind es die Schlüssel zu den ausgeräumten Tresoren, manchmal auch andere, zum Beispiel Autoschlüssel. Sie liegen in den Koffern bei dem Diebesgut. Es ist eine verräterische Sammlung. Die Polizisten müssen nur herausfinden, wo die Schlüssel passen – kriminalistische Fleißarbeit, die mehrmals zum Erfolg führt. Im Juni 2003 wird Räuberhauptmann Nino, jetzt 31 Jahre alt, am Dresdner Landgericht zu sechs Jahren Haft verurteilt. Über 50 schwere Bandendiebstähle mit einem Schaden von mehr als 230 000 Euro legt man ihm zur Last. Seinen Komplizen werden jeweils um die zwanzig Diebstähle vorgeworfen. Beide erhalten mehrjährige Gefängnisstrafen.

Und was geschieht mit Katrina, der Räuberbraut? 2004 muss sich die junge Frau wegen Bandendiebstahls und wegen Vergehens gegen das Betäubungsmittelgesetz verantworten. Aber sie ist keine Räuberbraut mehr. Als die Bande hochging, ist sie aufgewacht. Sie hat sich von ihrem unheiligen Geliebten getrennt und führt seither ein normales Leben, zu dem auch zwei kleine Kinder gehören. Damals, als sie Nino bei seinen krummen Dingern half, sogar Drogen für ihn schmuggelte, da handelte sie aus der großen Liebe heraus. Davon ist ihr damaliger Anwalt noch immer fest überzeugt. Vor Gericht gab es nur die Flucht nach vorn, sagt er. Katrina ist geständig und bekommt drei Jahre Haft auferlegt, die Mindeststrafe. „Das Gericht war sehr human", lobt ihr Verteidiger in der Rückschau, obwohl die kriminelle Energie doch sehr hoch gewesen sei. Gemeinsam mit den Kindern kommt Katrina in den offenen Vollzug, wo es praktisch keine Gitterstäbe gibt. Als die Hälfte ihrer Haftzeit um ist, darf sie zurück in die Freiheit. Sie zieht später nach Westdeutschland. Nino wird im Dezember 2007 entlassen, ebenfalls vorfristig. Die Bewährungszeit übersteht er ohne neuerliche Missetaten und verschwindet dann aus dem Sichtfeld der Justiz. Hauptkommissar Köhler hat nie wieder etwas vom Tresorknacker aus Neustadt gehört, auch von keinem Einbruch erfahren, der seine Handschrift trägt. „Man nimmt an, dass er sich zur Ruhe gesetzt hat." ◆

Die Aral-Tankstelle am Elbstrand von Rathmannsdorf ist nachts Treffpunkt für Schlaflose und Durstige. Im Oktober 1997 wurde hier ein Vagabund das Opfer seiner brutalen Zechbrüder.

Der Mann im Fluss

Der Kalender des Jahres 1997 ist schon merklich abgemagert. Der Herbst macht sich breit in der Sächsischen Schweiz. Nachts drückt er die Thermometersäulen schon beinahe bis zum Nullpunkt herunter. Für die kommende Nacht ist Frost angedroht. Dabei schreibt man erst den 16. Oktober. Für die Schuljugend ist heute ein guter Tag. Die Herbstferien sind da. Der 16-jährige Schüler Frank Söhnel aus dem Kirnitzschtal hat eigentlich auch frei. Er hätte ausschlafen können, wäre er gestern Abend mit seinen Kumpels in die Pirnaer Mufa, den regionalen Discotempel, gefahren. Aber Frank war nicht feiern. Frank muss früh raus. Heute ist sein erster Arbeitstag als Aushilfe an der Aral-Tankstelle in Rathmannsdorf. Er freut sich über diesen Ferienjob. Allzu viele gibt es davon nicht in der Gegend. Seine Einweisung hat er schon vor Tagen erhalten: Waschplatz saubermachen, Regale einräumen – das sind seine Pflichten. Nichts Aufregendes. Gerade, als er die ersten Handgriffe erledigt hat, kommt ein Mann mit einem Hündchen auf ihn zu geeilt. Jemand solle doch mal gucken kommen, da sei etwas im Wasser, stößt er hervor. „Es sieht aus wie ein Mensch!" Die Elbe strömt träge in Steinwurfweite hinter dem Tankstellenkomplex dahin. Von dem blau-weißen Flachbau aus geht es zuerst eine steile Böschung hinunter. Danach gelangt man auf die Elbwiesen, die sanft zum kiesigen Strand hin abfallen. Frank Söhnel muss gar nicht erst die Böschung hinabklettern. Sofort erkennt er, dass eine menschliche Gestalt mit dem Gesicht nach unten bewegungslos im Wasser liegt. Aufregung steigt in ihm hoch. Er macht kehrt und schlägt Alarm.

Bald ist die Meldung im Leib-und-Leben-Dezernat der Pirnaer Kriminalpolizeiinspektion angelangt. Ein Toter im Wasser – mehr kriegen die Leute um Dezernatschef Ralf Hubrich erst mal nicht zu erfahren. Wurde die Person angespült? Vielleicht ein Selbstmörder? Der Strom gibt hin und wieder solche schauerliche Fracht preis, gern an bestimmten Stellen, wo er um eine Kurve biegt oder wo Hindernisse seine Bahn stören. Je länger ein toter Mensch im Wasser liegt, umso schwerer ist es für die Polizei, ihn zu identifizieren. Verwesungsgase blähen den Körper auf, manchmal bis zum Platzen. Die Gesichtszüge werden grotesk entstellt. Hinzu kommen postmortale Verletzungen. Bevor ein Leichnam an die Wasseroberfläche steigt, treibt er eine Zeit lang am Grund. Dadurch entstehen Schürfwunden. Gerät der Tote gar in eine Schiffsschraube, können ganze Körperteile abgetrennt werden.

Kriminalhauptkommissarin Birgit Walther fährt mit einem Kollegen hinaus nach Rathmannsdorf, zum Ort des Notrufs. Während sie dem Elbstrand zustrebt, mustert sie aufmerksam die Umgebung. Alles im Blick haben – das ist die Pflicht des Kriminalisten, wenn er zum ersten Mal an einen „Ereignisort" kommt. Bei diesem Rundblick bemerkt die Polizistin seltsam niedergetretene Grashalme. Schleifspuren. Schutzpolizei und Sanitäter sind schon da. Sie haben den Toten aus dem Wasser gezogen. Hauptkommissarin Walther sieht sofort, dass es sich nicht um eine typische Wasserleiche handelt. Der Körper ist unversehrt, allerdings schon einige Stunden leblos. Die Leichenstarre ist vollständig ausgeprägt. Der Tote ist um die dreißig Jahre alt. Er hat lange, strähnige Haare und schlechte Zähne. Überhaupt macht er einen ungepflegten Eindruck. Ausweise hat er nicht bei sich. Auffällig sind die Hämatome an seinem Kopf. Es sieht so aus, als wäre er in eine Schlägerei geraten. Vielleicht kam er danach hierher, um sich zu waschen oder das Gesicht zu kühlen, brach dann zusammen? Die Schleifspuren am Ufer sprechen eine andere Sprache. Die Kriminalisten gehen von einem Verbrechen aus.

Nun sperrt man die Tankstelle ab. Sie wird einige Stunden geschlossen bleiben, bis die Spurensicherung beendet ist. Die Kripo beginnt ihre Ermittlungen. Chef der Tankstelle ist Michael Herrmann. Der ehemalige NVA-Fliegeroffizier hat die Anlage seit 1992 in Pacht. Seinen Umsatz macht er vor allem mit dem Tankstellen-Shop. Weil dieser 24 Stunden am Tag geöffnet ist, bietet sich die Tanke als Treffpunkt an, vor allem für die Jugend, die sich „aus Mangel an anderen Erlebnisbereichen", wie Herrmann es formuliert, hier einfindet. Ausufernde Zechereien lässt Michael Herrmann jedoch nicht zu. Er achtet auf Ordnung. Nur zu Himmelfahrt, wenn die Anlage von betrunkenen Wandertruppen regelrecht belagert wird, muss er seine Stammkunden vom Bundesgrenzschutz holen, damit Disziplin einkehrt.

In der fraglichen Nacht ist Pächter Herrmann nicht an seiner Tankstelle. Als er morgens dort hinkommt, ist alles schon abgesperrt. Die Polizisten befragen die Verkäuferin am Tresen. Die weiß aber nichts, weil sie erst vor wenigen Stunden ihre Schicht begonnen hat. Die Ermittler machen nun die Kollegin ausfindig, die in der Nacht Dienst hatte. Sie fahren hin und wecken sie auf. Die Frau erzählt, dass mehrere Männer an der Tankstelle waren. In Abständen hätten sie immer wieder Bier an ihrem Nachtschalter gekauft. Es sei dann auch sehr laut geworden. Worum es bei dem Krawall ging, konnte sie nicht verstehen. Gesehen hat sie auch nichts. Der Ort der Zecherei lag rückwärts um die Ecke, außerhalb ihres Sichtfeldes. Die Angestellte beschreibt den Polizisten die Trinkkumpane. Durch Ferienarbeiter Frank Söhnel werden weitere Zeugen aufgetan, die das Opfer in der letzten S-Bahn gesehen hatten und auch mitbekamen, wer später an der Tankstelle stand. Schließlich kristallisieren sich zwei Namen heraus. Der eine, nennen wir ihn Daniel, ist Anfang zwanzig und wohnt in Bad Schandau. Der andere, er soll Ronny heißen, ist noch keine achtzehn Jahre alt und stammt aus der Sebnitzer

Berliner Obdachloser wurde Opfer seiner Zechkumpane

Toter in der Elbe gefunden – Rathmannsdorfer fassungslos – Täter gestern geständig

Von L. Bittner, D. Förster und B. Götte

Die Rathmannsdorfer sind geschockt. In ihrem beschaulichen Ort wurde ein Mann erschlagen. Und das nicht irgendwo, sondern dort, wo sich tagsüber alles trifft und wo auch nachts nie Ruhe einkehrt - an der Aral-Tankstelle. Trotzdem hat es niemand bemerkt. Nicht einmal die Verkäuferin, die in der Schreckens-Nacht vom Mittwoch zum Donnerstag Dienst hatte. Als das schon fast zu Tode geschundene Opfer schließlich in die Elbe geworfen wurde, träumten die Rathmannsdorfer ahnungslos dem Morgen entgegen.

Erst Donnerstag, 9.35 Uhr, wurde die Leiche dort gefunden. Wie die Ermittlungen ergaben, handelt es sich um den Berliner Obdachlosen Axel E. Der Körper des 33jährigen wies schwere innere und Kopf-Verletzungen auf.

An der Tankstelle trifft er die Täter

Wie SZ-Recherchen ergaben, saß der Fremde am Mittwochabend in der letzten S-Bahn aus Dresden. Dort fiel er jugendlichen Mufa-Besuchern auf. Neben sich hatte er den schmutzigen Koffer, der später, mit Bierflaschen gefüllt, am Tatort gefunden wurde. In Bad Schandau setzte die Schaffnerin Axel E. aus dem Zug. Er hatte keinen Fahrschein. Der Bad Schandauer Christian H. sah ihn schließlich Richtung Rathmannsdorf verschwinden. Vermutlich an der Tankstelle am Ortseingang traf der Berliner gegen 1 Uhr auf die Männer, die ihm den Tod bringen würden. Sie standen dort bereits seit etwa 22 Uhr und tranken.

Der Arglose gesellte sich dazu, wie die Angestellte Romy F. aus Rathmannsdorf beobachtete. „Von den häufigen Zechereien im Dunkeln hinter dem Gebäude merken meine Mitarbeiter in der Regel nichts. Nur wenn es dort einmal besonders laut zugeht" sagt Tankstellenpächter Michael Herrmann. Romy F. muß etwas gemerkt haben. Als plötzlich einer der Männer fehlt, schöpft sie Verdacht. Kurz darauf hält ein BGS-Fahrzeug und sie bittet die Beamten nach dem rechten zu sehen. Denen fällt nach kurzem Kontrollgang nichts auf.

Kriminalpolizei hat ein leichtes Spiel

Zur Ablösung, 8 Uhr, stößt Pächter Herrmann zunächst nur auf den Koffer. Wenig später trifft der 16jährige Schüler Frank Söhnel ein. Es ist der erste Tag seines Ferienjobs. „Da unten an der Elbe liegt ein Toter", stürzt plötzlich ein aufgeregter Spaziergänger mit Dackel ins Geschäft. Herrmann und Söhnel finden die entsetzlich entstellte Leiche, kalkweiß und blutüberströmt mit dem Kopf im Wasser. Die Kripo schließt sofort auf ein Tötungsverbrechen. Bei den Ermittlungen hat sie leichtes Spiel. Die Männer, 17 und 23 Jahre alt, aus Sebnitz und Bad Schandau werden sofort festgenommen und dem Haftrichter vorgeführt. Der 17jährige ist vorbestraft.

Gestern waren die beiden geständig. Es habe Streit gegeben, wer die Zeche bezahlt. „Der Berliner wurde schließlich aufs übelste mißhandelt", so der Sprecher der Staatsanwaltschaft Michael Respondek. Das am Tatort gefundene Messer konnte bisher nicht eindeutig zugeordnet werden.

Wer genau was getan hat, ist noch unklar. Nur soviel ist gewiß: Der Berliner lebte noch, als er zur Elbe geschleppt wurde. „Gestorben ist er nicht unmittelbar an den Folgen seiner Verletzungen. Er ertrank", so Respondek.

An dieser Stelle fand ein Spaziergänger am Donnerstag morgen die Leiche von Axel E. Einer der ersten am Unglücksort – der 16jährige Frank Söhnel, der in der nahegelegenen Tankstelle in den Ferien arbeitet. Foto: SZ/Daniel Förster

In diesem Bericht der Sächsischen Zeitung vom 18. Oktober 1997 zeigt der Schüler Frank Söhnel, damals Ferienarbeiter an der Rathmannsdorfer Tankstelle, wo Axel E.s Leichnam lag.

Gegend. Beide werden noch am selben Tag von Polizisten abgeholt. Hauptkommissarin Birgit Walther erinnert sich an die Vernehmung des minderjährigen Ronny. Er ist ein kleiner, schmächtiger Typ aus schwierigen Verhältnissen. Zu Hause gibt es Zoff, vor allem mit dem Freund der Mutter. Ronny hat Probleme in der Schule, bleibt sitzen. Auf die Kommissarin wirkt er im Verhör abgebrüht. Polizeierfahren sei er gewesen, sagt sie. Ronnys Vorstrafenregister ist für sein zartes Alter beachtlich: Diebstahl, Verkehrsdelikte, Körperverletzung. Ronny erzählt, so entsinnt sich die Hauptkommissarin, dass er mit Daniel einig gewesen sei, den Landstreicher zusammenzuschlagen und ihn dann in den Fluss zu werfen, damit er wegschwimmt. Daniel jedoch stützt Ronnys Aussage in keiner Weise. Er leugnet, versucht sich herauszureden. Er weiß, was für ihn auf dem Spiel steht, das spürt die Polizistin.

Was ist wirklich passiert im Dunkel hinter der Rathmannsdorfer Aral-Tankstelle? Die Ermittlungen ergeben dieses Bild: Am 15. Oktober verabreden Daniel und ein Kumpel, gemeinsam zur Tankstelle zu gehen, um etwas zu trinken und zu quatschen. Zwischen 22 Uhr und 22.30 Uhr treffen sie dort ein. Gegen Mitternacht kommt Ronny dazu. Er war in der Diskothek „Mufa" in Pirna gewesen. Weil es ihm dort nicht mehr zusagte, hatte er kurzerhand ein Moped geklaut und sich damit auf den Heimweg begeben. Dann aber war ihm auf dem Gefährt kalt geworden, und so stoppte er in Rathmannsdorf für einen Kaffee und einen Imbiss. An der Tanke trifft er Daniel und dessen Kumpel. Der Umtrunk wird gemeinsam fortgesetzt. Gegen 2 Uhr morgens kommt das spätere Opfer an. Es handelt sich um den 33-jährigen Axel E. Er stammt aus Berlin, ist wohnungslos und zieht mit seinem Koffer umher. In Bad Schandau hatte man ihn aus der S-Bahn geschmissen, offenbar, weil er keinen Fahrschein hatte. Er gesellt sich arglos zu den Zechbrüdern und

Kriminalität

Teufel Alkohol milderte die Strafe

Tod von Obdachlosen: Schläger-Duo für fünfeinhalb und acht Jahre hinter Gitter

Das Urteil für das schreckliche Geschehen im Oktober 1997 an der Rathmannsdorfer Aral-Tankstelle ist gefällt – aber noch nicht rechtskräftig. … 17 Jahre, weshalb für ihn das Jugendstrafrecht galt. Selbst unter den widrigsten Umständen – wie einer heimtückischen Planung der Tat – … Tat nicht geplant gewesen. Bis zuletzt konnte vor Gericht nicht geklärt werden, ob das Opfer ertrank oder vorher verstarb. Nach ihrer …

So schrieb die Sächsische Zeitung am 16. Oktober 1998 über den Prozess gegen die Schläger.

macht mit. Dann aber gibt es Streit. Manche sagen, dass es darum ging, wer die Zeche bezahlt. In den Justizakten steht, dass Ronny die Bierflasche von Axel E. fallen ließ, die er halten sollte, während E. etwas aus seinem Koffer nahm. Grund für den Zwischenfall soll eine ungeschickte Bewegung von Daniel gewesen sein. Axel E. hat sich über seine zerbrochene Bierflasche wohl sehr erregt. Da forderte Ronny ihn auf, beiseite zu kommen und das „zu klären" – die gängige Ansage für eine Rauferei. Bei dem Kampf gewann Axel E. zunächst die Oberhand, kam auf Ronny zu liegen und nahm ihn in den Schwitzkasten. Als Daniel das gewahrte, eilte er Ronny zu Hilfe, trat Axel E. und schlug auf ihn ein. Ronny befreite sich und prügelte mit. Dann ließen die beiden ihr Opfer auf der Elbwiese liegen, mit Rippenbrüchen, Verletzungen an Kopf und Augen, Milz und Blutgefäßen. Sie tranken weiter. Später müssen sie auf die Idee gekommen sein, Axel E. in die Elbe zu werfen. Das taten sie, und gegen halb fünf gingen sie heim.

Die Pirnaer Kripo ist froh, dieses Tötungsdelikt derart schnell aufgeklärt zu haben. Am 28. September 1998 beginnt der Prozess vor dem Dresdner Landgericht. Wie erwartet, sind Daniel und Ronny wegen gemeinschaftlich begangenen Mordes angeklagt. Im Gerichtssaal ist zwischen dem ungleichen Paar keine Spur mehr von Solidarität zu beobachten. Der großgewachsene, athletisch wirkende Daniel und der blasse, schmächtige Ronny würdigen sich keines Blickes. Daniel agiert selbstsicher. Von Beginn an wehrt er sich gegen den Tötungsvorwurf. Axel E. sei ihm wegen seiner Bettelei um Bier auf die Nerven gegangen. Ins Wasser geworfen habe man den Landstreicher nur so, aus Jux. Von den womöglich tödlichen Folgen dieses rüden Spaßes wollen beide nichts geahnt haben.

Sieben Tage wird verhandelt. Das Urteil lautet auf Körperverletzung mit Todesfolge. Also doch kein Mord? Die Polizisten können es nicht fassen. Zusammengeschlagen und dann in die Elbe geworfen, um die Tat zu verschleiern – das ist ein glasklares Mordmerkmal, sagt Hauptkommissarin Birgit Walther. Sie ist sich sicher, dass Axel E. nicht an seinen Verletzungen starb, sondern dass er im ufernahen Elbwasser ertrank. „Ich war sowas von wütend", sagt sie, immer noch stark bewegt von der Tragödie. Wäre Axel E.s Körper wirklich weggeschwommen und wäre dann irgendwann in Dresden oder Torgau oder sonst irgendwo völlig entstellt wieder aufgetaucht, es wäre sehr schwer gewesen, auf ein Verbrechen zu schließen, und nahezu unmöglich, den Tatort auszumachen.

Hat man so milde geurteilt, weil der Tote ein Vagabund war, ein Heimatloser, einer, der keine Lobby hatte? Polizistin Walther kommt es jedenfalls so vor. Das Gericht aber sagt, es habe nicht zweifelsfrei feststellen können, dass Daniel und Ronny mit dem Vorsatz des Mordes handelten. Die Tat sei nicht geplant gewesen. Ob Axel E. wirklich noch lebte, als die beiden ihn ins Wasser warfen, und er somit ertrank, sei gleichfalls nicht abschließend zu klären. Die Täter hätten zudem unter enormem Alkoholeinfluss gestanden, wodurch sie die Gefährlichkeit ihres Tuns nicht mehr hätten abschätzen können. Gutachter hatten mithilfe der Verkaufszahlen am Nachtschalter der Tankstelle Promillewerte zwischen 2,8 und 3,0 errechnet.

Daniel wird zu acht Jahren Haft verurteilt, Ronny, der den tödlichen Streit anfing, zu fünf Jahren und sechs Monaten Jugendstrafe. Fünf Jahre – was ist das gegen ein ganzes Leben, fragt Hauptkommissarin Walther voller Bitterkeit. 2001 ist Ronny auf Bewährung entlassen worden. Ende 2002 kam auch Daniel vorzeitig auf freien Fuß. ◆

Die „Katze" fährt die Krallen aus. Am liebsten an Einfamilienhäusern wie hier am Dohnaer Kronenhügel. Hinter dem Pseudonym steckt Mario N., ein Klassiker unter den Einbrechern. Mit der Pirnaer Kripo liefert er sich zur Jahrtausendwende ein nervenaufreibendes Duell.

Die Katze lässt das Mausen nicht

Spricht Kriminalhauptkommissar Bernd Köhler von Mario N., umspielt ein feines Lächeln die dünnen Lippen unter seinem kleinen Schnauzer. Der N. ist ein Gauner, den zu jagen Spaß machte, sagt er. N. ist die große Ausnahme im Einerlei der kleinen Diebe und dummdreisten Einbrecher. N. ist, wenn man das sagen darf, ein Klassiker. Er ist clever, hat Prinzipien, eine eigene Handschrift, und er agiert so leise und geschickt, dass ein Staatsanwalt ihm den Beinamen „die Katze" verlieh. Das Versteckspiel mit der Polizei scheint N. zu genießen. „Er wusste von Anfang an, dass wir ihm auf den Fersen waren", sagt Bernd Köhler. Bei der Latte von Vorstrafen muss Mario N. aber auch das Schicksal des Serientäters gekannt haben, das nach Köhlers Erfahrung und nach dem Gesetz der Wahrscheinlichkeit unausweichlich ist. Mag es neunundneunzigmal gut gehen, vielleicht auch hundertmal. Aber irgendwann geht es schief.

Früher Morgen in einem Reihenhaus im Pirnaer Westen. Familie H. wird gerade munter. Es ist der 23. November 2000. Buß- und Bettag. Die Klingel zerreißt die Feiertagsstille. Ein Nachbar steht vor der Tür. Er hat in seinem Vorgarten persönliche Papiere der H.s gefunden. Die Familie erschrickt. Diese Sachen gehören in ihr Wohnzimmer! Man klinkt, doch die Stube ist verschlossen. Von innen. Man späht durch das Schlüsselloch und sieht, dass die Terrassentür offensteht. Da wird den H.s klar: Sie sind die Opfer eines Einbrechers geworden. Die Familie ist entsetzt. Mutter Kerstin graut es, wenn sie daran denkt, dass einer hier herumging und nach Wertvollem kramte, während sie ruhig schlief. Die H.s sind offene Leute, dachten bisher nicht daran, die Jalousien herunterzulassen. Wahrscheinlich hat der Unbekannte die Familie beobachtet, im Schutze der aufgeworfenen Erdhaufen, draußen vor der Terrasse. Das nimmt Frau H. jedenfalls an. „Im Nachhinein war das ein deprimierendes Gefühl für uns alle", sagt sie.

In der Straße, wo das Haus der H.s steht, wohnt zufällig auch der Kriminalhauptkommissar Bernd Köhler, Chef des Eigentums-Dezernats bei der Pirnaer Kripo. Auch er findet Dokumente von

Familie H. in seinem Grundstück. Das ist frech, denn Köhler und seine Kollegen jagen schon seit Monaten den Serieneinbrecher Mario N., der hier offenbar seine Spur hinterlassen hat. Für gewöhnlich wirft N. nach seinen Taten alles für ihn Nutzlose so schnell wie möglich weg. Wahrscheinlich hat er die Papiere im Schein einer Straßenlaterne durchgesehen und dann über die Zäune der Vorgärten geschmissen, was er nicht brauchen konnte. Als Bernd Köhler die Terrassentür der H.s inspiziert, weiß er, dass die „Katze" hier war. Sie hat eine untrügliche Visitenkarte hinterlassen: Löcher.

Mario N. ist einer von jenen rar gewordenen Kriminellen, die eine ganz persönliche Masche pflegen. N.s Spezialität sind Einfamilienhäuser, und zwar solche, deren Terrassentüren keine Rollläden haben. Er kommt, wenn die Bewohner schlafen. Er steigt auf die Terrasse und setzt einen altmodischen Bohrapparat mit Handkurbel an. Lautlos treibt er zwei Löcher von etwa zehn Millimetern Durchmesser in die Tür, in der Nähe des Türgriffs. Da hindurch schiebt er einen Draht und öffnet die Verriegelung. Durch die Terrassentür gelangt die „Katze" meist direkt ins Wohnzimmer. Hier klappt sie die Schränke auf und sucht nach Beute. Nur Bargeld und EC-Karten zählen. Das ist ein Prinzip von N. Selten lässt er sich zu Beifang hinreißen und nimmt Schmuck oder Elektronik mit. Er weiß, dass solche Sachen für ihn gefährlich sind, weil sie wiedererkannt werden und ihn überführen könnten. Außerdem braucht man einen Hehler, um Stehlgut zu Geld zu machen. Das schmälert den Gewinn und erhöht das Risiko, dass ihn jemand bei der Polizei verpfeift.

Foto: Marko Förster

Hauptkommissar Bernd Köhler zeigt eine Handbohrmaschine, wie sie N. benutzte.

Üblicherweise findet N. in den Wohnzimmerschränken schnell, wonach er sucht, was manchen Bestohlenen später wundert. Hauptkommissar Köhler wundert das nicht. Berufseinbrecher wie Mario N. haben eine Nase dafür, wo sich Wertsachen befinden. Nicht selten erbeutet N. mühelos das Wertvollste, was er kriegen kann: die Geheimnummern der Geldkarten. War die „Katze" in der Stube, schleicht sie in den Flur, wo die Handtaschen und die Geldbörsen liegen. Sie bedient sich und verschwindet. Mit den Hausbewohnern zusammenzutreffen, vermeidet N. unter allen Umständen. Er will ungesehen bleiben, weil er Vorsprung will. Manchmal verlässt er den Tatort so ordentlich, dass die Bestohlenen den Einbruch gar nicht bemerken und morgens wie jeden Tag zur Arbeit gehen.

N.s Einbruchserie beginnt im Juli 2000. Die „Katze" maust in Pirna, in Dohna, in Struppen, in Obervogelgesang, in Posta, in Bannewitz, in Freital und in Dresden. Überall gibt es durchlöcherte Terrassentüren. Schon nach dem dritten Einbruch war klar, wen man sucht, sagt Kriminalhauptkommissar Köhler. N.s Arbeitsweise, der „Modus Operandi", wie die Kriminalen das nennen, ist in ganz Mitteldeutschland einmalig. Die Polizeidatenbanken enthalten Beschreibungen davon. Schon zu DDR-Zeiten fiel der 1965 in Elsterwerda geborene gelernte Werkzeugschlosser Mario N. wegen Diebstahls auf und wurde verurteilt. Nach der Wende machte er weiter und wanderte wieder ins Gefängnis. Zuletzt war er zu drei Jahren Haft verurteilt worden. Als er in Pirna erneut ans Werk ging, hatte er nicht einmal vierzehn Tage in Freiheit verbracht, und das auch nur auf Bewährung.

Weil Pirnas Kriminalisten schwant, wer der lautlose Terrassentürbohrer ist, recherchieren sie N.s Wohnort und erschrecken: N. ist tatsächlich in Pirna. Auf dem Sonnenstein, in einem der 17-Geschosser, hat die „Katze" sich einquartiert. Um N. zu fangen, wollen die Polizisten sein Haus observieren. Dafür brauchen sie aber eine richterliche Erlaubnis. Die gibt es nicht sofort. Erst nach einem halben Dutzend Einbrüche mit N.s typischer Begehungsweise dürfen sich die Ermittler auf die Lauer legen. Sie wollen N. verfolgen und auf frischer Tat ertappen. Doch daraus wird nichts, denn N. geht stets zu Fuß einbrechen, selbst dann, wenn er dafür große Distanzen zurücklegen muss. N. besitzt kein Auto. Davon abgesehen ist laufen schlau. In einer einsamen, nächtlichen

Stadt wie Pirna oder in einer offenen Landschaft kann man nicht unbemerkt beschattet werden. Das bestätigt Hauptkommissar Köhler. Straftäter kontrollieren ihre Umgebung sehr genau, sagt er. Manche entwickeln sogar einen regelrechten Verfolgungswahn. So beschränken sich die Beamten zunächst darauf, N.s Hochhaus zu beobachten, sein Kommen und Gehen mit dem Einbruchgeschehen in der Gegend zu vergleichen und den Müll nach Resten der Beute zu durchsuchen.

N.s Prinzipientreue gilt nicht nur für die Art und Weise, wie er seine Einbrüche ausführt, sondern auch für seinen Umgang mit dem Diebesgut. Immer, wenn Mario N. EC-Karten geklaut und die Geheimnummern dazu gefunden hat, benutzt er diese noch in derselben Nacht. Er besucht die Pirnaer Bankautomaten und hebt – gut maskiert – so viel Geld ab, wie er im Moment kriegen kann. Nie jedoch behält er EC-Karten für längere Zeit, um sie erneut in den Automaten zu stecken oder um damit einzukaufen, obwohl die Versuchung groß sein muss. Stattdessen wirft er die Karten konsequent weg. So vermeidet er weitere Spuren und das Risiko, als Betrüger aufzufliegen. Die Polizisten wollen sich dieses Prinzip N.s zunutze machen. Wenn sie den Einbrecher schon nicht beschatten können, so beschatten sie eben die Geldautomaten. Ihre Anzahl ist in Pirna überschaubar.

Dann kommt der 20. Februar 2001. Ein Dienstag. Es wird der Tag, an dem die „Katze" ihre Krallen zum vorläufig letzten Mal ausfährt. Nachts ruft ein aufgeregter Mann aus der Pirnaer Ortschaft Obervogelgesang bei der Polizei an. Jemand sei in seinem Haus gewesen, meldet er, er habe Krach gehört. Die Schutzpolizisten informieren die Kripo. Kriminalhauptkommissar Ralf

Foto: Marko Förster

Die Commerzbank-Filiale am Dohnaischen Platz in Pirna. Hier wurde Serieneinbrecher Mario N. mit einer geklauten EC-Karte geschnappt. Urteil: Fünf Jahre Knast.

Hubrich hat gerade Dienst. Die Sache hört sich nach dem lange gesuchten Serieneinbrecher an, findet er. Sofort bringt Hubrich die Überwacher an Pirnas Banken in Stellung. Es ist genau die richtige Entscheidung. In der Commerzbank-Filiale am Dohnaischen Platz stoßen die lauernden Beamten um 5.35 Uhr auf eine Gestalt, die eine Einkaufstüte mit Gucklöchern über dem Gesicht trägt und eben eine EC-Karte in den Automatenschlitz schiebt. Der Tütenmann wird niedergeworfen, die Handschellen klicken. Es ist Mario N. Die Geldkarte hat er kurz zuvor in Obervogelgesang geklaut, ebenso eine Videokamera, die er bei sich trägt. Einem anmutigen Katzentier ähnelt N.s Erscheinung, die nun in Polizeigewahrsam ist, nicht wirklich. Er ist ein massiger Typ, trägt lange Haare. Er beschwert sich über die unsanfte Behandlung. Die Beamten sind kein Risiko eingegangen. Ein maskierter, vielleicht sogar bewaffneter Täter, der wahrscheinlich einer hohen Haftstrafe entgegensieht, wird erst einmal flachgelegt, heißt es. Das sei eine Frage der eigenen Sicherheit. Mithilfe des Diebesguts und der Funde in N.s Mülltonne und Wohnung können ihm viele seiner Raubzüge nachgewiesen werden. Dazu tragen auch DNA-Spuren bei, die an verschiedenen Tatorten gesichert wurden. Kurioserweise befanden sich solche Spuren auch an Bierflaschen, die N. auf einer Terrasse fand und deren Inhalt er sich einverleibte.

Die Bürgerschaft atmet auf, als sie hört, dass der listige Serieneinbrecher dingfest ist. Mario N. hat viel Unruhe gestiftet. „Etliche Pirnaer sind damals mit der Handtasche ins Bett gegangen“, sagt Hauptkommissar Köhler. Eine Schrecksekunde durchleben die Ermittler, als Mitte April 2001 ein Eigenheimbesitzer aus Oberposta eine angebohrte Terrassentür meldet. Die Besichtigung ergibt: Es ist N.s Methode. Aber das kann nicht sein, denken die Polizisten. Mario N. sitzt seit Wochen in Untersuchungshaft. Ist doch ein anderer Täter im Spiel? Schon scheint die Beweiskette zu zerreißen, da stellt sich heraus: Der Hausbesitzer hat seine Terrassentür seit dem Wintereinbruch nicht mehr von außen angeguckt. N. war irgendwann in dieser Zeit dagewesen, hatte den Raubzug aber, aus welchem Grund auch immer, abgebrochen. Erst beim Frühjahrsputz wurde die Spur des Angriffs entdeckt.

Als am 23. August 2001 der Prozess gegen Mario N. beginnt, werden ihm knapp vierzig Einbrüche und Einbruchsversuche sowie 21 EC-Karten-Betrügereien angelastet. In 19 Fällen kannte N.

die Geheimzahl für das Plastikgeld. Unterm Strich hatte er rund 20 000 D-Mark erbeutet. Den dabei angerichteten Sachschaden bezifferte die Polizei auf etwa 100 000 D-Mark. Nach einem umfassenden Geständnis schickt das Dresdner Landgericht die „Katze" für fünf Jahre in den Bau. Das Mausen lässt sie trotzdem nicht. Schon im Mai 2010 steht N. wegen 19 Einbrüchen vor dem Amtsgericht von Dresden. N. wohnt inzwischen in Tschechien. Er ist dort verheiratet und hat drei Kinder. Dem Gericht erklärt er, er habe in Deutschland keine Hilfe bei der Arbeitssuche erhalten, nachdem er aus dem Gefängnis entlassen worden sei. Seine Frau sei ihm auf den Keks gegangen, er solle arbeiten. „Da fragte ich mich: Was kannste noch?" Die Antwort: Einbrechen. N. bekommt für seine neuerliche Serie zwei Jahre und elf Monate Haft aufgebrummt.

Auf den Pfad der Tugend hat er bis heute nicht gefunden. Während das vorliegende Buch entsteht, wird Mario N. wieder einmal festgenommen. Am 4. März 2013, gegen Mitternacht, ist er im Bannewitzer Ortsteil Hänichen in ein Wohnhaus eingestiegen, wie üblich durch die Terrassentür, und hat drinnen eine Geldbörse mit EC-Karte und 150 Euro, einen Laptop und Autoschlüssel gefunden. Doch diesmal lässt ihn sein Glück umgehend im Stich. Die Polizei stellt N. praktisch auf frischer Tat. Zwar kann er noch vom Ort des Geschehens fliehen, doch führen die Schuhspuren im Schnee dieser Märznacht direkt zu seinem Versteck, einem nahegelegenen Schuppen.

In der Verhandlung am 7. August 2013 vor dem Pirnaer Amtsgericht erklärt N., das Bannewitzer Haus rein zufällig ausgesucht zu haben. „Es lag am Weg", sagt er trocken zum Richter. Während des Prozesses gesteht N., bereits im Februar 2013 in das Haus seines ehemaligen Chefs in Großdubrau bei Bautzen eingestiegen zu sein. Dort hatte er 4 500 Euro Bargeld, einen Laptop, eine Kamera und 20 Gedenkmünzen eingesteckt. Es ist wohl der einzige von N.s Einbrüchen, der streng genommen gar keiner war, denn N. beteuert, den Originalschlüssel benutzt zu haben, um in das Haus zu gelangen. Als ehemaliger Angestellter wusste er, dass dieser Schlüssel in einer häufig nicht abgesperrten Garage lag.

Mario N. ist jetzt 48 Jahre alt. Die füllige Figur hat er immer noch. Sein dunkles Haar ist ordentlich gestutzt und zurückgekämmt, die fleischigen Unterarme, die auf der Anklagebank ruhen, sind von großen Tätowierungen bedeckt. Die Verhandlung scheint N. nicht sonderlich zu interessieren. Er wirkt müde. Von seiner Frau lebt er jetzt getrennt, erzählt er, das hat sich während der letzten Haftstrafe so ergeben. Die Kinder sind bei der Mutter. Er selbst wohnt weiterhin in Tschechien, in einem Ort bei Teplice. Nach seiner Haftentlassung im Juni 2011 begann er offenbar einen recht passablen Lebenswandel. Schnell fand er Arbeit als Kraftfahrer. Weil seine Firma in Zahlungsschwierigkeiten geriet, musste er wieder gehen. Dann heuerte er bei dem Unternehmen in Großdubrau als Fernfahrer an. Dort blieb er aber nur anderthalb Monate. Man warf ihn raus, erzählt er dem Richter, weil er in Schweden mit überschrittener Lenkzeit erwischt wurde und die Firma deswegen Strafe zahlen musste. N. empfand die Kündigung als ungerecht. Der Chef selbst habe doch angeordnet: fahren, fahren, fahren, sagt er. In sein Haus sei N. nur deshalb eingestiegen, weil er ihm Lohn geschuldet habe. Seine finanzielle Lage sei nach dem Verlust des Jobs angespannt gewesen.

Der Richter blieb von N.s Schilderung nicht unbeeindruckt. Sie könne die Tat zwar nicht rechtfertigen, lasse sie aber in einem milderen Lichte erscheinen. Dennoch stellte er mit Blick auf N.s schier endlose Vorstrafenliste fest, dass die Bevölkerung nun immer länger vor ihm und seinem Treiben bewahrt werden müsse. Die Verteidigung der Rechtsordnung gebiete eine deutliche Strafe. Zwei Jahre und zwei Monate Gefängnis, so lautete das Urteil. Mario N. nahm es ohne Regung hin. Zu dieser Haftzeit werden noch elf Monate von N.s letzter Strafe kommen, die zur Bewährung ausgesetzt waren. Im Mai wären der „Katze" diese elf Monate geschenkt worden, hätte sie nicht schon im Februar wieder ihre Krallen ausgefahren. „Es ist total schade", sagte N.s Anwältin in ihrem Plädoyer. „Diesmal war er fast auf dem richtigen Weg!" Ein wenig erinnert die ganze Geschichte an Hans Falladas großen Gefängnis-Roman von 1934, in dem Knastbruder Willi Kufalt sich vergebens müht, ein braver Bürger zu werden. Wer einmal aus dem Blechnapf frisst, der frisst immer wieder daraus, das ist die Essenz des Buches. Es steht zu befürchten, dass Mario N. ein moderner Kufalt ist. ◆

Foto: DRK Wasserwacht Freital

Am 13. August 2002 retten Militärpiloten in Freital Eingeschlossene vor der Jahrhundertflut. Dabei stürzt eine alte Frau ab und stirbt. Insgesamt fordert das Hochwasser im Osterzgebirge und in der Sächsischen Schweiz neun Todesopfer. Jedes einzelne ist ein Fall für die Kripo.

Mörderische Flut

Dumpf schlabbern Rotorblätter durch die Regensträhnen über Freital. Der olivgrüne Vogel, der regungslos am Himmel steht, zieht ein Seil zwischen den triefnassen Häusern empor. An dem Seil hängen Menschen. Hubschraubergestützte Wasserrettung nennen Fachleute das, was hier passiert. Es passiert mitten in der Stadt. Die Stadt ist zum Fluss geworden. Der grüne Vogel pflückt Eingeschlossene von Balkons und Dächern. Eben hievt die Winde Hedwig K. aus der Uferstraße nach oben. Die 75 Jahre alte Frau ist beinahe am Einstieg, da plötzlich klappen ihre Arme hoch, der Haltegurt rutscht über ihren Kopf, so schnell, dass der Helfer neben ihr sie nicht mehr zu fassen kriegt. Er will die Fallende noch mit den Beinen festklemmen, doch zu spät. Hedwig K. stürzt rund zehn Meter in die Tiefe. Kameraden der Freitaler Wasserwacht ziehen sie aus dem dreckigen Strom, bringen sie an Land, beleben sie, noch im Schlauchboot liegend, wieder. Wenig später stirbt Hedwig K. im Krankenhaus.

Die Jahrhundertflut im August 2002 ist ein markantes Ereignis im Leben vieler Menschen des Osterzgebirges und des oberen Elbtals. Auch Ralf Hubrich kann diese Katastrophe nicht vergessen. Nicht nur, weil der Polizist drei Tage lang in seiner Pirnaer Dienststelle vom Wasser eingeschlossen war. Das furchtbare Hochwasser brachte Hubrich und seinen Leuten auch viel betrübliche Arbeit. Binnen zwei Tagen starben neun Menschen im Flutchaos. Streng genommen waren das unnatürliche Todesfälle. Und die mussten untersucht werden. Jeder Fall brauchte seine Akte, und jede Akte musste zum Staatsanwalt.

Montag, 12. August 2002. Es ist der Tag, an dem Tief Ilse Sachsen ins Unglück stürzt. Es regnet wie von Sinnen. Die Gebirgsflüsse fangen an, verrückt zu spielen. Einer davon, die Gottleuba, fließt nahe der Kriminalpolizeiinspektion Pirna unter der Königsteiner Straße hindurch, also knapp vorbei an Ralf Hubrichs Schreibtisch. An diesem Tag hat er Leitungsdienst. Er sieht, wie der Fluss schwillt und schwillt. Immer mehr Kollegen melden sich bei ihm ab. Sie wollen nach Hause, ihr Hab und Gut vor Wassereinbrüchen schützen. Irgendwann ist Ralf Hubrich allein in der Pirnaer Kripozentrale. Nur der ebenfalls diensthabende Kriminaltechniker ist noch da. Draußen schwappt die Gottleuba schon über den Parkplatz und über die Bundesstraße 172. Noch weicht der Fluss vor den Autos zur Seite, mit imposantem Schwall. Aber das ist bald vorbei. Den Polizisten wird klar, dass sie nicht mehr ausrücken können, geschweige denn nach Hause fahren. Der Strom ist weg, das Telefon ist tot. So ziehen sie ihre Friesennerze über und kämpfen sich in die Stadt vor um zu sehen, was da los ist. Ein Ladenbesitzer begegnet ihnen, erkennt sie als Amtspersonen. „Machen Sie was! Mein Geschäft läuft voll!", fleht er die beiden an. Die Polizisten können nichts machen. Keiner kann etwas machen. Die ganze Stadt läuft voll. In der Seniorenresidenz Alexa an der Robert-Koch-Straße gibt es schon einen Toten. Der 80-jährige Erich M. war gegen 18 Uhr in den Keller gegangen. Vielleicht wollte er noch etwas retten? Das Personal hatte die Bewohner vor dem Betreten des Tiefgeschosses gewarnt, sagt die Heimleitung. Keller und Garage würden zuerst geflutet, das wusste man. Im dunklen Keller wird Erich M. vom Wasser eingesperrt. Auf der Straße hört man ihn aus einem Lichtschacht um Hilfe rufen. Das Gitter über der Schachtöffnung ist sehr stabil, weil es eigentlich als Einbruchschutz dient. Als es endlich gelingt, die Streben zu öffnen, ist Erich M. ertrunken.

Die Kriminalisten übernachten auf dem harten Boden ihrer Diensträume. Am nächsten Tag ist draußen noch mehr Wasser. Und nichts zu essen da. Dabei sitzt man auf Bergen von Lebensmitteln. Im Erdgeschoss des Kripo-Quartiers liegt der Extra-Markt. Der Manager will zunächst nichts herausrücken. Doch die Kripo-Leute haben einen Trumpf: Strom aus dem Generator ihres Kriminaltechnikwagens. Als der Marktleiter sein Mobiltelefon aufladen will, kommt man ins Geschäft. Es gibt Essbares, für die Polizisten, und für das Seniorenheim Alexa.

Die Handynetze sind heillos überlastet. Schon tags zuvor hatte der Schlottwitzer Roger Marx in sein Telefon schreien müssen, um sich mit seiner Frau zu verständigen. Die Verbindung brach immer wieder ab. Annett Marx war aus ihrem Pirnaer Versicherungsbüro aufgebrochen. Sie wollte sich durch das Müglitztal nach Hause kämpfen. Wenn er gewusst hätte, sagt Roger Marx, dass im Unterdorf von Schlottwitz schon die Hölle los war, er hätte seiner Frau ins Telefon geschrien, sie solle sofort umkehren. Annett Marx kommt nicht zu Hause an. Auch nicht am nächsten und übernächsten Tag. Als ihr Mitsubishi verlassen auf einem Grundstück in Niederschlottwitz gefunden wird, ahnt Roger Marx, dass er seine Frau nie mehr wiedersehen wird.

Annett Marx gilt zunächst als vermisst, so wie Dutzende Menschen im Weißeritzkreis und in der Sächsischen Schweiz. Die Polizei bittet Roger Marx um DNA-Material seiner Frau, nimmt Zahn- und Haarbürste mit. Am 20. August, acht Tage nach ihrem Verschwinden, wird Annett Marx von Pirnaer Kripobeamten mit einem Leichenspürhund gefunden. Ihr Körper steckt in einem immensen Geröllberg, den die Müglitz kurz vor Mühlbach bei einer Laubenkolonie aufgetürmt hat. Feuerwehrleute aus Berggießhübel bergen den Leichnam. Der Mahlstrom hat ihn erstaunlich unversehrt gelassen. Doch die Tage seit der Flut waren heiß. Roger Marx entscheidet sich gegen einen letzten Blick auf seine Frau. Man hat ihm davon abgeraten.

Mehr als zehn Jahre sind vergangen. Roger Marx spricht bemerkenswert offen über den Schicksalsschlag. Die große Trauer ist vorbei, sagt er. Vor allem sein kleiner Sohn Robert, damals erst drei Jahre alt, hat ihm Mut gemacht. Wenn er mit ihm durch das zerstörte Tal spazierte, dann winkte Robert seiner Mama, die jetzt auf einer Wolke saß. 2004 zogen die Marxens nach Reichstädt bei Dippoldiswalde. Vater Roger hat hier ein neues Zuhause und eine neue Partnerin gefunden. Was mit seiner Annett am Abend des 12. August 2002 passierte, weiß Roger Marx bis heute nicht genau. Offenbar hatte sie sich auf Umwegen über die Dörfer ins Müglitztal vorgearbeitet, wollte dann das letzte Stück bis zum Haus in Oberschlottwitz zu Fuß zurücklegen. Etwa vierhundert Meter davor, das weiß Marx von einem Zeugen, wurde Annett vom Wasser mitgerissen. Der Mann bekam sie zwar zu fassen. Dann aber sei er von einem treibenden Baumstamm getroffen worden und habe loslassen müssen. Und das glaubt Roger Marx ihm auch.

Der Ort, wo die Müglitz am schlimmsten wütete, ist wohl Weesenstein. Das Bild der Familie, die auf einem schneeweißen Mauerrest mitten in den trüben Wellen hockt, wurde zum Symbol der Katastrophe. Zwischen Bahnbrücke und Schuhfabrik, in der sogenannten Weber-Villa, wohnte Annemarie Weber, 48, mit ihrem 66-jährigen Partner Manfred Großer. Im Laufe des 12. August bringen die beiden noch ihr Auto aus dem Tal hinaus, um es vor der Flut zu schützen. Dann kehren sie in ihr Haus zurück und räumen Habseligkeiten aus dem Parterre ins Obergeschoss. Ein

Foto: KPI Pirna

Eine zerstörte Laubenkolonie im Müglitztal kurz vor Mühlbach. Nicht weit von dieser Stelle wurde der Leichnam von Annett Marx aus Schlottwitz entdeckt.

Nachbar fotografiert das umflutete Gebäude noch, während einer der Bewohner aus dem Fenster schaut. Am nächsten Morgen ist von Haus und Menschen nichts mehr zu sehen.

Die beiden Vermissten sind höchstwahrscheinlich tot. Die Pirnaer Kripo hat die traurige Pflicht, sie zu suchen. Kriminalhauptkommissarin Birgit Walther war damals dabei. Sie denkt mit Grausen daran, wie sich die Trupps und ihre Suchhunde durch die Mondlandschaft aus meterhohen Geröllhaufen und Unratbergen kämpften. Sie arbeiten Tag und Nacht, rund um die Uhr. Nicht nur das eigentliche Flussbett muss abgesucht werden, sondern die ganze, weite Fläche, die der ausgeuferte Fluss durchtobt hatte. Dabei entdecken sie einen der ertrunkenen Esel aus der Weesensteiner Schlossbrauerei. Das Tier war samt Stall weggespült worden. Der Leichnam von Manfred Großer ist bald gefunden. Er liegt einige Hundert Meter oberhalb des Kuxberges nahe der Multicar-Werkstatt Franke. Aber wo ist Annemarie Weber? Kurz vor der Fluorchemie in Dohna, wo das alte Wehr der Papierfabrik den Fluss überspannte, mit Holz und Stahl, Laufrosten und Kurbelrädern, ist ein Gebirge aus Schwemmgut gewachsen, vielleicht fünfzehn Meter hoch. Hier schlägt der Spürhund an. In etwa zwei Metern Höhe wittert er Verwesung. Die Fahnder fangen an zu graben, mit banger Erwartung. Aber sie finden nicht das, was sie suchen. Sie finden eine Packung Hähnchenschenkel. Das verdorbene Fleisch ist dem Hund in die Nase gestiegen. Es ist eine falsche Fährte. Was der Suchtrupp nicht ahnt: Sie liegt am richtigen Ort.

Bald darauf soll die Gerümpelbarrikade am alten Wehr geräumt werden. Das erweist sich als schwierig. Das Schwemmgut ist unwahrscheinlich fest ineinander verkeilt. Die Baumstämme in dem Haufen stehen unter Spannung. Wer hier die Säge ansetzt, begibt sich in Lebensgefahr. So entschließt man sich, das Chaos mit Sprengstoff zu entwirren. Bundeswehr-Pioniere aus Bayern bringen die Ladungen an und zünden sie. Als die Soldaten anschließend wieder an die Arbeit gehen, machen sie eine grausige Entdeckung. Im Müglitzwasser schwimmt plötzlich ein toter Mensch.

Es muss der Leichnam von Annemarie Weber sein. Befreit von der Last des Schwemmguts, ist er an die Oberfläche gestiegen. Der Pirnaer Klaus Leroff, damals der Organisationschef im Katastrophenstab von Dohna, wird Augenzeuge des Geschehens. Er sieht noch die beiden jungen Soldaten vor sich, die den Leichnam gefunden haben, und denen der Schock im Gesicht steht. Der Kompaniefeldwebel zieht sie gleich aus dem Verkehr. Nun muss die Tote geborgen werden. Behutsam muss das geschehen, denn der Körper hat schon tagelang im Wasser gelegen. Man fürchtet, er könnte zerfallen, würde man schwere Technik benutzen. Schließlich waten Leroff und der Kompaniefeldwebel zu dem Leichnam hin. Sie haben eine Zinkwanne vom Bestattungsinstitut dabei. In den Boden sind Löcher gebohrt, sodass die Wanne wie ein Sieb wirkt. Behutsam schieben sie das Behältnis unter den treibenden Körper und bringen ihn unbeschadet an Land. Auch diese Szene ist in Klaus Leroffs Erinnerung so lebendig, als wäre sie gestern passiert. Zu erkennen ist Annemarie Weber nicht mehr. Mit einer DNA-Analyse verschafft sich die Kripo Gewissheit.

Foto: Daniel Förster

Weesenstein am 14. August 2002. Die Flut zieht sich zurück. Nahe der Eisenbahnbrücke stand das Wohnhaus von Annemarie Weber und Manfred Großer.

Allein in Weesenstein hat die Flut acht Häuser verschluckt. Es hätte durchaus mehr als zwei Todesopfer geben können. Die Weesensteiner Bürger erheben anschließend schwere Vorwürfe gegen die Behörden und das Katastrophenmanagement des Landkreises. Sie seien vor der nahenden Flut nicht ausreichend gewarnt worden und hätten trotz Notruf keine Hilfe erhalten, klagen sie. Die Pirnaer Staatsanwaltschaft nimmt in mehreren Fällen Ermittlungen gegen unbekannt auf, unter anderem wegen unterlassener Hilfeleistung, fahrlässiger Herbeiführung einer Überschwemmung und fahrlässiger Tötung. Vor Gericht gestellt wird niemand, weder die viel gescholtene Landestalsperrenverwaltung, noch das Pirnaer Landratsamt, das schon vorsorglich einen Rechtsanwalt eingeschaltet hatte. Im Falle des in Pirna ertrunkenen Rentners ermittelt die Polizei, dass der betroffene Erich M. dabei war, als Mitarbeiter des Seniorenheims die Bewohner über das Betretungsverbot für den Keller informierten. Wie er anschließend in die Kellerräume gelangte und was er dort wollte, bleibt für immer ungeklärt.

Foto: Jörg Stock

Das Flutmuseum in Weesenstein. Hier wird das Gedenkkreuz für die ertrunkenen Einwohner Annemarie Weber und Manfred Großer aufbewahrt, das zuvor an der Stelle ihres zerstörten Hauses stand.

Der Tod von Annett Marx aus Schlottwitz wird auch untersucht, recht intensiv sogar. Die Ermittlungen dazu füllen zwei Aktenordner. Anfang 2003 teilt der Oberstaatsanwalt der Sächsischen Zeitung mit, dass eine Straftat nicht nachzuweisen sei. Anwohner hätten die Frau davor gewarnt, sich in das Wasser zu begeben. Sie habe das Risiko demnach bewusst in Kauf genommen. Eigenverantwortliche Selbstgefährdung nennen Juristen das, wodurch eine fahrlässige Tötung ausgeschlossen wird. Überdies müsse bezweifelt werden, ob eine Warnung von offizieller Seite Frau Marx überhaupt erreicht hätte, hieß es, und ob eine solche sie dann von ihrem Vorhaben, sich nach Hause durchzukämpfen, abgebracht hätte. Das Verfahren wird im Februar 2003 eingestellt.

Bei der Aufarbeitung der Hochwasserkatastrophe tritt zutage, dass verschiedene Kommunikationspannen zwischen den Behörden und den Hilfskräften passiert sind. Andererseits hat keiner ein derart desaströses Flutereignis für möglich gehalten, auch nicht der Bürgermeister von Müglitztal, Jörg Glöckner. „Hier ist etwas geschehen, womit keiner gerechnet hat", sagte er damals. Krisenstabsmitarbeiter Klaus Leroff denkt, dass die Leute das Wasser unterschätzten und dass sie deshalb in ihren Häusern blieben. Feuer kann man löschen, vor Sturm sich verstecken, sagt er. „Aber im Wasser hat man keine Chance zu fliehen." Ralf Hubrich, der Pirnaer Kripochef, hat damals keinen Sündenbock geliefert. „Mit Schuld und Fehlverhalten hatte das alles nichts zu tun", sagt er. Der Absturz der Freitaler Rentnerin Hedwig K. vom Hubschrauber hat immerhin eine Diskussion bei den Luftrettern ausgelöst. Seither ist vorgeschrieben, dass der Retter die Arme der zu rettenden Person während des Hochziehens mit den Beinen umklammern muss. So kann der Gurt, der unter den Achseln sitzt, nicht über den Kopf rutschen, selbst dann nicht, wenn die Person völlig entkräftet ist.

Das Andenken an die Flutopfer Annemarie Weber und Manfred Großer wird in Weesenstein wach gehalten. Helmut Berthold, Pfarrer in Rente, ließ ein metallenes Kreuz an dem Platz aufstellen, wo die Müglitz Haus und Leben des Paares zerstörte. An diesem „verschwundenen Ort" fanden mehrfach Andachten statt. Nach gelegentlichen Missverständnissen – auswärtige Gäste hielten das Symbol für ein echtes Grabmal und ärgerten sich über den fehlenden Blumenschmuck – brachte man das Gedenkkreuz ins Weesensteiner Flutmuseum. Dort ist es noch heute zu besichtigen. ◆

Foto: KPI Pirna/Repro: Marko Förster

Banale Hülle, brisanter Inhalt: Dieser Opel Vectra ist als Rauschgifttaxi zwischen Holland und der Schweiz unterwegs. Ein Mann aus Pirna-Graupa leitet den Schmuggel. Als dieses Foto heimlich gemacht wird, sind die Fahnder ihm dicht auf den Fersen.

Kurierfahrt ins Kittchen

Fahl und feucht graut der Morgen über dem Grenzland zwischen der Bundesrepublik Deutschland und dem Königreich der Niederlande. Es ist der 7. Oktober 1999. Der Kriminalhauptkommissar Jürgen Berger aus Pirna denkt bei diesem Datum unwillkürlich an den Geburtstag der DDR. Es wäre der 50. Es hätte Orden gegeben, und Prämien, und Beförderungen, wäre der Staat nicht schon mit vierzig aus dem Leben geschieden. Dem Mann, auf den Hauptkommissar Jürgen Berger heute wartet, hier, sechshundert Kilometer entfernt von daheim, ist der Tag höchstwahrscheinlich schnurz. Noch. Berger wird dafür sorgen, dass er ihn so schnell nicht mehr vergisst.

Ein Jahr zuvor: Freitagnachmittag, Kriminalpolizeiinspektion Pirna, Königsteiner Straße. Bei Jürgen Berger, dem Sachbearbeiter im Drogenkommissariat, dudelt das Telefon. Kurz vor Feierabend und am liebsten freitags, das sind die Momente, wo gern noch irgendetwas Wichtiges passiert. Berger hebt den Hörer ab. Ein Unbekannter will ihn sprechen. Er lässt durchstellen. Der Unbekannte meldet, in Pirna lebe ein Drogendealer, der Rauschgift aus Holland nach der Schweiz schaffe. Berger horcht auf. Dieser Mann soll Dietmar H. heißen. Der Name sagt dem Hauptkommissar nichts. Doch der Anrufer klingt glaubwürdig. Davon abgesehen ist es Bergers Pflicht, der Sache nachzugehen. In Absprache mit der Staatsanwaltschaft beginnt die Aufklärung der Person Dietmar H.

Dietmar H., 39, verheiratet, drei Kinder, wohnt unauffällig in einem Haus in Graupa. Er ist kein Hiesiger. Geboren wurde er in einer Westerwald-Gemeinde im nördlichsten Zipfel von Rheinland-Pfalz. Zur Wendezeit kam er nach Ostdeutschland und versuchte sich als Unternehmer. Er handelte mit Bau-Elementen für Fassaden und Dächer und mit Fenstern. Doch das Geschäft lief nicht gut. H., so finden die Polizisten heraus, scheint einer jener Menschen zu sein, die nicht sonderlich viel auf die Reihe kriegen. Interessiert nehmen die Ermittler zur Kenntnis, dass Dietmar H. einschlägig vorbestraft ist. Bereits als Jugendlicher kam er mit Drogen in Kontakt. Er wurde zweimal wegen Verstoßes gegen das Betäubungsmittelgesetz verurteilt. Zuletzt saß er eine vierjährige Haft ab, aus der er 1986 entlassen wurde.

Durch die Recherchen und die Tipps des anonymen Informanten erhärtet sich der Verdacht, H. könnte nach seinem erfolglosen Unternehmertum in den Drogenhandel eingestiegen sein. Doch es fehlen Beweise. So beantragt die Staatsanwaltschaft eine Überwachung von H.s Telefon. Bei Ermittlungen im Drogenmilieu ist das nicht unüblich. Allerdings müssen die Verdachtsmomente stark genug sein. Das sind sie, findet der Ermittlungsrichter, und erlässt den entsprechenden Beschluss. Und H.s Telefonversorger installiert die heimliche Umleitung zur Pirnaer Polizei.

Von nun an hören die Ermittler mit. Sie erfahren, mit wem H. redet und worüber. Die verräterischen Gesprächsinhalte protokollieren sie für die Akte. Sie merken, dass Dietmar H. tatsächlich Rauschgift aus Holland in die Schweiz kutschiert. Die Observation H.s bestätigt das. Und eines Tages, als wieder eine Kurierfahrt beginnt, heften sich die Polizisten an H.s Fersen. Für einen Haftbefehl gegen H. würde das, was sie schon wissen, zwar reichen. Aber jetzt, nach einem Jahr mühsamer Ermittlungsarbeit, wollen sie den Sachbeweis, wollen Dietmar H. auf frischer Tat ertappen.

Der Verdächtige fährt einen weißen Opel Vectra. Mit ihm im Wagen sitzt ein Komplize, ein gewisser Thomas K. aus Dresden. Die beiden steuern Richtung Ruhrpott und dann der niederländischen Grenze entgegen. Wie folgt man einem Auto unauffällig über eine so große Distanz? Jedenfalls nicht mit ein und demselben Wagen. Das würden die Verfolgten schnell merken. Man braucht einen großen Fuhrpark zum Wechseln und Experten, die sich mit Fahrzeugbeschattung auskennen. Beides hat die Pirnaer Kripo nicht zur Hand. Das MEK, das Mobile Einsatzkommando des Landeskriminalamts Sachsen, übernimmt den Fall. Später stoßen weitere MEKs aus Norddeutschland dazu.

Den Polizisten gelingt es, Dietmar H. unerkannt zu folgen. Doch als dieser über die offene Grenze in die Niederlande rauscht, müssen sie stoppen. Ende des Zuständigkeitsbereichs. Was nun? Während der Fahrt hatte H. kein einziges Mal telefoniert. Hauptkommissar Jürgen Berger und seine Leute wissen weder, wie lange er im Nachbarland bleiben wird, noch, welchen Grenzübergang er für den Rückweg nimmt. Zur Sicherheit werden zwei Übergänge gleichzeitig bewacht. Unauffällig lauern die Fahnder neben der Straße und spähen in den Verkehrsstrom. Nun heißt es warten und hoffen, dass H. bald wieder auftaucht.

Die Ermittler haben Glück. Schon am nächsten Morgen, dem Morgen des 7. Oktober, rollt der weiße Opel Vectra zurück auf deutschen Boden. Sie hängen sich an ihn dran. Er fährt auf der Bundesautobahn 57 und nähert sich schon bald der Stadt Krefeld. Einsatzleiter Jürgen Berger hat angewiesen, die Insassen bei der ersten sich bietenden Gelegenheit festzunehmen. Selber stoppen wollen die Polizisten den Wagen nicht. Sie wollen keine Verfolgungsjagd riskieren, die Unbeteiligte gefährden könnte. Sie wissen, dass H. Drogen konsumiert und als gewalttätig gilt. Das macht ihn unberechenbar. Möglicherweise ist er sogar bewaffnet.

Kurz hinter Krefeld geht der Blinker des Opels an. Er biegt auf die Raststätte Geismühle-West ab, so benannt nach einer niedlichen, siebenhundert Jahre alten Holländerwindmühle, die ganz in der Nähe ihre Flügel spreizt. H. und sein Komplize betreten ahnungslos die Raststätte. Jetzt kommt der Befehl: Zugriff! Das Einsatzkommando stürmt in das Rasthaus, überrumpelt die verdutzten Verdächtigen, legt ihnen Handschellen an und verfrachtet sie vorerst in die Herrentoilette, die für Bedürfnisse Unbescholtener ab sofort gesperrt ist. Jürgen Berger hat das Bild, das sich ihm bietet, noch lebhaft vor Augen. „Die beiden saßen da, gut verpackt, jeder in einer Ecke."

Dietmar H. ist von Natur aus ein großer, kräftiger Mensch. Auf Hauptkommissar Jürgen Berger macht er in diesem Augenblick einen heruntergekommenen Eindruck. Typisch für Drogenkonsumenten, denkt er. Nun wird H.s Auto untersucht. Ist die fatale Fracht an Bord? Der Kofferraum sieht ganz gewöhnlich

Foto: KPI Pirna/Repro: Marko Förster

Interessantes Drogenversteck: Die Reserveradmulde des Opels hat einen doppelten Boden.

Foto: KPI Pirna/Repro: Marko Förster

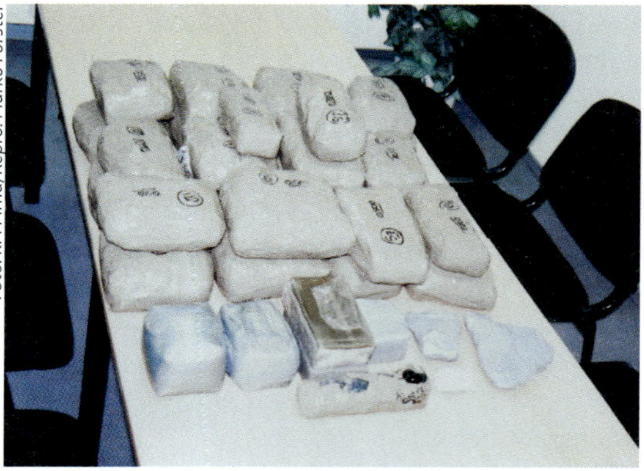

13 Kilogramm Marihuana und 5 Kilogramm Haschisch haben die Polizisten aus dem präparierten Kofferraum gezogen. Es ist der bis dato dickste Fang des Pirnaer Rauschgift-Kommissariats.

aus. Unter dem Filz der Ladefläche jedoch fällt eine Naht frischen Kitts ins Auge, die sich um die Reserveradmulde zieht. Das Blech wird gelockert, hochgeklappt, darunter tut sich ein Hohlraum auf. Er ist etwa elf Zentimeter tief und vollgestopft mit braunen Päckchen. Die Kripoleute sind hocherfreut. Sie halten das objektive Beweismittel für H.s Drogengeschäfte in den Händen. In den 36 Paketen, die man aus dem doppelten Boden zieht, befinden sich 13 Kilogramm Marihuana und 5 Kilogramm Haschisch. Marihuana enthält die getrockneten Blütentrauben der Cannabispflanze. Es wird meist geraucht. Haschisch ist das gepresste Harz des Gewächses. Man raucht es oder isst es, eingemengt zum Beispiel in diverses Backwerk, in Joghurt oder Speiseeis. Der Drogenfang ist mit Abstand der dickste, den die Pirnaer Kriminalpolizei seit der deutschen Wiedervereinigung gemacht hat. Der Marktwert dieser Ladung beträgt rund 180 000 D-Mark. Zeitgleich mit dem Zugriff an der Autobahn durchsuchen Kripoleute daheim in Graupa Dietmar H.s Haus. Sie finden weitere Drogen, Drogenutensilien und eine Pistole russischer Bauart vom Typ Makarow mit Schalldämpfer. H. wird dem Haftrichter vorgeführt und in Untersuchungshaft gebracht.

Am 14. September 2000 verurteilt das Landgericht Dresden Dietmar H. wegen bandenmäßigen Handels mit Betäubungsmitteln in acht Fällen und wegen diverser weiterer Delikte zu sechs Jahren und sechs Monaten Gefängnis. Allein 1999 war H. nach Überzeugung des Gerichts am Schmuggel von insgesamt gut einem Zentner Marihuana und Haschisch beteiligt. Der Stoff wurde vom niederländischen Amsterdam ins schweizerische Zürich transportiert. Dietmar H. erklärt, er habe den Schmuggellohn gebraucht, um seinen privaten Drogenkonsum zu finanzieren. Er hatte regelmäßig Rauschgift genommen, vor allem Kokain. Zu den vergleichsweise geringeren Vergehen H.s zählte die Beihilfe zum Betrug. Einem Bekannten, der einen Verkehrsunfall hatte und im Krankenhaus lag, borgte er seine Krankenversichertenkarte. H.s Krankenkasse beglich daraufhin arglos die Behandlungskosten von 12 000 D-Mark. Die bei H. gefundene Makarow-Pistole hat das Bundeskriminalamt untersucht und die Projektile mit Tatmunition von ungeklärten Verbrechen verglichen. Die Waffe konnte jedoch keiner Straftat zugeordnet werden.

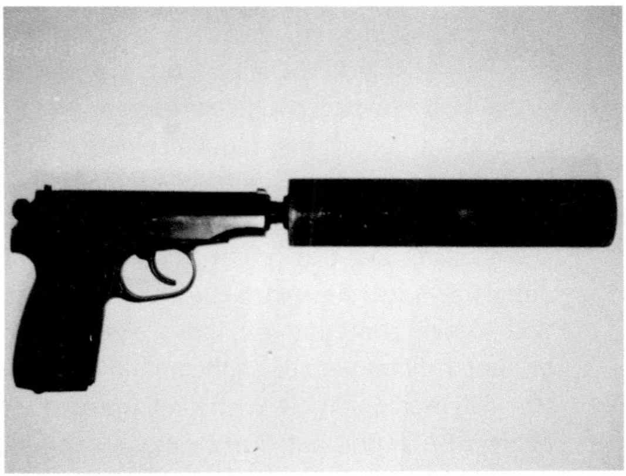

Diese Pistole mit Schalldämpfer des Typs Makarow fanden Polizisten im Graupaer Haus von Drogenschmuggler Dietmar H.

Foto: KPI Pirna/Repro: Marko Förster

Der glücklose Dealer Dietmar H. zieht in die Justizvollzugsanstalt Bautzen ein und sein Häscher, Kriminalhauptkommissar Berger, bastelt eine kleine Wandzeitung mit Fotos und Presseartikeln zur Erinnerung an den Fall und hängt sie in seinem Pirnaer Büro an die Wand. Da meldet sich eines Tages im Jahre 2002 die Mordkommission Koblenz bei Jürgen Berger. Sie ist an Ermittlungsergebnissen im Fall Dietmar H. interessiert.

Warum das? Die Koblenzer Polizisten haben im Westerwald ein Skelett gefunden, das einmal der Kleindealer Holger M. war. Sie verdächtigen Dietmar H., die Liquidierung von Holger M. veranlasst zu haben. Nun fassen die Mühlen der Justiz erneut nach H. Ab September 2004 steht er wegen Mordes vor dem Koblenzer Schwurgericht. Nach endlosem Taktieren und 35 Tagen Verhandlung schildert er, was am 30. Januar 1998 in der Nähe des Bahnhofs von Hachenburg, einer Kleinstadt im Westerwald, geschah.

Der 29-jährige Holger M. war im Hachenburger Drogenmilieu in Ungnade gefallen, weil er den Rauschgifthandel einer maßgeblichen Dealerin namens Margit S. der Polizei gesteckt hatte. Margit S. hatte daraufhin ihren alten Freund und Kunden Dietmar H. beauftragt, dem M. eine Abreibung zu verpassen. Weil sich H. nicht selbst die Finger schmutzig machen wollte, schlug er den Einkauf eines Profis vor. Nach einigem Hin und Her wurde der Dresdner Alexander B. für angeblich 2 000 D-Mark angeheuert. Am frühen Morgen des bewussten Tages kidnappten die Männer Holger M. auf offener Straße. Sie zerrten ihn in ihr Auto, und weil er panisch schrie, auch durch Schläge nicht zum Schweigen zu bringen war, forderte Dietmar H. Alex B. auf, M. den Mund zuzuhalten. Als sie Hachenburg verlassen hatten und B. seinen Griff lockerte, war M. tot. Die Gangster schleppten die Leiche in ein Waldstück und bedeckten sie mit Ästen. Erst im April 2002 wurden die Knochen von einem Naturfreund entdeckt.

Dietmar H. und sein Komplize beteuern im Gerichtssaal, dass sie Holger M. gar nicht umbringen wollten und dass ihnen sein Tod leid täte. Das Schwurgericht glaubt ihnen. Die beiden werden somit nicht des Mordes, sondern der Freiheitsberaubung und Körperverletzung mit Todesfolge für schuldig erklärt. Die große Strafkammer des Landgerichts Koblenz brummt Dietmar H. – eingeschlossen die Strafe aus Dresden – 13 Jahre und drei Monate Gefängnis auf. Trotzdem findet H. Gnade vor dem Gesetz. Im Oktober 2008 darf er vorzeitig in die Freiheit. ◆

Foto: Daniel Förster

Schock am Mittwoch: Das Uhren- und Schmuckgeschäft Schneider auf der Pirnaer Gartenstraße ist am helllichten Tag überfallen worden. Es ist der zweite Mittwochsraub in kurzer Zeit. Die Kripo gerät unter Erfolgsdruck. Doch die Täter sind offenbar ins Ausland geflüchtet.

Die Mittwochsräuber

Flaute. Eigentlich seltsam, denkt die Verkäuferin Annelies Langner, während sie allein in ihrem Lottoladen steht und durch das Schaufenster auf die Gasse hinausblickt. Heute ist Mittwoch, da geht die Ladentür sonst pausenlos. Mittwochs ist immer Markt in Pirna. Die Stände sind gleich um die Ecke, vor dem Rathaus. Lottospieltag ist sowieso. Und außerdem kommen am Mittwoch viele neue Zeitschriften heraus, Frauenzeitschriften vor allem. Die Damen besorgen sich für gewöhnlich umgehend ihre Lektüre. Naja, es ist ziemlich kalt heute. Vielleicht hat die Kundschaft keine Lust, raus zu gehen? Plötzlich fallen Frau Langner zwei Männer auf. Sie stehen draußen vor der Schaufensterscheibe. Sie haben die Handflächen um die Augen gelegt und spähen herein. Was der eine für eine komische Mütze aufhat, groß kariert in Schwarz und Weiß. Und dazu diese Sonnenbrille mit orangen Gläsern. Jetzt gehen sie weg. Wer weiß, was sie sehen wollten, denkt Frau Langner bei sich. Wenige Minuten später wird einer der beiden eine Revolvermündung auf sie richten.

Am 4. Februar 2009 findet in Pirna ein seltenes Ganovenstück statt: Ein Ladenüberfall, am helllichten Tage, und mitten in der belebten Altstadt. Gegen 14.45 Uhr betreten zwei Männer den Presse- und Lottoshop an der Schuhgasse. Während einer, ein dunkel gekleideter, schlanker Typ, an der Ladentafel vorbei zum Regal mit den Computerzeitschriften geht, eine zur Hand nimmt und darin blättert, bleibt der andere, der mit der orangen Sonnenbrille und der schwarz-weißen Karomütze, am Eingang stehen. Plötzlich legt der Schlanke das Heft weg, tritt an den Verkaufstresen heran und richtet die Waffe auf Verkäuferin Annelies Langner. „Geld!", stößt er hervor, und „Kasse auf!" Als die 51-jährige Frau Langner, schreckensstarr, nicht sofort gehorcht, hält der Räuber ihr eine Sprühdose mit Reizgas vor die Nase. Da öffnet sie schnell die Geldlade und gibt alle Scheine heraus. Der Revolvermann stopft sie hastig in die Tasche. Um das Hartgeld kümmert er sich gar nicht. Er fragt nach der Personaltoilette. Sie ist im verwinkelten Rückraum des Geschäfts eingerichtet. Er scheucht die Verkäuferin dort hinein und verbarrikadiert die Tür halbherzig mit einem leichten Schränkchen, das Geschirr und Klopapier enthält. Eine überflüssige Aktion ist das ohnehin, denn

Foto: Marko Förster

„Nochmal darf das nicht passieren." Lottoladen-Verkäuferin Annelies Langner schaute in eine Revolvermündung und wurde dann im Klo eingesperrt.

Frau Langner schließt sich freiwillig ein, mit dem Schlüssel, der von innen steckt, aus Angst, die Räuber könnten ihr doch noch etwas antun. Aber sie türmen. Frau Langner wartet bange in der kleinen Kabine mit dem Porzellansitz, so lange, bis draußen ganz sicher nichts mehr zu hören ist. Dann befreit sie sich. Um selbst nach Hilfe zu telefonieren, ist sie zu schockiert. Sie läuft zur Nachbarin hinüber, und die ruft die Polizei.

Die Kripo hat gleich den Verdacht, dass die Täter keine Einheimischen sind, sondern wahrscheinlich Ausländer. Die Sprache des Pistolenträgers kam der Verkäuferin fremdartig vor. Außerdem passt der Überfall nicht zur hiesigen Klientel, findet Kriminalhauptkommissar Bernd Köhler. Als Chef des Eigentumskommissariats ist der Endfünfziger aus Pirna der leitende Ermittler in diesem Fall. Er hat Erfahrung genug. An die dreißig Jahre schon verfolgt er Diebe und Räuber in Pirna und Umgebung. Eigentlich ist ein Lotto- und Zeitungsladen kein schlechtes Ziel für einen Raubzug, sagt er sich. Hier wird noch mit Bargeld bezahlt, statt, wie in den größeren Geschäften inzwischen üblich, mit EC-Karte. Die Räuber haben immerhin knapp 700 Euro erbeutet. Für schwere Jungs ist das freilich viel zu wenig. Die kleinen Fische wiederum hätten die Konfrontation mit dem Opfer niemals gewagt, sagt Köhler, noch dazu am hellen Tage und an einem Ort, wo jederzeit jemand aufkreuzen kann. Der heimische Gelegenheitsräuber greift lieber schnell mal in die Ladenkasse oder haut abends jemanden an einer dunklen Straßenecke um, für eine Geldbörse und ein Handy. Nein, diese Tat ist ganz und gar untypisch für Pirna, findet der Polizist.

Die Spurensuche im Lottoladen beginnt. Man rekonstruiert den Ablauf des Überfalls. Man überlegt, wo die Täter waren und wo sie Spuren hinterlassen haben könnten. Mithilfe von Verkäuferin Langner finden die Ermittler die Computerzeitschrift, die der Räuber in der Hand hatte, bevor er seine Waffe zog. Es ist zum Glück eine nagelneue Ausgabe. Kaum jemand dürfte zuvor darin geblättert haben. Wahrscheinlich hat der Täter sogar die beiliegende Daten-CD geklaut, denn die fehlt. Auf dem Hochglanzpapier des Heftes finden sich wirklich recht gut ausgeprägte Fingerspuren. Zu wem sie gehören, ist jedoch unklar. In den deutschen Dakty-Dateien – dieser Kripo-Ausdruck kommt vom Begriff Daktyloskopie her, der etwa so viel wie „Fingerschau" bedeutet – gibt es den Verursacher nicht. Die Phantombilder, die man veröffentlicht, bleiben ohne Resonanz. Auch das Klingelputzen am Tatort Schuhgasse und in den Parallelstraßen, ja in der gesamten Pirnaer Altstadt ist vergebens, obwohl zehn Kripoleute dafür im Einsatz sind. Strickmützen und Sonnenbrillen gehören zur Nullachtfünfzehn-Bekleidung. Leute, die damit herumlaufen, bleiben keinem in Erinnerung.

So viel zum Vorspiel. Die Hauptsache findet eine Woche später – es ist wieder Mittwoch – im Schneiderschen Uhren- und Schmuckgeschäft auf der Pirnaer Gartenstraße statt. Gegen 13.30 Uhr kommen zwei Leute in den Laden. Der eine ist etwa einen Meter achtzig groß, blond und trägt eine Brille. Er ist gut gekleidet und spricht gebrochen deutsch. Als der Ladeninhaber, der 68-jährige Uhrmachermeister Jürgen Schneider, ihn nach seinen Wünschen fragt, will er „nur gucken". Der Zweite, ein etwas Kleinerer, Untersetzter mit brauner Wollmütze, scheint Interesse an einer Uhr im Schaufenster zu haben. Dann deutet er auf eine andere Uhr, die hinter dem Verkaufstresen zu sehen ist. Als Ladenchef Schneider

Polizei jagt Räuber mit Phantombildern

Pirna
Die Kripo hofft, den Tätern, die zwei Geschäfte in der Innenstadt überfielen, mit Zeugenhinweisen auf die Spur zu kommen.

Von Daniel Förster
SZ.PIRNA@DD-V.DE

Unbekannte Räuber haben in den vergangenen Tagen zweimal Inhaber und Angestellte von Geschäften in Pirnas Innenstadt in Angst und Schrecken versetzt. Die Polizei ...

Das sind Phantombilder der fünf Tatverdächtigen der beiden Überfälle. Der Mann in der Mitte gab im Schmuckgeschäft anfangs an, Kaufabsichten zu haben. Fotos: Polizei

dass sich seine Angestellte schnell von dem Schock erholt. „Sie kann noch nicht wieder arbeiten, ist erst einmal krank geschrieben."

gewesen sein, etwa 1,80 Meter groß, blond und mit Brille. Als der Ladeninhaber ihn ansprach, antwortete der in gebrochenem ...

passte später auf das Opfer auf. In der Zeit sackten die beiden Komplizen Schmuck im Wert von mehreren zehntausend Euro ein. Sie ...

So sahen Zeugen die Mittwochsräuber: Phantombilder in der SZ vom 14. Februar 2009.

sich umdreht, um nach dem gewünschten Objekt zu schauen, lässt die vorgebliche Kundschaft ihre Maskerade fallen. Einer bringt den Uhrmachermeister mit einem Schlag an den Hals zu Boden, unter Einsatz eines Elektroschockers, heißt es später. Der Geschäftsmann verliert kurz das Bewusstsein. Als er wieder zu sich kommt, merkt er, dass Widerstand sinnlos ist und die Aggression der Verbrecher nur noch anstacheln würde. Er fügt sich in sein Schicksal. Die Männer schleifen ihn nach hinten in die Werkstatt und fesseln ihn mit Klebeband an Armen und Beinen. Inzwischen ist ein weiterer Komplize da. Während einer der Räuber Schneider bewacht, raffen die anderen Uhren und Schmuck aus den Auslagen und aus dem Tresor zusammen. Der Wert der Beute beträgt rund 45 000 Euro. Darunter sind Designerstücke und ein Goldkollier mit Brillanten. Die Bande verduftet durch den Hinterausgang. Jürgen Schneider gelingt es trotz seiner Fesseln, irgendwie zur Ladentür zu robben. Die hat das Trio vor der Flucht zugeschlossen. Schneider donnert mit den Füßen an die Scheibe. Passanten bemerken ihn schließlich und schlagen Alarm.

Der Alarm erreicht den leitenden Ermittler Köhler nicht am Schreibtisch in Pirna, sondern auf einer Skipiste in Südtirol, wo er eben Ferien macht. Er und seine Kollegen sind sich schnell einig: Die Lottoladenräuber stecken hinter dem neuerlichen Überfall. Zwei so außergewöhnliche Aktionen in so kurzer Zeit – das können nicht verschiedene Täter gewesen sein. Hauptkommissar Köhler glaubt nun, dass der Lottoladen-Überfall ein Spontanverbrechen war, eine Verzweiflungstat vielleicht. Die Täter waren auf Kundschaftertour in Pirna, und dann fehlte ihnen womöglich

Foto: Daniel Förster

Tatortarbeit in Schneiders Uhren- und Schmuckgeschäft auf der Pirnaer Gartenstraße. Ein Kriminaltechniker sucht Spuren an einer Schmuckauslage.

Geld für die Heimfahrt und sie schlugen zu, wo es ihnen gerade günstig erschien. Der untypische Zeitpunkt des Angriffs, der frühe Nachmittag, untermauert diese These. Gewöhnlich finden Überfälle abends statt, kurz vor Ladenschluss, wenn die Kassen am besten gefüllt sind. Für die Annahme, Schmuckhändler Schneider sei das eigentliche und lange geplante Angriffsziel gewesen, spricht die gute Ortskenntnis der Räuber. Sie wussten von dem Hinterausgang und nutzten diesen Vorteil überlegt aus. Wären die Täter nur zufällig auf diese Fluchtmöglichkeit gestoßen, hätten sie im Hof instinktiv den Weg nach rechts genommen, wo die Zufahrt der Seniorenresidenz Maximilian einen schnellen und hindernislosen Durchschlupf ins Freie auf die Rosa-Luxemburg-Straße erlaubt. Stattdessen überquerte die Bande den gesamten Innenhof, überwand einen Maschendrahtzaun, an dem – sicher nicht zufällig – eine Bank als Übersteighilfe stand, und eilte zu ihren Fahrzeugen, die wahrscheinlich im Bereich der Zahnarztpraxis geparkt waren. Durch die hier klaffende Baulücke bog man bequem aus dem Hofgelände hinaus und in die Bahnhofstraße hinein, die parallel zur Gartenstraße verläuft, und fuhr ganz unauffällig davon. Dass die Flucht so gut vorbereitet war, wird den Räubern später auf die Füße fallen, denn das beweist die Planung des Verbrechens. Geplante Taten werden gemeinhin härter bestraft als solche, die spontan geschehen.

Aber noch sind die Täter den Polizisten meilenweit voraus. Denen bleibt einmal mehr nur die Kleinarbeit am Tatort. Dort findet der Kriminaltechniker immerhin einen guten Grund zur Hoffnung: Klebebandreste. Sie stammen wohl von den Fesseln des Uhrmachers. Klebeband ist ein super Spurenträger. Warum? Probieren Sie einmal, ein Stück Klebeband mit Handschuhen abzuziehen. Es wird Ihnen nicht gelingen. Zumindest der Anfang muss mit den bloßen Fingern gemacht werden. Dabei bleiben Fingerabdrücke und Hautpartikel, also DNA-Spuren, an dem Kleister hängen. Ob das im Schmuckladen der Fall ist, können die Ermittler zunächst nicht festzustellen. Die Bandstücken müssen zur Untersuchung ins LKA, ins Landeskriminalamt, geschickt werden. Dazu kommt ein zweites, für die Kriminaltechnik interessantes Objekt: eine herrenlose Strickmütze. Sie lag im Korb eines Fahrrades, das im Hof vor der Seniorenresidenz Maximilian abgestellt war. Die Radfahrerin hatte sich über den Fund gewundert und geargwöhnt, er könne etwas mit dem Überfall zu tun haben. Hat einer der Räuber die Mütze verloren oder weggeworfen? Die Kripo geht davon aus. Für sie ist es wahrscheinlicher, dass die Mütze durch einen der Täter zum Fundort gelangte, als dass ein Unbeteiligter zufällig am Tag des Verbrechens genau dort seine Mütze verliert oder in den Korb wirft. Auch die Mütze wird dem LKA übersandt. Man hofft, dass Haare und Hautschuppen einen genetischen Fingerabdruck ergeben. Die Auswertung wird allerdings mehrere Wochen dauern.

Weitere Spuren, die zu den Räubern führen könnten, finden sich nicht. Intern rumort es bei der Kripo. Ein Erfolg muss her. Das komplette Eigentumskommissariat läuft nun Streife auf Pirnas altstädtischen Boulevards. Die Mittwochsräuber könnten ja ein weiteres Mal zuschlagen. Obwohl die Beamten in Zivil sind, werden sie von den lokalen Kleinkriminellen sofort erkannt. Hauptkommissar Köhler hat damit gerechnet. Es ist ein Irrtum zu glauben, man könne in einer so kleinen Stadt wie Pirna inkognito agieren, sagt er. Mancher Ganove erkundigt sich direkt bei den Polizisten, wen sie denn suchten. Nicht nur aus Neugierde. Ein derart großes Polizeiaufgebot erschreckt die Szene. Die kleinen Fische haben Angst, zufällig an die Angel zu geraten. Sie würden manchen größeren Fisch vielleicht verpfeifen, nur um wieder ihre Ruhe zu haben. Aber von jenen Fischen, nach denen hier gefischt wird, wissen sie wohl nichts.

Die Streifengänge zur Wochenmitte sind umsonst. Die Räuberbande lässt sich in Pirna nicht mehr blicken. Auch nicht in der Nachbarschaft. Aber dann kommt der Knüller. So jedenfalls nennt der Hauptkommissar Köhler ein bestimmtes Fernschreiben, das eines Tages von der Bundespolizei eintrifft. Auf einer Landstraße bei Ebersbach im Landkreis Görlitz ist ein merkwürdiges Trio ins Netz gegangen: Pawel C., ein Tscheche, Ali R., ein gebürtiger Iraner sowie ein Landsmann von R. – beide leben bereits seit vielen Jahren in Tschechien. In ihrem Gepäck steckten hochverdächtige Dinge: ein Schreckschussrevolver, ein Elektroschocker, zwei Messer, Reizgas, eine Maske und Handschuhe. Das klassische Überfallwerkzeug. Bei der Kontrolle konnten sich die Herren nicht einigen, wem diese Sachen gehören. Deshalb wurde gegen alle drei ein Verfahren eingeleitet, weil sie gegen das Waffengesetz verstoßen haben. Auf dem Polizeirevier in Löbau wurde das Trio „ED-behandelt". So nennt das der Fachmann. ED steht für Erkennungsdienst. Alle Merkmale einer Person werden bei der ED-Behandlung penibel erfasst, Lichtbilder angefertigt und die Fingerabdrücke gescannt. Einen Mundhöhlenabstrich, sprich Speichelprobe, forderte man bei dem verdächtigen Trio nicht ein. Das geht nur bei gravierenden Delikten und freiwillig oder auf richterliche Anordnung. Nach der ED durften die drei abziehen. Die Fundstücke wanderten als Beweismittel in die Asservatenkammer.

Als die Kriminalen um Köhler das Fernschreiben studieren, werden sie hellhörig. Drei Ausländer? Revolver? Reizgas? Elektroschocker? Die Kombination kommt ihnen bekannt vor. Vielleicht waren das die Pirnaer Mittwochsräuber! Umgehend fährt jemand nach Löbau und besorgt sich die beschlagnahmte Überfallausrüstung. Man hofft, dass daran Spuren zu finden sind, die eine Tatbeteiligung eines oder mehrerer Männer aus dieser Gruppe beweisen können. Alle Gegenstände werden in die LKA-Labors geschickt. Inzwischen bringen die in Löbau erfassten Fingerabdrücke schon einen Treffer. Die Abdrücke von Pawel C. gleichen denen, die auf der Computerzeitschrift im Pirnaer Lottoladen gefunden wurden. Hauptkommissar Köhler und seine Leute frohlocken bei dieser Nachricht. Jetzt wissen sie, dass sie auf der richtigen Fährte sind.

Aber noch gibt es keine Verbindung zum Schmuckraub. Die LKA-Experten stellen zwar fest, dass an der Überfallausrüstung von Ebersbach und an der Mütze aus dem Fahrradkorb am Schmuckgeschäft identische DNA haftet. Aber stammt sie von Pawel C.? Um das zu prüfen, müsste man C. erwischen. Aber der ist ja längst weg. Die Pirnaer fahren mehrmals ins tschechische Petrovice, wo das Gemeinsame Zentrum der Polizei- und Zollzusammenarbeit seinen Sitz hat. Sie wollen erkunden, ob die Tschechen C. liefern können. Dann erfahren sie, dass Pawel C. sowie Ali R., sein Kumpan aus dem Ebersbach-Trio, Ende April 2009 in Tschechien verhaftet wurden. Sie hatten eine Postfiliale, eine Pfandleihe und mehrere Tankstellen in Usti nad Labem und im Landkreis Usti überfallen. Von den beiden Gefassten liegen Speichelproben vor. Als die deutschen Ermittler hoffnungsfroh nach den Ergebnissen fragen, werden sie vertröstet. Wegen „Kapazitätsproblemen", so erinnert sich Hauptkommissar Köhler, sollte die Bearbeitung der Proben ein ganzes Jahr oder noch länger dauern. Damit finden sich die Deutschen nicht ab. „Auf Bitten des Landeskriminalamts Sachsen wurde die Auswertung dann in Prag vorgezogen", erzählt der Hauptkommissar. Er erhält das Material per E-Mail aus Petrovice. Es handelt sich um eine Kombination aus Zahlen und Buchstaben, aufgeteilt in zwölf Gruppen. Köhler sieht auf den ersten Blick, dass es das gleiche DNA-Muster ist, wie auf dem Räuberwerkzeug und der Mütze. Gutachten bestätigen seinen Eindruck. Das bedeutet: Pawel C. war nicht nur der Lottoladenräuber, sondern er war auch bei dem Überfall auf den Schmuckhändler dabei. Eine große Stunde für Köhler und Kollegen. Stolz gehen sie zum Staatsanwalt, und der beantragt den Haftbefehl.

Noch bevor Pawel C. auf einer deutschen Anklagebank Platz nehmen kann, wird er in seiner tschechischen Heimat vor Gericht gestellt. In Brno bekommt er wegen Raubes acht Jahre Kittchen aufgebrummt. Deutschland stellt einen Auslieferungsantrag für C., damit gegen ihn wegen der Raubzüge von Pirna verhandelt werden kann. Aber Pawel C. legt keinen Wert darauf, vor der deutschen Justiz zu erscheinen. Er widerspricht seiner Auslieferung und verzögert damit seinen Prozess erheblich. Verhindern kann er ihn nicht. Am 28. Juni 2012 ergeht am Landgericht in Dresden der Urteilsspruch. Wegen Raubes und räuberischer Erpressung muss der Anführer der Mittwochsräuber, Pawel C., für sieben Jahre ins Gefängnis. Das Urteil fällt vergleichsweise gnädig aus, weil C. auf einen Deal eingegangen ist und gegen Strafmilderung seine Spießgesellen verraten hat. Er beschuldigt Ali R. und einen Slowaken namens Stefan A. der Mittäterschaft. Hätte er das nicht getan, wären wohl zehn bis zwölf Jahre Haft fällig gewesen für Verbrechen dieser Güte, denkt Ermittler Köhler.

Der Prozess gegen die beiden Komplizen beginnt im Februar 2013. Sie waren um den Jahreswechsel herum von Tschechien nach Sachsen ausgeliefert worden. Die Chancen von Ali R. und Stefan A., mit einem blauen Auge aus dieser Sache herauszukommen, stehen nicht schlecht. Es gibt zwar die belastende Aussage von Pawel C. zur Tatbeteiligung der beiden. Außerdem wurde Ali R. zusammen mit Pawel C. in Ebersbach aufgegriffen. Das ist allerdings nur ein Indiz, das lediglich den Kontakt zwischen beiden belegt. Beweise dafür, dass R. und A. wirklich am Tatort in Pirna waren, fehlen bislang. Folgerichtig leugnen die Angeklagten zum Prozessauftakt, irgendetwas mit den Überfällen zu tun zu haben. Sie bezichtigen Pawel C. der Lüge.

Das Blatt wendet sich am 22. Februar 2013. An diesem Tag sind Hauptkommissar Köhler und der zuständige Kriminaltechniker als Zeugen in die Verhandlung bestellt. Bevor sie sich ins Gericht begeben, schaut der Kriminaltechniker noch einmal in die Spurendatei. Er will sichergehen, dass es zu den Finger- und DNA-Spuren vom Klebeband noch immer keinen Eintrag gibt. Zur Erinnerung: Gemeint sind die Klebebandreste, die im Schmuckladen gefunden wurden, und wohinein die Kripo so große Hoffnungen gesetzt hatte. Tatsächlich waren Fingerabdrücke und auch DNA darauf gewesen. Beides stammte jedoch nicht vom Haupttäter Pawel C. Als Ali R. und Stefan A. ausgeliefert wurden, hatte man beide wieder ED-behandelt in der Hoffnung, einer von ihnen würde sich als Spurenverursacher herausstellen. Und nun, als der Kriminaltechniker auf gut Glück die Daten prüft, stellt er erstaunt fest: Tags zuvor hat das LKA tatsächlich Stefan A. als denjenigen identifiziert, der die Fingerspur auf dem Klebeband hinterlassen hat. Das Ergebnis steht zwar in der Datenbank, die Information darüber befindet sich aber noch auf dem Dienstweg Richtung Pirna. Sie wäre für diesen Verhandlungstag zu spät gekommen. Nun aber erhalten die Kripoleute das Gutachten umgehend per E-Mail. So liegt es pünktlich zum Verhandlungsbeginn auf dem Tisch des Staatsanwalts. Es ist das entscheidende Instrument, um die Verteidigung der angeblichen Unschuldslämmer aufzubrechen. Plötzlich sind die beiden geständig. Stefan A. gibt zu, sowohl bei dem Überfall auf den Lottoladen als auch bei dem Raub im Schmuckgeschäft mitgemacht zu haben. Gewalt habe er aber nicht ausgeübt, beteuert er. Ali R. lässt von seinem Verteidiger erklären, er sei im Schmuckladen dabei gewesen. An Details des Überfalls könne er sich aber nicht erinnern. Er wisse auch nicht, ob er den besagten Elektroschocker gegen den Ladeninhaber eingesetzt oder ihn nur mit der Hand niedergeschlagen habe. Letztlich kann man R. nicht nachweisen, dass er die Waffe wirklich benutzt hat.

Einiger Disput entspinnt sich um die Frage, inwieweit Ali R. und Stefan A. zur Tatzeit von Alkohol und Drogen umnebelt waren. Die beiden geben zu Protokoll, dass sie am Tag des Überfalls morgens gemeinsam Opium geraucht und später auf der Autofahrt von Prag nach Pirna erhebliche Mengen Alkohol getrunken hätten. Vor allem hätten sie zu zweit eine ganze Flasche Whiskey niedergemacht. Anhand der Angaben berechnet ein Gutachter, wie viel Alkohol A. und R. zur Tatzeit im Blut gehabt haben könnten. Er kommt auf etwa zwei Promille. Das ist zu wenig, um den Verstand in strafrechtlich relevantem Maße zu trüben, stellt er fest, zumal die beiden nach eigenen Worten an größere Alkoholmengen gewöhnt waren.

Am 1. März 2013 verkündet die Große Strafkammer des Dresdner Landgerichts ihre Urteile: Ali R., der Mann, der Juwelier Schneider, wie auch immer, niederstreckte, wird zu sechs Jahren und sechs Monaten Haft verdonnert. Handlanger Stefan A. muss für sechs Jahre hinter Gitter. R. ist mit seinem Spruch nicht zufrieden. Er will das Urteil auf Verfahrensfehler überprüfen lassen und legt Revision ein.

Was ist aus den Opfern der Räuberbande geworden? Lottofrau Annelies Langner steht längst wieder hinterm Tresen des kleinen Zeitungsladens in der Pirnaer Schuhgasse. Den Mann, der ihr die Pistole vor die Brust hielt, Pawel C., hat sie damals im Gerichtssaal erlebt. Eigentlich hat er einen ganz soliden Eindruck gemacht, findet sie. „Er hat sich sogar bei mir entschuldigt, vor der ganzen Mannschaft, ihm täte es sehr leid." Frau Langner hat das akzeptiert. Eigentlich gibt es für so etwas keine Entschuldigung, meint sie. Acht Wochen lang konnte sie nach dem Überfall nicht arbeiten. Noch heute kriegt sie feuchte Hände, wenn sie davon erzählt. „Noch mal darf das nicht passieren", sagt sie, und schaut dabei in ihrem Laden umher. „Dann könnte ich hier nicht mehr reingehen."

Uhrmachermeister Jürgen Schneider, der nach dem brutalen Überfall vorsorglich in das Pirnaer Krankenhaus eingeliefert wurde, war wenige Wochen später zurück im Geschäft. Eine Energie-Heilerin aus Dresden hat ihn behandelt und ihm seine Angst genommen, erzählte er damals der Sächsischen Zeitung. Inzwischen führt Sohn Timm die Geschäfte bei „Uhren und Schmuck Schneider", noch immer am gleichen Platz an der Pirnaer Gartenstraße. Der Senior hat sich zurückgezogen. Über den wohl schlimmsten Mittwochnachmittag in seinem Leben möchte er nicht mehr öffentlich sprechen. Von der Beute, die das Räubertrio damals bei ihm machte, gibt es keine Spur. Die Polizei geht davon aus, dass sie in Tschechien verhökert wurde. Als die Mittwochsräuber ins Kittchen einrückten, schmückten die Uhren und Geschmeide wohl schon längst die Handgelenke und Hälse von braven, nichtsahnenden Bürgern. ◆

Foto: privat

Diese Knochen hielt ein besorgter Bürger für menschliche Überreste und rief die Polizei. Die Kripo stellte fest, dass das vermeintliche Massengrab aus vergessenen Schafskeletten bestand. Von Ermittlungen wurde abgesehen.

Das falsche Massengrab – Sechs kriminalistische Kuriositäten

Ralf Hubrich ist nicht der Typ, der stets vom Schlimmsten ausgeht. So regen sich arge Zweifel in ihm, als eines Tages – es muss Anfang der 1990er-Jahre gewesen sein – ein Bürger bei der Pirnaer Polizei anruft und aufgeregt meldet, er sei in einem alten Stollen auf menschliche Skelette gestoßen. Er ist überzeugt davon, ein Massengrab gefunden zu haben.

Glaubwürdig oder nicht, sagt Hauptkommissar Hubrich, man muss die Leute ernst nehmen und sich das anschauen. Mit einem Kollegen fährt er also los, Richtung Hinterhermsdorf, das angebliche Massengrab zu inspizieren. Am Straßenrand finden sie die beschriebene verrottete Tür und dahinter einen mit Backsteinen ausgemauerten Gang. Darin liegen tatsächlich jede Menge Knochen, Rippen, Wirbel, ein Schädel, der die Ermittler frech angrinst, mit kräftigen, breiten Zahnreihen. Doch die Kiefer sind seltsam langgezogen. Und dann dieser graue Stoff, der den Knochenhaufen bedeckt. Ist das einmal Wolle gewesen? Ralf Hubrich lacht in sich hinein, während er die Szene schildert. „Entweder hatten wir den Homo Sächsische Schweiz entdeckt, oder es waren Schafe." Man einigte sich schnell auf Letzteres.

Der Anrufer hatte offenbar eine Kadavergrube gefunden. Diese Gruben stammen aus der Zeit, als jeder Bauer noch seine eigene kleine Viehwirtschaft betrieb. Meist bestanden solche Gruben aus ein paar am Dorfrand eingegrabenen Brunnenringen mit einer abschließbaren Klappe davor. Dort hinein warf man das auf den Höfen verendete Getier. Und da blieb es, bis ein Verwertungsbetrieb es abholte. Ralf Hubrich kennt solche Anlagen aus seinen Kindertagen. In Sadisdorf ist er damals an so einer Grube noch herumgeschlichen und gruselte sich dabei. Längst sind diese Orte außer Betrieb. Totes Nutzvieh muss heute direkt in die Tierkörperbeseitigungsanstalt nach Lenz bei Großenhain gebracht werden. Entweder war die letzte Räumung des Schafmassengrabs vergessen worden, oder jemand hatte einfach keine Lust gehabt, seine toten Tiere kostenpflichtig zu entsorgen.

Nun eine chronologische Rolle rückwärts, in die Mitte der 1980er-Jahre. Ralf Hubrich arbeitet bei der Kripo in Dippoldiswalde im Bereich 3 „Allgemeine Kriminalität". Es ist Sonnabend und er hat Dienst. Es liegt nichts Besonderes an. An solchen Tagen erledigt man Papierkram oder schäumt den Dienst-Trabi ein. Im Nachbarkreis Pirna unterdessen rotieren die Kollegen. Sie fahnden nach einer jungen Frau. Die Suchmeldung läuft sogar im Radio. Da stellt man einen Anruf zu Hubrich durch. Es ist ein Bürger aus dem Nachbardorf Reichstädt, der von der dortigen Telefonzelle aus mitteilt, die gesuchte Dame sei bei ihm. Er habe die Radiodurchsage gehört und wolle keinen Ärger mit der Polizei. Man könne die Frau in seiner Wohnung abholen.

Ralf Hubrich steigt in den Trabant und tuckert nach Reichstädt hinüber. Dort findet er wirklich die in Fahndung stehende junge Frau und bittet sie, mit aufs Volkspolizei-Kreisamt zu kommen. Während der Rückfahrt erfährt er von ihr, dass sie und der Anrufer sich im Autobus getroffen hatten. Man war sich sympathisch gewesen, man stieg gemeinsam aus und verbrachte „ein paar schöne Stunden", so formuliert es Hubrich hintersinnig. Zurück in Dippoldiswalde, ruft er gleich die Pirnaer Kollegen an, um die frohe Botschaft durchzugeben, dass die Vermisste wieder da ist: „Ihr sucht doch diese junge Dame – die ist bei mir", spricht er in den Hörer. Doch statt Erleichterung schallt ihm Ungläubigkeit entgegen. Das sei nicht möglich, hört Hubrich. „Wir haben einen Verdächtigen, der sagt, er hat sie umgebracht." Darauf Hubrich: „Nein, sie ist bei bester Gesundheit." Die Skepsis am anderen Ende bleibt. Offenbar traut man der Mitteilung aus dem fernen Bergland nicht so recht. Was war passiert?

Die Pirnaer hatten einen jungen Mann ermittelt. Mit dem war die Vermisste zuletzt gesehen worden. Die beiden waren gemeinsam von einer Feier verschwunden und nicht mehr aufgetaucht. Dazu befragt, gestand der Junge: Man sei zusammen ins Müglitztal gefahren und dort spazieren gegangen. Und dann habe er sie im Streit erschlagen, an einem felsigen Hang bei Köttewitz. Die Polizisten fanden am besagten Ort eine blutige Eisenstange. Alles passte, nur die Leiche fehlte. Der Mann wurde dem Haftrichter vorgeführt, wo er wieder alles zugab. Fünf Tage saß er im Gefängnis auf der Dresdner Schießgasse, bevor klar wurde, dass der so perfekt aufgeklärte Mord nie passiert war.

Wieso der Unschuldige diese Tat begangen haben wollte, hat Ralf Hubrich nicht erfahren. Manche gestehen, weil sie die Nase voll haben vom Verhör, sagt er, oder aus Trotz, nach dem Motto: „Na, dann war ich es eben!" Andere wiederum bekennen sich schuldig, weil sie Beachtung suchen. Ähnlich ist das mit den sogenannten Dauerzeugen, die, worum es auch geht, immer etwas gesehen haben. Fragt man genauer nach, stellt sich heraus, dass sie nur das wissen, was in der Zeitung steht, und eigentlich bloß mit jemandem reden wollen.

Wir bleiben in den 1980ern. Der Erzgebirgsort Hartmannsdorf nahe der Talsperre Lehnmühle ist damals eine praktisch kriminalitätsfreie Gegend. Da meldet der Vorsitzende der örtlichen LPG, dass seit einiger Zeit Dinge aus dem Materiallager der Genossenschaft verschwinden: Werkzeuge, Melkeimer, Gummistiefel, Tragekörbe, Kälberstricke und dergleichen. Kleinigkeiten eigentlich. In der DDR jedoch gab es keine Kleinigkeiten, sagt Ralf Hubrich, zumindest, wenn es um den Diebstahl sozialistischen Eigentums ging. „Das wurde von den Behörden sehr ernst genommen", sagt er. Die Kriminalisten besehen sich den Tatort. Es ist eine Scheune, auf deren oberer Etage in einem Separee das Lager eingebaut ist. Einbruchsspuren an der Tür gibt es nicht. Der Dieb hat wahrscheinlich einen Schlüssel. Er kommt stets in tiefer Nacht, so gegen zwei Uhr. Das weiß man, weil ein findiger Betriebshandwerker schon einen Kontakt, gekoppelt mit einer elektrischen Uhr, an die Tür gebaut hat. Da kommt den Ermittlern eine Idee: Warum nicht eine Fotofalle installieren? Gesagt, getan. Man bringt eine Kamera mit Blitzlicht in Stellung. Das Problem dabei ist, dass der Blitz die Falle unweigerlich verraten wird. Der Ertappte muss also in die Flucht geschlagen werden, bevor er begreift, was passiert ist und die Kamera zerstört oder klaut. Deshalb wird auch eine lautstarke Sirene angeschlossen. Die ganze Schaltung funktioniert mit einer Zeitverzögerung. Der Täter soll erst in Ruhe vor die Linse kommen, bevor er abgelichtet und verscheucht wird.

Nun heißt es warten. Eines Morgens ruft die LPG an: Er war wieder da! Die Kripo-Leute eilen zur Scheune hin. Alle Türen stehen offen, das Zeichen einer panischen Flucht. Der Apparat hat ausgelöst. Der Plan scheint geglückt. Erwartungsvoll wird der Film aus der Kamera geholt und entwickelt. Und darauf sieht man: nichts. Nur einen menschlichen Umriss hinter der Glasscheibe der Lagertür. Der Dieb muss die Tür so langsam geöffnet haben, dass die Zeitverzögerung der Fotofalle nicht ausreichte. Wer der nächtliche Besucher war, lässt sich anhand des Geisterbildes nicht feststellen. Erfolg hat die originelle Aktion trotzdem, denn der Dieb wird nie wiederkommen. Blitzlicht und Sirene haben ihm wahrscheinlich den Schreck seines Lebens eingejagt.

Ladendiebstahl im Dippoldiswalder Stadtzentrum. Das Personal eines Kinderwarengeschäftes hat eine junge Frau ertappt, die Anziehsachen klauen wollte. Eigentlich ist das eine Sache für den ABV, den DDR-Bürgerpolizisten. Doch hat die Verkäuferin den Verdacht, die Diebin könnte schon längere Zeit Geschäfte bestohlen haben. So gehen Ralf Hubrich und ein älterer Kollege die wenigen Schritte vom Dienstsitz der Abteilung K hinüber an den Tatort. Die Frau ist Mitte zwanzig und wird zum Verhör mitgenommen. Die Fragen stellt Hubrichs Kollege. Hubrich merkt bald, dass die Beschuldigte und der ältere Polizist einen guten Draht haben. Sie ist redselig und gesteht massenhaft Ladendiebstähle. Zum Beweis führt sie die Polizisten in ihre Wohnung am Dippser Stadtrand. Dort reiben sich die beiden die Augen. Sie stehen in einem kleinen Kaufhaus. Riesige Mengen ladenneuer Güter stapeln sich hier, Haushaltswaren, Bettwäsche, Kindersachen, alles Mögliche. Viele Dinge sind gleich mehrfach in identischer Ausführung am Lager. Wie soll man das alles bergen? Kunststoffbeutel oder Klappboxen, wie man sie heute kennt, gibt es in der DDR nicht. Die Polizisten besorgen sich stattdessen ein halbes Dutzend Leichensäcke. Die sind gut zwei Meter lang, stabil und haben ein Zugband als Verschluss. Da hinein packen sie das illegale Warenhaus der jungen Dame und fahren alles auf die Dienststelle.

Der Staatsanwalt weist an, dass zu jedem Objekt ermittelt wird, wo und wann es gestohlen wurde und was es gekostet hätte. Der Wert von Diebesgut hatte für die DDR-Justiz eine große Bedeutung, denn er bestimmte das Strafmaß entscheidend mit. Heutzutage wird bei der Strafzumessung mehr auf die Begehungsweise einer Tat geachtet. Was den Wert sozialistischer Konsumgüter anging, war die Ermittlung in der Regel einfach, weil für alles Festpreise galten. Heikel wurde es, sobald die Diebe Westwaren mitnahmen, denn man hatte vielmals keine Ahnung, was diese Dinge kosten könnten. Für solche Fälle gab es bei der Dippser Kripo einen Versandhaus-Katalog. Ralf Hubrich weiß nicht mehr, ob von Otto oder Quelle oder Neckermann. Er weiß aber noch, dass diese Bibel der kapitalistischen Warenwelt stets in einer versiegelten Kiste lagerte. Nur wer die Genehmigung vom Chef hatte, durfte das Siegel brechen.

Da die Ladendiebin derart viele Sachen gestohlen hatte, zog sich ihre Vernehmung wochenlang hin. Sie hatte auch nichts dagegen, denn offenbar konnte sie ihren Vernehmer sehr gut leiden. Ständig fielen ihr weitere Diebstähle ein, zu denen sie Angaben machen wollte. Im Dienstzimmer herrschte permanent Platznot wegen der vielen Artikel, die sich darin türmten. Irgendwann war das Verhör doch abgeschlossen und der Staatsanwalt bekam seine Akte. Was aus dem kleptomanischen Mädchen wurde, hat Hubrich nie erfahren, und auch nicht, wo das viele Diebesgut landete. Häufig jedenfalls nicht bei den rechtmäßigen Besitzern. Viele Geschäfte, die bestohlen worden waren, zeigten sich nämlich keineswegs froh über die Aufklärung. Oft wollten sie gar nichts davon wissen, dass irgendetwas weg war. Hubrich erinnert sich genau, wie die Leiterin eines Dippser Modegeschäftes rigoros ausschloss, ihr seien Damensachen abhanden gekommen. Ähnlich reagierte die Leitung einer Kaufhalle in Schmiedeberg. Dort hätte man packenweise Bettwäsche vermissen müssen. „Immer hieß es: Bei uns fehlt nichts!", sagt Hubrich belustigt. Er glaubt, dass die Ladenchefs bei der Inventur geschummelt hatten, um den Fehlbestand nicht erklären zu müssen. Hätten sie eingeräumt, bestohlen worden zu sein, wäre die Trickserei aufgeflogen.

Zum grenzüberschreitenden Problem wurde ein Fall von sexueller Nötigung in Altenberg. Und das kam so: Reisebusse aus der ČSSR pflegten bei der Ein- und Ausreise an einem bestimmten Parkplatz auf deutscher Seite zu halten. Die Fahrgäste sollten sich vor der nächsten Etappe erleichtern können. Der Haltepunkt, um den es geht, liegt an der Fernverkehrsstraße 170, etwa auf halber Strecke zwischen dem Altenberger Ortsrand und dem Abzweig zur Bobbahn. Er ist für den besagten Zweck gut geeignet, denn ringsum wächst dichter Wald. Als nun eines Tages wieder ein Bus dort hält und die Passagiere zwischen die Bäume ausschwärmen, fühlt eine Dame, die sich hingekauert hat, plötzlich eine kalte Hand an ihrem Hinterteil. Schreiend flüchtet sie zum Bus zurück. Wer sie da befummelt hat, kann sie nicht sagen. Zu Hause in der Tschechoslowakei wird die Sache angezeigt. Diese Vorfälle wiederholen sich. Offenbar sucht der Täter den Parkplatz immer wieder auf, bevorzugt an Sonnabenden, weil er hier günstige Gelegenheiten für sein unartiges Treiben findet. Im Schutz des Waldes kann er sich unbemerkt an seine Opfer heranschleichen und ebenso unbemerkt wieder verschwinden.

Ralf Hubrich nimmt an, dass die Sache auf diplomatischem Wege von Prag über Berlin und Dresden bis zum Volkspolizei-Kreisamt in Dippoldiswalde und zur dortigen Abteilung K gelangte. Es gab massiven Druck von der Polizei-Bezirksdirektion, sagt Hubrich. Der Dippser K-Leiter sei böse gerügt worden und man habe von ihm wissen wollen, was er in der Angelegenheit zu tun gedenke. Doch es gab keinerlei Anhaltspunkte, um den Fall aufzuklären. Verständlicherweise hatten es die betroffenen Damen stets vorgezogen zu flüchten, statt sich den Täter näher anzuschauen. Keine konnte ihn beschreiben. Also wurde beschlossen, dass sich die Dippser Kripo im Wald auf die Lauer legt, um den „Buddelgreifer", so nannte man den unbekannten Lüstling nun, auf frischer Tat zu erwischen.

Jeden Sonnabend stellen sich nun zwei Kriminale von 8 Uhr morgens bis zum Nachmittag zwischen die Baumstämme und spähen in die Botanik. Auch Ralf Hubrich zieht mehrfach auf Posten, tarnt sich, so gut es geht und soweit es der Auftrag, die Übersicht zu behalten, zulässt. Auf Verdächtige stößt er dabei nicht. Etwa zwei Monate geht das so. An einem dieser Sonnabende nun steht einer von Hubrichs Kollegen während der Wache plötzlich einer männlichen Person gegenüber, die er kennt. Die beiden gucken sich groß an, wissen nicht, was sie von dieser Begegnung halten sollen. Der andere behauptet, er suche Pilze. Der Polizist lässt ihn ziehen. Pilze suchen ist schließlich nicht verboten.

Grund für die Verwirrung: Der angebliche Pilzsucher ist auch ein Polizist, und ein ehemaliger Arbeitskollege dazu. Der Mann hatte beim Dippoldiswalder Volkspolizei-Kreisamt gearbeitet und sich dann zum Missionsschutz in die Hauptstadt der DDR, nach Ost-Berlin, gemeldet. Der Missionsschutz war ein spezielles Wachkommando der Deutschen Volkspolizei, das den

Auftrag hatte, Botschafterresidenzen und andere Objekte des Diplomatischen Corps zu schützen. Die Angehörigen dieses Kommandos verrichteten ihren sterbenslangweiligen Dienst in kleinen, beheizbaren Blechhütten, die vor den Botschaftsgebäuden standen.

Nachdem Hubrichs Kollege den Missionsschützer aus der Hauptstadt so unverhofft im Altenberger Busch getroffen hat, in der Nähe eines Tatorts, lässt ihm das keine Ruhe. War dieses Zusammentreffen nur ein Zufall? Er informiert seinen K-Leiter. Der entscheidet: Der Mann wird festgenommen. Er wird herbeigeholt und kommt in Untersuchungshaft. Die Ermittlungen ergeben, dass es in Berlin Vorkommnisse mit sexuellem Hintergrund in Zusammenhang mit dem Mann gegeben hat. Er wird vom Dienst suspendiert und nach Hubrichs Erinnerung später auch verurteilt. Der „Buddelgreifer von Altenberg" wird das deutsch-tschechoslowakische Verhältnis nicht länger trüben.

Weihnachtszeit in Bärenstein. Es ist der 18. Dezember 1984. Karl Reichelt, Besitzer eines Wochenendgrundstücks, ist außer sich. Zwei Blaufichten wurden bei ihm abgesägt und entführt, offenbar, um sie als Stubenschmuck zu benutzen. Es ist nicht das erste Mal. Schon seit Jahren geht das so. Ansehnliche Weihnachtsbäume sind eben selten im Sozialismus. Herrn Reichelt reicht es nun. In aller Frühe, gegen 7 Uhr, macht er Meldung bei der Dippoldiswalder Polizei. Um halb neun steht schon Ralf Hubrich auf seinem Grundstück. Als er den Tatort in Augenschein nimmt, entdeckt er Schuhspuren im Schnee. Zwar fordert der Bestohlene einen Fährtenhund. Aber Hubrich geht lieber seiner eigenen Nase nach.

Foto: Marko Förster

Blaufichtenbesitzer Karl Reichelt wurde jahrelang von einem Weihnachtsbaumdieb geärgert. Am 18. Dezember 1984 schnappte Ralf Hubrich den Täter, indem er einfach seiner Nase nachging.

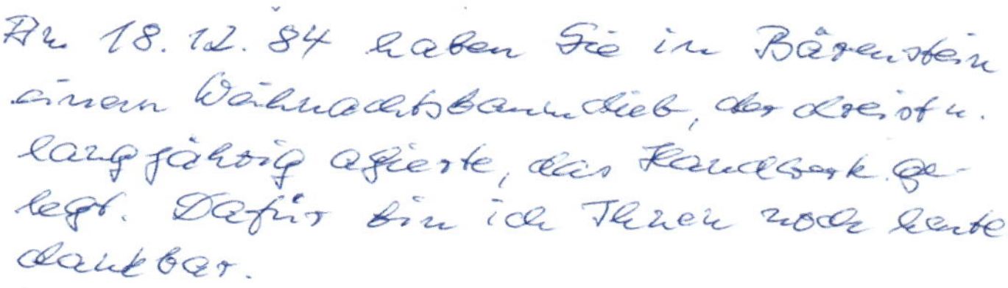
Am 18.12.84 haben Sie in Bärenstein einen Weihnachtsbaumdieb, der dreist u. langjährig agierte, das Handwerk gelegt. Dafür bin ich Ihnen noch heute dankbar.

Dankesbrief nach fast dreißig Jahren: Diese Zeilen schrieb Blaufichtenbesitzer Karl Reichelt im März 2013 an den inzwischen pensionierten Kripomann Hubrich.

Er folgt dem Schuhprofil, und obwohl nicht überall Schnee liegt, gelingt es ihm, auf der Fährte zu bleiben.

Nahe dem Marktplatz führen die Tapsen in ein Grundstück. Dort liegen in der Garage zwei Blaufichten, offensichtlich die geklauten. Die Dame des Hauses reagiert vergnatzt auf Nachfragen. Sie schiebt die Sache ihrem Mann zu. Den besucht Ralf Hubrich schnurstracks in Dippoldiswalde, wo er als Angestellter einer Blockpartei arbeitet. Der Verdächtige gesteht den Frevel. Dass er schon früher an gleicher Stelle sägte, kann man ihm aber nicht beweisen. Die beiden Weihnachtsbäume werden beschlagnahmt. Weil der rechtmäßige Eigentümer sie nicht gebrauchen kann, gibt man sie auf Weisung der Staatsanwaltschaft an soziale Einrichtungen ab.

Nun vergehen fast dreißig Jahre. Aber Karl Reichelt, der gerächte Blaufichtenbesitzer, vergisst diese kuriose Episode nicht. Als die Sächsische Zeitung im März 2013 den Vorfall in ihrer Artikelserie „Polizeiruf Pirna" erwähnt, schreibt Herr Reichelt endlich den Brief an Ralf Hubrich, den er schon immer hatte schreiben wollen. Bis heute sei er ihm dankbar, schreibt er, dass er, Hubrich, den langjährig und dreist agierenden Weihnachtsbaumdieb gefasst habe. Er zweifle, ob die Sache heute auch so schnell und problemlos aufgeklärt worden wäre. Reichelt, inzwischen 76 Jahre alt, wünscht dem Neu-Pensionär Hubrich ein ruhiges und entspanntes Rentnerleben bei bestmöglicher Gesundheit. „Sollten Sie um die Weihnachtszeit Bedarf an Schmuck- und Deckreisig haben, können Sie mich jederzeit besuchen." ◆

„Dir liebe Omi zum Andenken an deine Marion" steht auf der Kehrseite dieser Portrait-Fotografie von Marion Mitscherlich. Am 24. Oktober 1977 verschwand die junge Funktionärin aus der FDJ-Kreisleitung in Pirna und tauchte nie wieder auf. Die Vermisstensache Mitscherlich gehört zu den mysteriösesten Kapiteln der Pirnaer Kriminalgeschichte.

Die verschwundene FDJ-Sekretärin

Ob die Marion noch lebt? Tilo Mitscherlich lässt die angegilbten Papiere fahren, die er bis eben durchgeblättert hat, und legt die altmodische Brille beiseite. Er setzt sich auf, verschränkt die Arme hinter dem Kopf. Seine Schultern zucken, die Augen blicken über den Stubentisch hinweg zur Tür. Aber sie sehen wohl nicht, was da ist. Sie sehen wohl etwas anderes, vielleicht Marion, vielleicht den Tag, an dem sie zum letzten Mal in diesem Zimmer stand. „Ich weiß es nicht", sagt er. Einmal, Marion muss acht oder neun Jahre alt gewesen sein, da gab es einen Unfall. Die Kleine war in ein Motorrad gelaufen und schwer verletzt worden. Damals hatte Tilo Mitscherlich Herzklopfen gekriegt, als er von der Arbeit nach Hause fuhr. „Mir war richtig unwohl", erzählt er. Eine Beklemmung saß tief in seiner Brust, so, als ob er geahnt hätte, dass seinem Kind etwas zugestoßen war. Aber an diesem Tag, von dem wir heute die ganze Zeit gesprochen haben, da hat er nichts gespürt, gar nichts. Denkt man Tilo Mitscherlichs Gedanken zu Ende, heißt das wohl, dass Marion am Leben ist. Herr Mitscherlich hat seine Tochter trotzdem für tot erklären lassen. Er ist jetzt 81, seine Frau 76. Die beiden haben noch zwei Söhne. Wenn der Erbfall einträte, dann würde Marions Anteil in der Luft hängen, sagt er. Und das will er nicht. Deshalb hat Tilo Mitscherlich den schweren Gang zum Amtsgericht Pirna auf sich genommen. Im April 2002 erhielt er den Bescheid: Offiziell ist Marion Mitscherlich am 31. Dezember 1982 um 24 Uhr gestorben.

Die Vermisstensache Marion Mitscherlich ist ein wahrer Dauerbrenner in der Pirnaer Kriminalgeschichte. Es dürfte schwer sein, einen Fall aus der hiesigen Gegend zu finden, bei dem so lange, so aufwendig und so erfolglos ermittelt wurde, wie bei diesem. Im Herbst 1977 hat er sich zugetragen, und noch immer liegt er beim Staatsanwalt auf dem Tisch. Unter den zahlreichen Polizistenseelen, sie sich an Marion Mitscherlichs Verschwinden abgearbeitet haben, ist auch die des Hauptkommissars Ralf Hubrich. Dabei war Hubrich noch nicht einmal bei der Kripo, als das Mädchen in Pirna zum letzten Mal gesehen wurde. Später, als Landkriminaler in Dippoldiswalde, sah er das Foto der hübschen, jungen Frau im Fahndungsbuch, jener Galerie gesuchter

Personen, die der Abschnittsbevollmächtigte in seiner Kartentasche mit sich herumtrug. Das interessierte ihn. Pirna lag nicht weit weg von Dipps. Doch der Fall Mitscherlich war nicht sein Bier, sondern das Bier der MUK, der Morduntersuchungskommission in Dresden. Erst 2001, es muss ein Tag im April gewesen sein, wird der Fall Mitscherlich doch noch sein Fall, ein bisschen jedenfalls. Denn an diesem Tag kommt ein Mann in sein Büro, das mittlerweile in Pirna ist, weil er einen Beleg polizeilicher Ermittlungsarbeit braucht – für die Todeserklärung seiner Tochter. Es ist Tilo Mitscherlich. Und da versucht Ralf Hubrich, „ein bisschen was rauszukriegen", wie er sagt. Und der Aktenstoß, der sich über Marion Mitscherlichs rätselhaftem Schicksal bereits aufgetürmt hat, beginnt erneut zu wachsen.

Es sind mehrere Umstände, die den Fall der Marion Mitscherlich so unerhört machen. Erstens: Ihr absolut spurloses Wegsein. Sie verschwindet in der DDR, in einem übersichtlichen Land, das so gut wie kaum ein anderes Bescheid weiß über den Aufenthalt seiner Bürger. Es gibt ein straffes Meldesystem, scharf kontrollierte Grenzen und zahlreiche „Organe" und „gesellschaftliche Kräfte", die auf die Menschen aufpassen. Gelernte DDR-Bürger sagen manchmal, man habe damals überhaupt mehr aufeinander aufgepasst, als heute. Aufpassen gehörte irgendwie zum Lebensgefühl. Auch Polizist Hubrich glaubt das. In dieser Hinsicht hat sich viel geändert, sagt er. Wäre er ein gesuchter Krimineller, er könnte heute ohne Weiteres unerkannt in Deutschland leben. Jahrelang. Selbst unter seinem richtigen Namen. Da geht er jede Wette ein. Zweitens: Marion Mitscherlich ist nicht irgendjemand. Sie ist Sekretär in der Kreisleitung der FDJ, der Freien Deutschen Jugend. Sie gehört zur kommenden, weltanschaulichen Elite des Staates. Das gibt ihrem Verschwinden eine politische Note und vergrößert das Fragezeichen hinter der Geschichte. Drittens: Punkt eins und zwei zusammengenommen lassen in Pirna bald den Verdacht keimen, das MfS, das Ministerium für Staatssicherheit, habe die Finger im Spiel. Hat der Geheimdienst die attraktive und anscheinend glühende Sozialistin als Agentin ins Ausland geschleust? Das würde immerhin erklären, wie sie so plötzlich unauffindbar werden konnte. Vielleicht sollte sie gar nicht gefunden werden?

Marion Mitscherlich wird am 5. Juni 1957 in Magdeburg geboren. Schon bald zieht sie mit ihrer Mutter Anne-Rose nach Pirna zu Vater Tilo. Zunächst wohnt man in zwei Zimmern bei den Schwiegereltern in der Bahnhofstraße. Dann zieht die Familie auf die andere Elbseite, nach Copitz, in ein Doppelreihenhaus aus den 1930er-Jahren. Zwei weitere Kinder, zwei Jungs, kommen zur Welt. Marions Eltern sind einfache, rechtschaffene Leute. Der Vater ist Abteilungsleiter beim VEB Starkstromanlagenbau „Otto Buchwitz" im Dresdner Norden, die Mutter arbeitet bei der Pirnaer Fahrzeugelektrik. Marion, so erzählt ihr Vater, ist ein zugängliches und an vielem interessiertes Mädchen. In der Schule ist sie fleißig und, besonders in den höheren Klassen, sehr ehrgeizig. Nach dem Abschluss lernt sie Wirtschaftskaufmann bei der Fahrzeugelektrik. Gleich nach der Lehre, im Juni 1976, fängt sie bei der FDJ-Kreisleitung in Pirna an. Im gleichen Jahr tritt sie in die SED ein. Zwar sind auch ihre Eltern Parteimitglieder. Sie haben aber diesbezüglich keinen Druck auf ihre Tochter ausgeübt. Der Parteieintritt sei ganz allein ihre Entscheidung gewesen, sagt Vater Tilo.

Marion Mitscherlich (ganz links) 1972 mit Mitschülerinnen bei einem Stadtbummel in Dresden auf der Prager Straße. Wirkliche Freundschaften ging sie offenbar kaum ein.

Foto: privat

Marion scheint zu einer Karriere im Staatsapparat entschlossen. Sie wird zur Sonderschule des Zentralrats der FDJ nach Buckow in die Märkische Schweiz geschickt, von wo sie mit ausgezeichneten Ergebnissen zurückkehrt. Im September 1976 kommt sie an die Jugendhochschule der FDJ „Wilhelm Pieck" nach Bogensee. Der Ort am gleichnamigen Gewässer, einige Kilometer nördlich von Berlin, war zur Nazizeit Refugium des Reichspropagandaministers und Berliner NSDAP-Gauleiters Joseph Goebbels. Der hatte hier ein üppiges Landhaus mit eigenem Kinosaal bauen lassen, wo er sich von den Filmstars der

Ufa hofieren ließ. Nun stehen neben der einstigen Goebbels-Villa klassizistische Megabauten im Stile der Stalin-Allee. Fremdartig, wie gestrandete Ufos, wirken die hellen Klötze im dunklen, märkischen Forst. Die Jugendhochschule ist die wichtigste Kaderschmiede der FDJ, die den Führungsnachwuchs der SED stellt. Nicht nur junge Leute aus der DDR pauken hier die Ideale des Sozialismus. Auch Hörer aus den sozialistischen Bruderländern Osteuropas, aus Afrika und Asien und sogar aus dem Westen lassen sich am Bogensee Marxismus-Leninismus, politische Ökonomie und Philosophie beibringen.

Fotos: www.brandenburg-reise.com

Die einstige Jugendhochschule „Wilhelm Pieck" der FDJ in Bogensee nördlich von Berlin. Marion Mitscherlich studierte an der Kaderschmiede 1976/77, bevor sie Kultur- und Sportsekretär in der FDJ-Kreisleitung Pirna wurde.

Marion Mitscherlich bleibt bis Juli 1977 an der Hochschule. Danach wird sie in Pirna Sekretär für Kultur und Sport bei der FDJ-Kreisleitung. In dieser Funktion kümmert sie sich um die kulturelle Jugendarbeit im Kreis Pirna. Sie reist über die Dörfer, trifft die FDJ-Sekretäre der Schulen und Betriebe, berät sie bei der Durchführung von Projekten, von Theateraufführungen und Sportfesten zum Beispiel. Ihre Vorgesetzten erleben sie als gewissenhaft, strebsam und zuverlässig. Allerdings, so berichten sie es später der Kriminalpolizei, habe sich Marion, sobald es Probleme gab, „gewisse Dinge" sehr zu Herzen genommen. Beim Ausbleiben von Erfolgserlebnissen sei sie schnell niedergeschlagen gewesen. Engere Vertraute hielten Marion für sensibel und wollten in letzter Zeit eine nervliche Angegriffenheit an ihr beobachtet haben. Festere Bindungen zu Jungs oder gar einen Geliebten gab es wohl nicht in Marions Leben. Das war offenbar ganz für die Sache des Sozialismus reserviert. Heiraten hielt sie laut den späteren Kripo-Ermittlungen für ausgeschlossen. Ein FDJ-Funktionär könne nicht heiraten, wenn er seiner Funktion voll gerecht werden wolle, habe Marion einmal zu ihrer Mutter gesagt. Und noch etwas hatte sie gesagt, einen Satz, der ihrem Vater bis heute in den Ohren klingt: „Wo die Partei mich braucht, da gehe ich hin."

Es ist Montag, der 24. Oktober 1977. Es soll ein besonderer Tag für Marion werden, denn heute will sie von zu Hause ausziehen. Sie wird sich mit ihrer Oma Herta eine Wohnung teilen, nur eine Straßenecke entfernt vom elterlichen Haus. Jeder ein Zimmer, gemeinsame Küche, das wird schon gehen. Aber es kommt anders. Marion ruft bei ihrem Vater im Betrieb an. Es wird heute später, sagt sie ihm, sie hat noch in der Kreisleitung zu tun. Die eingekauften Lebensmittel will sie einem Kollegen mitgeben. Der bringt die Sachen auch tatsächlich in den Nachmittagsstunden bei den Mitscherlichs vorbei. Von seiner Frau erfährt Tilo Mitscherlich, dass Marion auch sie angerufen hat, um ihr das Gleiche mitzuteilen, das sie zuvor schon ihrem Vater gesagt hatte. Das kommt ihm komisch vor. Später fragt er sich, ob das vielleicht ein heimlicher Abschied war, ob Marion noch einmal Mutter und Vater hören wollte, bevor sie, wie und warum auch immer, untertauchte.

An diesem 24. Oktober kommt Marion Mitscherlich nicht nach Hause. Ihre Eltern unternehmen zunächst nichts. Sie wissen, dass es in der FDJ-Kreisleitung eine Schlafstatt gibt. Wenn es zu spät wurde, hat Marion dort übernachtet. „Am nächsten Tag, nachmittags, rief jemand von der Kreisleitung an. Ob wir wüssten, wo die Marion wäre. Sie wäre nicht auf Arbeit erschienen", erzählt der Vater. Am 26. Oktober schließlich, gegen 16.45 Uhr, meldet der 1. Sekretär der FDJ-Kreisleitung Pirna die Mitarbeiterin Marion Mitscherlich als vermisst.

Als diese Mitteilung eintrifft, rollt sofort der erste Angriff los. So nennt man in Kripo-Kreisen die unmittelbar nach einem Verbrechen einsetzende Ermittlungsarbeit. Der erste Angriff ist immer der wichtigste, sagt Jochen Rahle. Der heute 84-Jährige ist damals Hauptmann, Leiter der Pirnaer Kriminalpolizei, und wird in dieser Eigenschaft Führer der Einsatzgruppe im Fall Marion Mitscherlich. Zu dieser Einsatzgruppe gehören sämtliche Genossen der Abteilung K beim Volkspolizeikreisamt Pirna, vier Genossen von der Morduntersuchungskommission der Volkspolizei-Bezirksdirektion in Dresden sowie vier örtliche Abschnittsbevollmächtigte. Zeitweise bekommt die Einsatzgruppe Einheiten der Schutzpolizei zur Verstärkung zugeteilt. Der erste Angriff muss möglichst umfassend geführt werden, um so viele Informationen wie nur möglich zu bekommen. Wer erst Tage später an den Haustüren klingelt, der erfährt nicht mehr viel, sagt Jochen Rahle. „Fünf, sechs Tage haben wir ohne Pause durchgezogen."

Bei der Suche nach Marion Mitscherlich macht auch das Ministerium für Staatssicherheit mit, sowohl die Kreisdienstelle in der Seminarstraße in Pirna als auch die Untersuchungsabteilung der Bezirksverwaltung in Dresden. Das ist nicht ungewöhnlich. Schwere Verbrechen wurden in der Regel gemeinsam aufgeklärt, sagt Jochen Rahle. Kommen Bürger abhanden, ist die Stasi automatisch mit im Boot, denn dann steht der Verdacht im Raum, die Person könnte die DDR unerlaubt verlassen haben oder dieses planen. Weil Marion Mitscherlich zum Leitungspersonal der FDJ gehört, ist der Eifer des Geheimdienstes allen Beteiligten nur zu verständlich. Angenommen, Marion ist ermordet worden. Dann könnte ein politisches Motiv infrage kommen. Alles, was irgendwie nach Feindtätigkeit riecht, interessiert die Stasi brennend. So tauchen etwa nach Feuern in den volkseigenen Betrieben und landwirtschaftlichen Produktionsgenossenschaften gern diskrete Herren auf, die den Verdacht der Sabotage prüfen.

Der erste Angriff von Hauptmann Rahle und seinen Leuten im Fall Mitscherlich ergibt folgendes Bild vom Verlauf des 24. Oktober 1977, des Tages, an dem Marion verschwand: Die junge Frau ist wie gewöhnlich zur Arbeit in der FDJ-Kreisleitung Pirna erschienen. Das Gebäude macht – anders als der anspruchsvolle Titel der Institution es vermuten lässt – einen eher bescheidenen Eindruck. Es handelt sich um ein zweigeschossiges, gut vierzig Meter langes Gemäuer, errichtet zu Anfang der 1960er-Jahre. Obwohl mit vielen Fensteraugen versehen, steht es gesichtslos am Rand der Fernverkehrsstraße F 172, die hier Heidenauer Straße heißt. Wohin man schaut, ragen die Anlagen des VEB Kunstseidenwerk „Siegfried Rädel" auf, eines Megabetriebs mit rund 2 700 Beschäftigten. Auch der FDJ-Sitz gehört zum Werk. Gegen 11 Uhr wird der Kultur- und Sportsekretär Marion Mitscherlich beauftragt, kurzfristig einen Bericht auszuarbeiten. Das bringt

Foto: SEP/Repro: Norbert Millauer

Der Komplex des Pirnaer Kunstseidenwerks an der Heidenauer Straße. Die undatierte Aufnahme zeigt im roten Kreis auch den Flachbau der ehemaligen FDJ-Kreisleitung, wo Marion Mitscherlich am 24. Oktober 1977 zum letzten Mal gesehen wurde.

ihre Pläne durcheinander, denn an diesem Tag ist auch noch eine Beratung in der Pirnaer SED-Kreisleitung angesetzt. Marion wird klar, dass sie bis in den Abend hinein wird arbeiten müssen, um den Bericht fertig zu kriegen. Deshalb ruft sie ihre Eltern an, bereitet sie auf die Verspätung vor und arrangiert die Überbringung der Einkäufe. Die Beratung findet im Pirnaer SED-Hauptquartier am Ernst-Thälmann-Platz statt. Als das geschafft ist, wird Marion Mitscherlich vom stellvertretenden Kreisschulrat im Auto mitgenommen und gegen 17.15 Uhr vor der FDJ-Baracke abgesetzt. Zunächst stärkt sich Marion offenbar, denn gegen halb sechs sehen Angehörige der Kunstseide das Mädchen in der Betriebskantine. Danach geht sie wahrscheinlich an die Arbeit. Mithilfe der Pförtnerin und anderer Zeugen kann die Kripo ermitteln, dass das Licht in der FDJ-Kreisleitung 21.43 Uhr noch brannte. Als die Pförtnerin das Objekt gegen 22.10 Uhr wieder kontrolliert, kann sie keinen Lichtschein mehr entdecken. Das letzte Lebenszeichen von Marion Mitscherlich ist verloschen.

Der Bericht liegt nun fertig vor, aber die Schreiberin fehlt. Bei der Suche nach ihr wird zuerst das FDJ-Haus auf den Kopf gestellt. Gerald Große, damals 2. Sekretär in der Kreisleitung, heute 64, erinnert sich, wenn auch dunkel, wie forsch die Ermittler bei den Jugendfreunden agierten. „Es war ein Aufruhr, ein riesiger Wirbel, mit Verhör und allem Drum und Dran", sagt er. „Extrem war das!" Auch die elterliche Wohnung in Copitz inspiziert man, vom Keller bis zum Dach, und durchforstet das Gartengrundstück der Familie. Am 27. und 28. Oktober wird die Suche in die Landschaft ausgedehnt, auf Gebiete, wo Marion am ehesten vermutet wird. Durchkämmt werden unter anderem der Graupaer Wald, das Gebiet der Herrenleite bei Lohmen, der Wald zwischen Pirna-Mockethal und Dorf Wehlen, die Halde an der Gaststätte „Weiße Taube" in Copitz. Einheiten der Schutzpolizei, der Feuerwehr und des Wasserschutzes sind dabei im Einsatz. Zwei Tauchergruppen gehen zehn Gewässern der Pirnaer Umgebung auf den Grund, unter anderem dem Lugteich zwischen Copitz und Zatschke. Gemeinsam mit der Wasserwirtschaft, der Feuerwehr und der Stasi wird sogar die Kanalisation in Pirna-Copitz durchforscht, bis hinunter zur Birkwitzer Kläranlage. Aber Marion Mitscherlich wird nicht gefunden. Nicht die kleinste Spur von ihr taucht auf. Die junge Frau scheint sich in Luft aufgelöst zu haben.

Was könnte mit Marion Mitscherlich passiert sein? Die Kriminalisten stellen fünf Versionen auf. Erstens: Die Vermisste ist das Opfer eines Verbrechens geworden. Zweitens: Die Vermisste hat an einem bislang unbekannten Ort Selbstmord verübt. Drittens: Ein Unfall ist passiert und der Aufenthaltsort der Vermissten blieb in der Folge unbekannt. Viertens: Die Vermisste hat die DDR illegal verlassen oder wurde ausgeschleust. Fünftens: Die Vermisste ist aus nicht erklärbaren Gründen an einem bisher nicht bekannten Aufenthaltsort.

Um die Versionen zu prüfen, erhält jedes Mitglied der Einsatzgruppe Einzelaufträge. Die Resultate werden bei regelmäßigen Lageberatungen zusammengeführt. Zwar steht den Volkspolizisten bei Weitem nicht das technische Arsenal heutiger Ermittler zu Gebote. Dafür besitzen sie, so sagt es ihr damaliger Chef Rahle, eine gute Ausbildung und eine hohe Einsatzbereitschaft. Die Kollegen hätten geradezu verbissen an dem Fall gearbeitet. „Wir hatten den Willen, so lange zu suchen und zu forschen, bis ein positives Ergebnis vorlag", so beschreibt der alte Kripo-Mann die Stimmung.

Wie verbissen die Ermittler forschen, belegen die extrem aufwendigen Ermittlungen, zum Beispiel im Umfeld der FDJ-Kreisleitungsbaracke, dem letzten bekannten Aufenthaltsort von

Marion Mitscherlich. Da man weiß, wann sie ihre Arbeitsstelle etwa verlassen haben muss, sucht man Zeugen, die um diese Zeit auf der Straße gewesen und etwas bemerkt haben könnten. Vom FDJ-Quartier bis zur nächsten Bushaltestelle braucht man zu Fuß circa drei Minuten. Wegen des Schichtwechsels in mehreren Betrieben dürfte reger Fußgänger- und Autoverkehr gewesen sein, überlegen die Polizisten. Irgendwer muss Marion Mitscherlich doch gesehen haben. Also werden 248 Arbeiter des Kunstseidenwerks ausfindig gemacht, die an jenem Abend zweite Schicht hatten. Jeder Einzelne wird nach seinen Beobachtungen gefragt. Es gibt vier Hinweise. Aber keiner hilft weiter. Nun werden die Arbeiter der dritten Kunstseiden-Schicht sowie der zweiten und dritten Schicht des Heizkraftwerks Pirna und auch noch die Arbeiter des nahen Betonmischwerks befragt, die an der FDJ-Kreisleitung vorbeigelaufen oder vorbeigefahren sein könnten. Erfolglos. Die Busfahrer werden einbezogen, die Taxichauffeure und die Fahrer von Krankenwagen. Umsonst. Die Ermittler stellen sich in Sichtweite der FDJ-Baracke auf die Straße, sprechen Leute an, die zur bewussten Uhrzeit vorbeilaufen, fragen, ob sie am betreffenden Tag hier etwas bemerkt haben. Aber niemand hat gesehen, wie Marion Mitscherlich die FDJ-Kreisleitung verließ oder entlang der Fernverkehrsstraße 172 zu Fuß oder sonst wie unterwegs war.

Nicht minder eifrig sind die Kriminalisten bei der Überprüfung der Bekannten und Freunde von Marion Mitscherlich. Sollte es sich um ein Verbrechen handeln, vielleicht um eine Beziehungstat, gilt die alte Ermittlerweisheit, dass der Täter meist im persönlichen Umfeld des Opfers zu finden ist. In der FDJ-Kreisleitung Pirna vernimmt die Kripo 23 Personen und überprüft bei 17 Männern das angegebene Alibi. Auch die FDJ-Bezirksleitung in Dresden erhält Besuch von der Kripo. Zehn Mitarbeiter mit näherer Bekanntschaft zu Marion Mitscherlich werden befragt und teilweise alibimäßig überprüft. Aus den Befragungen und aus den Unterlagen von Marion erfahren die Polizisten, dass die junge Frau Kontakt zur „Gruppe Schicht" hatte, der politischen Bühne des Kulturpalasts Dresden. Das Ensemble steht zwar zu den marxistischen Idealen, gilt aber künstlerisch als Exot, der versucht, die Verhältnisse in der DDR zu kritisieren. Der Kulturpalast teilt mit, dass eine Kontrolle der „Schicht" seinerseits nicht erfolge. Die Kripo forscht selbst nach, soweit das möglich ist.

Für eine wirkliche Verbindung zwischen dem politischen Singe-Theater und der vermissten Kultursekretärin finden sich keine Belege.

Während die Sichtung von Marion Mitscherlichs aktuellen Kontakten läuft und rein gar nichts zu erbringen scheint, werden auch die vergangenen Bekanntschaften ermittelt. Den Polizisten gelingt es in mühevoller Kleinarbeit, rund siebzig Personen ausfindig zu machen, die Marion Mitscherlich während diverser Lehrgänge und Schulungen näher kennengelernt hat. Darunter sind 24 Kommilitonen aus ihrer Studienzeit an der Jugendhochschule Bogensee. Dazu kommen 28 Freunde aus dem Freizeitbereich. Alle werden vernommen und bei manchen das Alibi nachgeprüft, nur um ein weiteres Mal enttäuscht zu werden: Keine Hinweise auf den Aufenthaltsort von Marion Mitscherlich, keine Hinweise darauf, dass irgendwer irgendwas mit ihrem Verschwinden zu tun hat. Ob Marion abgehauen ist? Sie wäre nicht die erste scheinbar Linientreue, die eine einsame Entscheidung zum illegalen Verlassen der DDR trifft. Schließlich hatte sie bei ihrer Arbeit viele Delegationen aus nichtsozialistischen Ländern getroffen und dabei vielleicht Kontakte geknüpft, die Anlass für eine Republikflucht sein könnten. Erkenntnisse, die diese Hypothese stützen würden, bleiben aus.

Inzwischen ist die Eilfahndung nach Marion Mitscherlich, ausgelöst in den Bezirken Dresden, Karl-Marx-Stadt, Cottbus und Leipzig, zur DDR-weiten Dauerfahndung geworden. Während man es sonst vermeidet, die Öffentlichkeit mit Verbrechen im eigenen Lande zu konfrontieren, wird sie nun offensiv einbezogen. Drei-

Quelle: Archivverbund Pirna, Stadtarchiv Pirna/Repro: Marko Förster

Die VP meldet

Wer kann Angaben machen?

Vermißt wird seit Montag, den 24. Oktober, 21.15 Uhr, die Bürgerin Marion Mitscherlich, geboren am 5. Juni 1957, wohnhaft in Pirna-Copitz, Gerhart-Hauptmann-Straße Nr. 2. Die Bürgerin wurde zum genannten Zeitpunkt letztmalig in Pirna, F 172, Heidenauer Straße in Höhe des VEB Kunstseidenwerk, gesehen.

Personenbeschreibung: Scheinbares Alter: 20 Jahre. Größe: Etwa 170 cm groß, schlanke Gestalt, blondes, kurzes, gewelltes Haar, blasses Gesicht.

Bekleidung: sportlicher kornblumenblauer, bis über die Knie reichender Popelinemantel mit Gürtel, schwarze lange Silastikhose. Sie führte vermutlich dunkelblaue Umhängetasche bei sich.

Die Bürger, die die vermißte Person kennen, seit dem 24. Oktober gesehen oder festgestellt haben oder Hinweise zum Aufenthaltsort geben können, werden gebeten, sich mit dem Volkspolizei-Kreisamt Pirna, Abteilung K, Telefon 81 92 80, oder jeder anderen VP-Dienststelle in Verbindung zu setzen.

Auf Wunsch werden die Hinweise vertraulich behandelt. VPKA Pirna

Die Volkspolizei meldet: Bürgerin Mitscherlich ist weg. Zeugenaufruf in der Sächsischen Zeitung vom 29. Oktober 1977.

mal hintereinander erscheint ein Zeugenaufruf in der Sächsischen Zeitung. Er zeigt das Bild der Bürgerin Mitscherlich und beschreibt ihre Person – etwa 1,70 Meter groß, schlank, blondes, kurzes, gewelltes Haar, blasses Gesicht – und ihre Bekleidung – sportlicher, knielanger, kornblumenblauer Popelinemantel mit Gürtel, schwarze Silastikhose, dunkelblaue Umhängetasche. Außerdem werden die „fortschrittlichen gesellschaftlichen Kräfte" aktiviert und mit Handzetteln ausgestattet. Gesellschaftliche Kräfte sind zum Beispiel die Helfer der Volkspolizei, die Hausbuchbeauftragten, die Funktionsträger der Parteigliederungen und der Massenorganisationen wie etwa des FDGB, des Freien Deutschen Gewerkschaftsbundes. Auch die Verkehrsbetriebe, die Dienstleistungseinrichtungen, die Fundbüros, die Müllabfuhr, die Forst- und Jagdkollektive und sogar die Kleingärtner sind informiert. Der Werksfunk in den großen Betrieben bringt Durchsagen zum Fall Mitscherlich. Auch die Pirnaer FDJ-Kreisleitung hilft suchen und zieht in 120 FDJ-Grundorganisationen der Städte, Gemeinden und Betriebe Erkundigungen ein.

Aber was man auch versucht: Das Ergebnis ist gleich null. Wissen die Eltern von Marion Mitscherlich wirklich nicht, wo ihre Tochter sein könnte? Im polizeilichen Sachstandsbericht klingt eine gewisse Skepsis an. „Das Verhalten und Auftreten der Eltern erscheint widersprüchlich", steht da. Einer der damaligen Ermittler sagt, man habe seinerzeit den Eindruck gehabt, dass die Eltern mehr wüssten, als sie sagten. Marions Mutter sei sehr gefasst mit dem Verschwinden der Tochter umgegangen, obwohl das Verhältnis zueinander gut gewesen sein soll. Diese Wahrnehmung wird wahrscheinlich vom MfS überprüft, denn der Bericht erwähnt „operative Maßnahmen". Diese hätten aber keine Hinweise dafür erbracht, dass die Eltern etwas mit dem Vermisstsein ihrer Tochter zu tun haben, heißt es.

Tilo Mitscherlich hingegen hat schon früh den Verdacht, die Stasi selbst könnte für das Untertauchen seiner Tochter verantwortlich sein. Da ist dieser Satz von Marion, um den seine Gedanken kreisen: „Wo die Partei mich braucht, da gehe ich hin." Und dann die Tatsache, dass es nicht die kleinste Spur gibt. Das kommt ihm so mysteriös vor und bringt ihn auf die Idee, dass der Geheimdienst Marion professionell ausgeschleust hat, und dass sie nun Kundschafterin in Westdeutschland ist. „Zuzutrauen wäre ihr das", sagt er. „Sie war ja sehr überzeugt."

Tilo Mitscherlich scheut sich nicht, diese Ansicht bei den Behörden auszusprechen. Regelrecht gebohrt habe er, sagt er. Einmal ist er sogar aus freien Stücken in die Pirnaer Kreisdienststelle des MfS gegangen, um sich zu erkundigen. Immerhin wird er nicht weggeschickt, sondern zum Warten aufgefordert. Schließlich kommt ein Stasi-Offizier zu ihm und teilt ihm trocken mit, dass die Angelegenheit hier nicht bekannt sei. Das ist alles, was Tilo Mitscherlich von den Geheimdienstlern erfährt. Die Beharrlichkeit des Vaters scheint an höherer Stelle für Unruhe zu sorgen. Eines Tages, so erzählt Tilo Mitscherlich, kam ein hoher Offizier zu ihm in den Betrieb. Von welcher Dienststelle, weiß Herr Mitscherlich nicht mehr. Aber es muss eine der höchsten gewesen sein, sagt er, denn alles an seiner Uniform glänzte wie von Gold. Dieser Offizier gab sich Mühe, Mitscherlichs Verdacht zu zerstreuen. Es gebe keine Anzeichen, dass die Staatssicherheit etwas mit dieser Sache zu tun habe, versicherte er ihm, und man werde alles versuchen, seine Tochter zu finden.

Die Frage drängt sich auf, ob die Kriminalpolizei überhaupt informiert worden wäre, falls die Stasi Marion Mitscherlich tatsächlich zur Kundschafterin gemacht hätte. Jochen Rahle, der alte Pirnaer Kripo-Leiter, hält das für ausgeschlossen. „Das hätten wir nie erfahren", sagt er. Aber spricht der Arbeitseifer, den die Stasi bei der Suche nach Marion entwickelte, nicht gegen die Annahme, der Geheimdienst könnte selbst ihr Untertauchen arrangiert haben? Keineswegs, meint einer von Rahles einstigen Kollegen, der damals auch ermittelt hat. Denn hätte die Stasi nicht mitgesucht, wäre das aufgefallen. Scheinbar Interesse zeigen, aber im Hintergrund ganz andere Entscheidungen treffen, das sei doch eine gängige Arbeitsweise des MfS gewesen. Letztlich muss man wohl bedenken, dass die Geheimhaltung auch innerhalb der Staatssicherheit galt. Der einzelne Mitarbeiter wusste nicht über das Große und Ganze Bescheid. Eine Agentenschleusung wäre nur einem handverlesenen Kreis zur Kenntnis gelangt, sodass der nicht eingeweihte Stasi-Mann sicher mit ehrlichem Bemühen gefahndet hätte.

Je mehr Zeit ohne Ermittlungserfolg ins Land geht, umso mehr schmilzt die Einsatzgruppe im Falle Mitscherlich zusammen. Nach und nach werden fast alle Kripoleute abgezogen. Die Ermittlungsarbeit bleibt zum Großteil an den Abschnittsbevollmächtigten hängen, den DDR-Bürgerpolizisten, die kriminalistisch kaum geschult sind. Folgerichtig räumt der Bericht ein, dass diese Ermittlungen „schleppend und in geringer Qualität" erfolgten. Am 23. März 1978, Marion Mitscherlich ist nun ein halbes Jahr weg, wird die Einsatzgruppe aufgelöst und der Fall komplett an die Morduntersuchungskommission in Dresden abgegeben. Von den anfangs aufgestellten Untersuchungsversionen sind nur zwei übrig: Entweder ist an Marion ein Verbrechen begangen worden, oder sie hat das Land illegal oder konspirativ verlassen. Anhaltspunkte gibt es weder für die eine noch für die andere Version, nur kann man sie aufgrund der Ermittlungsresultate nicht ausschließen.

Gut zehn Jahre später: Die DDR ist weg. FDJ-Sekretäre gibt es nicht mehr. Im Januar 1991 schickt die Bundesgeschäftsleitung der in Agonie befindlichen Jugendorganisation noch eine Bescheinigung über erlangte Rentenanwartschaften an Marion Mitscherlich nach Pirna-Copitz. FDJ-Bundesschatzmeister Thiele bittet um eine Telefonnummer, unter der das Mitglied Mitscherlich zu erreichen wäre. Er ahnt nicht, wie aussichtslos diese Bitte ist. Tilo Mitscherlich hat unterdessen seine Theorie von der Ausschleusung Marions als Agentin nicht aufgegeben. Das schnelle Ende der DDR bietet ihm die Chance, seine Theorie zu prüfen. Er stellt Auskunftsersuchen an den Bundesbeauftragten für die Stasi-Unterlagen. Mehrfach. Doch seine Hoffnung, endlich Gewissheit über das Schicksal seiner Tochter zu erlangen, wird enttäuscht. Die Gauck-Behörde weiß nichts von einer Agentin, die einmal Marion Mitscherlich geheißen hat. Nur der alte Bericht der Mordkommission, der als Abschrift an die Stasi ging, wird den Mitscherlichs übergeben. Sie stehen wieder vor einem großen Fragezeichen.

25. Mai 2001, Kriminalpolizeiinspektion Pirna, Königsteiner Straße: „Wegen des sehr langen Zeitraums des Vermisstseins der Marion Mitscherlich und keinerlei bisher vorliegender Erkenntnisse zu ihrem weiteren Aufenthalt begründen sich ernsthafte Zweifel an ihrem Fortleben." Das tippt Ralf Hubrich, der Leiter des Morddezernats, mit freundlichen Grüßen an das Pirnaer Amtsgericht in seinen Computer. Er hat die Reihe von Leitz-Ordnern zum Fall Mitscherlich durchgesehen und macht nun den Weg frei für die amtliche Todeserklärung der Vermissten. Gleichzeitig spürt er die Ermittlerneugier in sich. Einerseits hält er die Theorie von der ausgeschleusten Kundschafterin für romanti-

schen Käse. Andererseits, sagt er sich, kann eine neuerliche Anfrage bei der Stasi-Unterlagenbehörde nicht schaden. Die letzte ist fast zehn Jahre her. Wer weiß, vielleicht wurde inzwischen die alles erklärende Akte gefunden.

Nach einer sehr langen Wartezeit wird Ralf Hubrich schließlich in die Dresdner Außenstelle der Unterlagenbehörde in der Riesaer Straße bestellt. Dort bringt man ihm viel Papier. Aber es ist nicht die Akte von Marion Mitscherlich. Die gibt es immer noch nicht. Es ist die Akte einer anderen Person, in der Marions Name vorkommt. Nennen wir sie Harry Haase. Herr Haase ist eine tragische Figur. Geboren im Januar 1945 in Ostpreußen, die Mutter bei der Geburt gestorben. Irgendwie verschlägt es Harry in die Sächsische Schweiz, nach Kleingießhübel. Er probiert verschiedene Berufe aus, ist unter anderem Eisenbahner, Kraftfahrer und Betreiber eines kleinen Altstoffhandels. Mit der Staatsmacht gerät Haase oft aneinander, zum Beispiel wegen illegalen Waffenbesitzes, Verstoßes gegen das Sprengmittelgesetz und wegen des Paragrafen 213 – ungesetzlicher Grenzübertritt, sprich Republikflucht. 1984 wird er von seiner Frau geschieden. 1985 schiebt ihn die DDR nach West-Berlin ab. Auch dort wird er straffällig, wegen Waffengeschichten und Diebstahls. Er reist in die DDR ein, heimlich, offenbar, um seine Verwandten zu besuchen. Er wird geschnappt und 1986 ein zweites Mal nach West-Berlin verfrachtet, wo sein krimineller Lebenswandel weitergeht. 1987 erscheint ein Bekannter von Harry Haase bei der Staatssicherheit in Ost-Berlin. Er gibt an, zeitweise mit Haase zusammengewohnt zu haben, und bezichtigt ihn einer Reihe schlimmer Dinge. Haase soll die Sprengung einer Passierscheinstelle planen, er soll Feuer gelegt haben und Anschläge auf DDR-Abschnittsbevollmächtige im Schilde führen. Und dann erzählt der Informant, wie Haase in seiner alten Heimat, in der Nähe von Bad Schandau, eine junge Frau, SED-Mitglied, zu Tode gebracht haben will. Er will sie absichtlich überfahren, ihre Leiche verbrannt und vergraben haben. Dann wieder will er die „Kommunistensau" in eine Jauchegrube geworfen haben. Motiv: Sie habe ihn als Schrotthändler wegen irgendwas bei der Obrigkeit angezinkt. Eine andere Version des angeblichen Mordes: Die junge Frau sei eine FDJ-Funktionärin gewesen, die von Haase schwanger war und sich in seine Ehe drängen wollte. Deshalb habe er sie überrollt und die Leiche beseitigt.

Die Stasi-Leute eröffnen einen OV, einen operativen Vorgang, zu der Meldung ihres Informanten und überprüfen seine haarsträubenden Aussagen. Dabei müssen sie auf den zehn Jahre alten Vermisstenfall Mitscherlich gestoßen sein, der noch immer ungeklärt ist. Hat Haase die verschwundene FDJ-Sekretärin auf dem Gewissen? Hat der Zufall das Mysterium jetzt gelöst? Doch nein. Als die Stasi-Leute mit ihren Recherchen fertig sind, stufen sie Harry Haases Bekenntnisse als unglaubwürdig ein. Ihrer Ansicht nach ist ihr Informant den Fantastereien eines Alkoholabhängigen aufgesessen.

Weil der Name Mitscherlich in Haases Akte steht, fällt sie nun, Jahre später, dem Hauptkommissar Hubrich und seinen Kollegen von der Mordkommission in die Hände. Sie finden heraus, dass Harry Haase nach dem Ende der DDR in die Sächsische Schweiz zurückkam. In Bad Schandau lief er 1992 dem Bundesgrenzschutz in die Arme, mit einem zerlegten Jagdgewehr und reichlich alkoholisiert. Wegen des Waffendelikts wurde er bestraft. In Berlin stand Haase wegen schwerer Tätlichkeiten vor Gericht, unter anderem 2001 wegen des Angriffs auf eine Gastwirtin. Bei diesen Rohheitsdelikten war wieder Alkohol im Spiel. Haase wurde begutachtet, und schließlich brachte man ihn zum Maßregelvollzug in die Karl-Bonhoeffer-Nervenklinik in Berlin. Die Polizisten beschließen, ihn zu besuchen. Immerhin scheint es bei Haases Persönlichkeitsstruktur nicht unwahrscheinlich, dass er es war, der ein Gewaltverbrechen an Marion Mitscherlich begangen hat. Ralf Hubrich soll bei diesem Besuch dabei sein. Sein gemütlicher Typus könnte positiv auf die Redebereitschaft des Inhaftierten wirken, so hofft man. Hubrich hat zwar keinen Anlass, an den einstigen Ermittlungen der Staatssicherheit zu zweifeln, wonach Haases angeblicher Frauenmord geflunkert war. Doch hat man sonst nichts in der Hand, womit die Mitscherlich-Sache weiter verfolgt werden könnte. „Es war der einzige Zipfel, an dem man ziehen konnte", sagt Hubrich. Bei dem Verdacht, Haase könnte der Täter sein, spielt auch ein Auto der sowjetischen Marke Wolga eine Rolle. Zeugen hatten solch einen Wagen am Abend des Verschwindens von Marion Mitscherlich auf der Fernverkehrsstraße 172 gesehen. Harry Haase besaß einst einen Wolga, ein eher ungewöhnliches Fahrzeug für einen Privatmann in der DDR. Damals benutzten es vor allem staatliche Stellen, Betriebe und Taxigenossenschaften.

Mit einem Angehörigen der Mordkommission fährt Ralf Hubrich nach Berlin. Den Klinik-Komplex an der Oranienburger Straße betritt er mit Unbehagen. Die Atmosphäre passt nicht zu einem Krankenhaus, eher zu einem Gefängnis. Die Fenster sind vergittert. Jede Pforte, die die Polizisten durchschreiten, wird hinter ihnen rasselnd abgeschlossen. In einer Art Aufenthaltsraum werden sie platziert, dann führt man Harry Haase herein. Haase ist ein ziemlich kräftiger Typ. Hubrich findet, dass er älter aussieht, als er wirklich ist. Wahrscheinlich eine Folge des langjährigen Alkoholmissbrauchs, denkt er. Als die Kripoleute sich vorstellen, löst das bei Haase einen spontanen Schwall von Selbstmitleid aus. Er sei „das dümmste Schwein der Welt", so klingt es Hubrich noch im Ohr. Seine Heimat zu verlassen und in den Westen zu gehen, sei der Fehler seines Lebens gewesen, lamentiert Haase. Daheim habe er ein Haus gehabt, Frau und Kinder, in West-Berlin dagegen sei er nur „Kanaken" begegnet und habe keinen Fuß mehr auf die Erde gekriegt. Mehrmals sei er zur Mauer gelaufen und habe davor geheult. Haase wirkt auf die Ermittler impulsiv, ja cholerisch. „Wir haben versucht, die Sache mit der Marion Mitscherlich anzubringen", erinnert sich Ralf Hubrich. Doch Haase leugnet, damals, in der DDR, jemanden umgebracht zu haben. Da hilft es auch nicht, dass Hubrich ihm die Brücke baut, ein eventueller Totschlag oder Mord sei nach DDR-Recht verjährt. „Das hat ihn überhaupt nicht interessiert", sagt Hubrich. „Er hat immer nur mit sich selbst gehadert." Was die Polizisten ihm auch vom Fall Mitscherlich vorhalten, Haase kann damit nichts anfangen. Er habe damals viel getrunken, sagt er, und viel erzählt in seinem Suff. Auf den Informanten, der ihn bei der Stasi verpfiffen hat, ist Haase sauer. Er vermutet, dass der seine Flunkereien noch einmal aufblähte, um sich damit beim Ost-Geheimdienst wichtigzumachen. Nachprüfen lässt sich das nicht, das haben die Polizisten schon versucht. Der geschwätzige Stasi-Zuträger von einst lebt nicht mehr.

Nach dem Besuch in der Berliner Nervenklinik sind sich die Kriminalen aus Sachsen ziemlich sicher, dass Harry Haase mit dem Vermisstenfall Mitscherlich nichts zu tun hat. Die Befragung seiner Ex-Frau, die noch immer in der Sächsischen Schweiz lebt, ergibt auch keine neuen Verdachtsmomente. Dass Haase einst einen Wolga hatte und man am fraglichen Tag einen solchen am Ort des Geschehens gesehen haben will, muss nichts

Foto: SEP

Die ehemalige FDJ-Kreisleitung Pirna kurz nach der Wende. Das Haus wurde Ende der 1990er-Jahre an einen Geschäftsmann verkauft, der es sanierte. Es steht heute noch.

heißen. Bisher gibt es keinerlei Hinweise darauf, dass ein Auto dieses Typs überhaupt eine Rolle in dem Fall spielt. Schon damals hatte man alle Wolga-Halter der Gegend überprüft, auch Haase. Sein Alibi galt als stichhaltig.

Obwohl das Verhör von Harry Haase ein Fehlschlag ist, gehen die neuerlichen Ermittlungen zum Verbleib von Marion Mitscherlich weiter. Die Staatsanwaltschaft in Dresden hält es für angebracht, noch einmal ehemalige Arbeitskollegen und Bekannte der Vermissten zu befragen. Immerhin sind 35 Jahre vergangen, eine lange Zeit, in der viel passiert ist. Womöglich will jemand, der damals geschwiegen hat, sei es aus persönlichen Gründen, aus Rücksicht auf Freundschaften oder Abhängigkeiten oder wegen Vorbehalten gegen Ermittlungsbehörden jetzt doch reden? Vielleicht drückt jemanden das Gewissen so sehr, dass er es erleichtern möchte? Die Mordkommission spricht mit etwa einem Dutzend Menschen, die Marion Mitscherlich gekannt haben. Sie bleiben im Wesentlichen bei ihren Aussagen von früher. Neue Ermittlungsansätze ergeben sich nicht. Seit 2012 liegt die Akte wieder beim Staatsanwalt, und dort bleibt sie auch. Geschlossen im eigentlichen Sinne wird sie nicht. Sie kann jederzeit wieder aufgeklappt werden, sollte es Anlass dazu geben.

Unterm Strich ist der Fall der Marion Mitscherlich heute noch genauso undurchsichtig wie 1977. Schade, dass er nicht aufgeklärt wurde, sagt Jochen Rahle, Pirnas alter Kripochef, der als Erster nach Marion gesucht hat. Er kann sich nicht erinnern, dass zu seiner Zeit – fast vierzig Dienstjahre sind es gewesen – je eine Person ähnlich spurlos verloren ging, wie diese junge Frau.

Eigentlich sind die Vermissten immer wieder aufgetaucht, sagt er, und wenn es in der Elbe war. Ob das Rätsel um die verschwundene FDJ-Sekretärin jemals gelöst wird? Die hellblauen Augen des Polizeirats a.D. Jochen Rahle lächeln schalkhaft über diese Frage: „Ich habe wenig Hoffnung", sagt er. Sein Nachfolger Ralf Hubrich glaubt, dass Marion Mitscherlich ermordet wurde, und zwar nicht von jemandem, den sie zufällig traf, sondern von einer ihr bekannten Person. Hubrich denkt an eine Beziehungstat. Irgendetwas ist aus dem Ruder gelaufen, vermutet er. Und dann hat jemand ungewöhnlich kühl gehandelt und die Leiche verschwinden lassen. Wohin, darüber lässt sich viel spekulieren. So erzählt man sich, dass damals Bauarbeiten in der Kunstseide und an der nahen Eisenbahnstrecke stattfanden. Wurde Marions Körper von ahnungslosen Arbeitern in ein Fundament einbetoniert? Niemand kann das heute nachprüfen. Das Haus, in dem die FDJ-Kreisleitung damals ihr Quartier hatte, steht noch. Ende der 1990er-Jahre kaufte ein Geschäftsmann die verschimmelte Immobilie und entkernte sie, hackte sämtlichen Putz ab und riss alle Fußböden auf. Auch große Bereiche der Außenanlagen ließ er umgraben, unter anderem für den Einbau eines üppigen Swimmingpools. Dabei wurde ein alter, etwa zwei Meter tiefer Fernwärmekanal, der über das Grundstück führte, herausgerissen und verfüllt. Praktisch hat der Besitzer jeden Winkel seines Eigentums erforscht. Dass irgendwo ein Leichnam versteckt sein könnte, hält er für ausgeschlossen.

Und was ist mit der Kundschafter-Version? Zu der Zeit, als Marion verschwand, soll von der FDJ-Kreisleitung ein ominöses Telegramm in den Westen abgegangen sein, was eigentlich ein Unding war. In der Mitteilung war ganz kryptisch von einer gewissen Tante Frieda die Rede, die Grüße von irgendwelchen Zwillingen ausrichtete. Das klingt nach geheimer Botschaft. Wer das Telegramm beauftragt hatte, konnte nie ermittelt werden. Ralf Hubrich jedenfalls verwirft die Agenten-Geschichte. Merkwürdig findet er immerhin, dass es keine Stasi-Akte über Marion Mitscherlich gibt. Selbst er, Hubrich, hat als kleiner Kripo-Sachbearbeiter eine gekriegt. Wieso soll dann eine Funktionärin, eine vermisste noch dazu, keine haben? Dass es keine Akte von Marion gibt, muss nicht heißen, dass nie eine da war. Viele Unterlagen konnte der Geheimdienst in den Wendewirren vernichten. So sind die Akten der Hauptverwaltung Aufklärung bei der Staatssicherheit, der HVA, fast vollständig verlorengegangen. Die HVA war der Auslandsgeheimdienst der DDR und führte auch Kundschafter in Westdeutschland. Wie viele Agenten und Zuträger dort für die Stasi operierten, kann immer noch niemand mit Bestimmtheit sagen.

Die Aufarbeitung des geretteten Aktenmaterials des MfS ist inzwischen weit vorangekommen. Von den 111 000 laufenden Metern Akten waren Ende 2012 etwa 103 000 Meter zugänglich und personenbezogen recherchierbar. Unbekannt ist bislang, was in den zerrissenen Papieren steht, die in 15 000 Säcken auf ihre Rekonstruktion warten. Dass dabei Unterlagen mit dem Namen Mitscherlich auftauchen, ist zumindest denkbar. 2011 und 2012 wurden laut Tätigkeitsbericht der Stasi-Unterlagen-Behörde 300 000 Aktenblätter wieder zusammengesetzt.

Der Staatsanwalt, in dessen Aktenschrank die Sache Mitscherlich jetzt ruht, will die Kundschafter-These nicht ganz ausschließen. Ausschließen könne man überhaupt gar nichts, sagt er. Doch gebe es bis heute nicht den kleinsten Anhaltspunkt dafür, dass die junge Frau ausgeschleust worden sein könnte. Wäre das der Fall gewesen, warum ist sie dann nach dem Ende der DDR nicht nach Pirna zurückgekehrt? Überhaupt erscheint es dem Juristen gar nicht so plausibel, eine mustergültige Sozialistin, wie Marion Mitscherlich anscheinend eine war, als Geheimagentin loszuschicken. Sicher, sie wäre wohl nicht desertiert. Aber wäre sie auch verschlagen genug gewesen, um das Vertrauen westlicher Geheimnisträger zu gewinnen? Würde man einen kreuzbraven Beamten ins Drogenmilieu schmuggeln, damit er dort gegen abgekochte Dealer ermittelt? Nein, auch für den Anwalt ist die These, wonach Marion das Opfer eines Tötungsverbrechens oder eines tödlichen Unfalls geworden ist, am wahrscheinlichsten. Er appelliert an alle, die glauben, etwas zur Aufklärung dieses Falls beitragen zu können, sich zu melden. Denn im Moment, sagt er, gibt es einfach keine heiße Spur.

Bei Familie Mitscherlich in Pirna-Copitz ist die Erinnerung an Marion und die Zeit, als sie verschwand, inzwischen verblasst. Dass seine Tochter ein Verbrechensopfer geworden sein soll, glaubt der Vater aber bis heute nicht. Da hätte man doch mal irgendetwas finden müssen, sagt er. Für ihn ist die geheime Stasi-Operation nach wie vor die plausibelste Erklärung für Marions Untertauchen. Er hofft weiter auf die Stasi-Unterlagen. „Ich muss mal wieder einen Antrag stellen", sagt er.

Foto: Sammlung Borsdorf

Die Klasse 10a der POS „J. H. Pestalozzi" Pirna-Copitz an ihrem letzten Schultag 1973. Marion Mitscherlich (Mittelreihe, 4.v.r.) steht im Zentrum der Aufnahme. Schräg vor ihr (3.v.r.) hockt mit blondem Lockenkopf ihre Schulfreundin Regine.

Mit seinem Glauben, dass Marion nicht gestorben ist, steht der Vater keineswegs allein. Immer, wenn sich die 10a der Polytechnischen Oberschule „J. H. Pestalozzi" Pirna-Copitz, Abschlussjahrgang 1973, zum Klassentreffen versammelt, ist der Fall Marion ein Thema. Marion hat dieser Klasse angehört. Und die große Mehrheit sagt: Marion lebt. So war es auch beim jüngsten Wiedersehen im März 2014 im Copitzer Gasthaus „Goldene Kugel". Ein großformatiges Schwarzweißfoto vom letzten Schultag kursierte am Tisch. Blauhemden im Sonnenschein. Genau in der Mitte steht Marion, blond, hübsch, selbstsicher. Ein Zufall? Die alten Mitschüler sagen, dass Marion die Mitte liebte. Sie liebte den großen Auftritt, das Tonangeben. Sie wollte weit kommen im Leben, sie wollte Karriere machen. Vielleicht hat sie dafür ihr altes Leben aufgegeben?

Die Vergrößerung des Klassenfotos hat Regine Borsdorf besorgt. Frau Borsdorf, eine dunkelblonde eloquente Frau Ende fünfzig, wohnt noch immer in Copitz. Sie kannte Marion Mitscherlich gut. In der Schule war sie lange Marions engste Freundin. Abhauen hätte zu ihr gepasst, sagt sie. Sie wollte raus aus Copitz. Marion sei empfänglich gewesen für Abenteuer und für Geschichten, die davon handelten. Einmal hatte sie damit begonnen, eine Story über Piraten zu verfassen. Die fand Regine Borsdorf so spannend, dass sie unbedingt das Ende lesen wollte. Doch die Story wurde niemals fertig. Für das Schreiben hatte Marion Mitscherlich etwas übrig. In Regine Borsdorfs Poesie-Album zitiert Marion Goethe: „Ein unnütz Leben ist ein früher Tod", steht da in steifer Schönschrift. Das stammt aus dem Bühnenstück „Iphigenie auf Tauris". Dem sinnentleerten Leben fehlt der nötige Antrieb, mag das heißen. Wer so ein Leben führt, der ist für die Allgemeinheit verloren und somit vor der Zeit gestorben. Regine Borsdorf hat Marions Eintrag erst kürzlich wiederentdeckt und war davon stark berührt. In der 2. Klasse lernte sie Marion Mitscherlich kennen, die damals im Haus gegenüber wohnte. Allmorgendlich holte Regine ihre Freundin ab. Die Mädchen waren sehr verschieden. Marion, die Quirlige, konnte den ganzen Schulweg lang quasseln, während Regine, die Stille, wortlos nebenherlief. Marion beanspruchte die Führungsrolle, auch in kleinen Dingen. So hatte sie stets mehr Erdbeeren im elterlichen Garten geerntet als Regine. Hatte Regine ein schickes, neues Kleidungsstück, sauer erarbeitet als Aushilfe bei der Post, trug Marion kurz darauf das gleiche. Einmal sollte Regine zu den Weltfestspielen der Jugend nach Berlin fahren. Wer fuhr? Marion. In der Schule hatte Marion gute Zensuren, aber nicht die besten. Vorne dran war sie, wenn es Publikum gab. Die Klasse erzählt sich, wie Marion einmal beim gefürchteten Gedichtaufsagen als Erste aufstand und ein seitenlanges „rotes Stück" ohne Mühe vortrug. Marion spielte im Arbeitertheater mit und liebte es, davon zu erzählen. Manchmal gab sie für ihre Freundinnen eine Privatvorstellung bei sich zu Hause. Während sie aber von anderen Aufmerksamkeit erwartete, geizte sie selbst damit. Wirklich angefreundet hat sie sich, abgesehen vielleicht von Regine, mit keinem, heißt es. Sie wollte unabhängig sein.

Repro: SZ

Das Poesie-Album von Regine Borsdorf mit dem Eintrag Marion Mitscherlichs. Das Zitat stammt aus Goethes Bühnenstück „Iphigenie auf Tauris".

Nach der Schule blieben die Mädchen lose in Kontakt. Sie gingen zur selben Berufsschule. Regine lernte Facharbeiter für Schreibtechnik, Sekretärin also, und Marion Wirtschaftskaufmann. Auch wenn Marion gleich nach dem Abschluss bei der FDJ einstieg: Eine glühende Sozialistin sei sie keineswegs gewesen, sagt Regine Borsdorf. Immer wenn sie Marion zur Schule abholte, sei der Deutschlandfunk bei Mitscherlichs gelaufen. Mitschülerin Edeltraud Skurnia denkt, dass Marion auch einer anderen Fahne hinterhergelaufen wäre, als der roten. „Sie war eben auf dem Karrieretrip."

Regine Borsdorf traf ihre Schulfreundin zum letzten Mal genau an dem Tag, an dem sie verschwand, morgens, im Bus zur Arbeit. Unbedingt hatte sie da der Marion sagen wollen, dass sie schwanger war. Aber Marion war wieder einmal schneller, quasselte vom anstehenden Umzug und machte sich Gedanken um die Möbel. Bald darauf suchte die Mordkommission nach ihr. Die Klassenkameraden aber dachten sofort an einen kalkulierten Abgang ihrer einstigen Mitschülerin, deren Drang zum großen Erlebnis sie kannten. Gerüchte kamen auf, man habe Marion an der Staatsgrenze auf einem österreichischen Truck gefasst. Tatsächlich tappte die Polizei stets im Dunkeln. So wurde die Kundschafterthese Mode. Edeltraud Skurnia bescheinigt Marion ein Gespür für den gelungenen Abgang. Marions Verschwinden sei ihr von Anfang an wie eine Inszenierung vorgekommen. Warum sollte die Staatssicherheit nicht der Regisseur gewesen sein? „Die hatten doch ihre Möglichkeiten." Aber wieso kam Marion nach der Wende nicht zurück? Weil es Essig war mit der Karriere? Weil sie nicht mehr raus konnte aus ihrem neuen Leben? Vielleicht wollte sie ja gar nicht mehr raus, sagt Edeltraud Skurnia. Vielleicht will sie es bis heute nicht. „Vielleicht sitzt sie irgendwo da draußen und lacht uns alle aus." ◆

Der Autor

Jörg Stephan Stock wurde 1976 in Dresden geboren und wuchs in Oelsa bei Rabenau auf. Nach Abitur und Militärdienst studierte er Kommunikationswissenschaften, Politikwissenschaft und Geschichte an der Technischen Universität Dresden und an der Dublin City University in Dublin, Republik Irland. 2003 wurde er Lokalredakteur bei der Sächsischen Zeitung in Freital. Seit 2011 arbeitet Jörg Stock als Regionalreporter der SZ für den Bereich Sächsische Schweiz und Osterzgebirge. Er ist verheiratet, hat zwei Kinder und lebt in Dresden.

Der Kommissar

Ralf Hubrich wurde 1952 in Dippoldiswalde geboren. Nach Lehre und Wehrdienst ging er zum Ingenieurstudium (Starkstromtechnik) nach Berlin, arbeitete anschließend als Konstrukteur und Technologe. 1978 folgte die Direkteinstellung bei der Kriminalpolizei des Volkspolizei-Kreisamtes Dippoldiswalde, später das Studium an der Offiziersschule des Ministeriums des Innern der DDR in Aschersleben. Ab 1991 war Ralf Hubrich bei der Kriminalpolizei in Pirna beschäftigt. Dort ermittelte er vor allem bei Verbrechen gegen Leib und Leben. Zuletzt war Hubrich Leiter des gesamten Kriminaldienstes. Im Dezember 2012 wurde er pensioniert. Er ist geschieden, hat drei Kinder und lebt in Pirna.